中国大学MOOC教材　　高等职业教育

U0683483

酒店职业礼仪

（第二版）

Jiudian Zhiye Liyi

主　编　瞿立新

本书另配教学课件、
在线开放课程

中国教育出版传媒集团

高等教育出版社·北京

内容提要

本书是中国大学 MOOC 教材。

本书贯彻"任务驱动""教、学、做、创、训"一体化的教学理念,紧扣高等职业教育职业礼仪教学需要,全面阐述了酒店职业礼仪的心理认知、美学认知,引领学生自觉强化中式礼仪文化自信,介绍了酒店基础礼仪、岗位礼仪、新媒体礼仪与"金钥匙"服务礼仪等内容及其养成方法,辅以大量酒店服务礼仪案例与评析,增设情景化实训模块,具有很强的实用性、针对性和可操作性。为利教使学,部分学习资源(微视频)以二维码形式提供在相关内容旁,读者可扫描获取。此外,本书另配有教学课件等教学资源,供教师教学使用。

本书既可作为高等职业院校旅游大类各专业相关课程教材,也可作为酒店餐饮企业员工的自学培训用书。

图书在版编目(CIP)数据

酒店职业礼仪/瞿立新主编.—2版.—北京:高等教育出版社,2022.8

ISBN 978-7-04-059052-4

Ⅰ.①酒… Ⅱ.①瞿… Ⅲ.①饭店-商业服务-礼仪-高等职业教育-教材 Ⅳ.①F719.2

中国版本图书馆 CIP 数据核字(2022)第 130773 号

| 策划编辑 | 毕颖娟 | **责任编辑** | 毕颖娟 | **封面设计** | 张文豪 | **责任印制** | 高忠富 |

出版发行	高等教育出版社	网 址	http://www.hep.edu.cn
社 址	北京市西城区德外大街 4 号		http://www.hep.com.cn
邮政编码	100120	网上订购	http://www.hepmall.com.cn
印 刷	江苏德埔印务有限公司		http://www.hepmall.com
开 本	787 mm×1092 mm 1/16		http://www.hepmall.cn
印 张	13.75	版 次	2018 年 8 月第 1 版
字 数	343 千字		2022 年 8 月第 2 版
购书热线	010-58581118	印 次	2022 年 8 月第 1 次印刷
咨询电话	400-810-0598	定 价	35.00 元

本书如有缺页、倒页、脱页等质量问题,请到所购图书销售部门联系调换

版权所有 侵权必究

物 料 号 59052-00

第二版前言

本书是中国大学 MOOC 教材。

礼仪作为一个人内在修养和素质的外在表现,是一种形式美,更是内在美的外在展现。酒店职业礼仪是酒店从业者在日常工作中律己敬人、待人接物的行为规范和准则,反映了酒店的企业文化与价值取向,是塑造个人职业形象、保证酒店服务质量和实现良好对客沟通的重要手段。

本书适应酒店业向精品化、个性化发展的新态势,瞄准酒店业"融合传统、培育新兴、走向国际"的创新发展目标,深化酒店礼仪服务的文化功能和价值取向,着眼于酒店业的转型升级对酒店礼仪服务的新要求,突出中华传统礼仪文化、现代新媒体社交礼仪和中国"金钥匙"服务礼仪理念,促进学生全面提升个人礼仪修养,培养服务精神,增强酒店礼仪服务能力,增强就业竞争实力。在本次修订中,我们增设"实训篇",提供模拟工作环境,以生动活泼的形式助学生夯实所学。

本书针对高等职业院校学生特点和实际需要,精心组织、科学编排学习项目,各项目内容分解为相应的工作模块,细化具体的工作任务。每个任务包括学习目标、情景导入、典型应用、知识拓展、思考与练习等,每个项目最后提供有相关的微视频。本书各个项目的理论教学体系与实践教学体系相融合,增强学生在酒店工作场景下开展礼仪服务的亲身体验和经验积累,有助于学生掌握酒店礼仪服务的技能技巧,提高学生的综合职业能力和职业素质。

本书尝试应用教材的新形态。为利教便学,部分学习资源(如微课视频)以二维码形式提供在相关内容旁,读者可扫码获取。此外,本书另配有教学课件等资源,供教师教学使用。

本书是无锡城市职业技术学院酒店管理与数字化运营专业群(江苏省高等职业教育高水平专业群)的阶段性建设成果。

在编写过程中,无锡艾迪花园酒店、无锡富力喜来登酒店、无锡太湖华邑酒店、无锡日航饭店、无锡金陵饭店等给予了大力支持,在此一并表示感谢!

本书既可作为高等职业院校旅游大类相关课程教材,也可作为酒店餐饮企业员工的自学、培训用书。

限于编者水平,书中疏漏之处在所难免,敬请读者批评指正。

编 者
2022 年 4 月

目　录

资源导航

认知篇

项目一　酒店职业礼仪认知

任务一　酒店职业礼仪的含义与作用认知

【学习目标】

1. 了解礼仪的含义。
2. 了解酒店职业礼仪的含义。
3. 理解酒店职业礼仪的实务特征。
4. 掌握酒店职业礼仪的基本要求。

【情景导入】

某日，一位北京丽都假日饭店的长住客人到该店前台支付一段时间内在店内用餐的费用。

他看到打印好的账单上面的总金额时，马上激动地讲："你们真是乱收费，我不可能有这样高的消费！"

收银员面带微笑地回答说："对不起，您能让我再核对一下原始单据吗？"

客人当然不会表示异议。

收银员开始检查账单，同时对客人说："真是对不起，您能帮我一起核对吗？"

客人点头认可，于是和收银员一起对账单进行核对。其间，那位收银员顺势对几笔较大的账目金额（如招待、宴请访客以及饮用名酒所引发的费用）作了口头提示，以期唤起客人的记忆。

待账目全部核对完毕，收银员有礼貌地说："谢谢您帮助我核对了账单，耽误了您的宝贵时间，让您费神了！"

客人听罢连声说："麻烦你了，真不好意思！"

情景解析: 尊重是语言礼貌的核心，也是酒店职业礼仪最重要的原则。上述情景中，收银员懂得"顾客是上帝"的真谛，巧妙地使用语言技巧，避免了使客人"下不了台"。酒店职业礼仪贯穿酒店接待服务的全过程，涵盖酒店日常工作的诸多内容，酒店从业者应当在实务工作中不断地加以践行。

1

一、礼仪的含义

在中国，"礼"和"仪"最早是分开使用的。"礼"的本意是敬神，后来逐渐成为表示敬意的统称。"仪"的概念，最早见于春秋时期，意为仪式、仪文。许慎《说文解字》中注："'禮'，履也。所以事神致福也。从示，从豊，豊亦聲，而'豊'，行礼之器也。"认为"礼"源于"事神致福"的祭祀行为。"礼仪"一词最早出现在《诗·小雅·楚茨》中："为豆孔庶，为宾为客。献酬交错，礼仪卒度，笑语卒获。"在《辞源》中，"礼仪"被解释为"行礼之仪式"。《现代汉语词典》中的解释是"礼节和仪式"。归纳起来，礼仪是指人们在社会交往活动中，基于相互尊重，在仪容、仪表、仪态、仪式、言谈举止等方面约定俗成的，共同认可的行为规范。礼仪是礼节和仪式的总称，具体表现为礼貌、礼节、仪表、仪式等。

在西方，"礼仪"一词始于法语"etiquette"，原意是"法庭上的通行证"。古代法国的法庭工作人员把那些人们进入法庭后所必须遵守的规则都写在一张长方形的通行证上，发给进入法庭的每一个人，让他们遵守。当这个单词被英语采借后，人们便用来表达尊重他人、注重礼节的必要程序，于是，"礼仪"的含义也就变成了"人际交往的通行证"。

概括来说，礼仪是在人际交往中，以一定的约定俗成的程序、方式表现的，律己敬人的事项，涉及穿着、交往、沟通、情商等方面的内容。礼仪是我们在生活中不可缺少的一种素养。

从个人修养的角度来看，礼仪可以说是一个人内在修养和素质的外在表现。

从交际的角度来说，礼仪可以说是人际交往所适用的一种艺术，一种交际方式或交际方法，是人际交往中约定俗成的，示人以尊重、友好的习惯做法。

从传播的角度来看，礼仪可以理解为人们在交往中进行相互沟通的技巧。

从审美的角度来看，礼仪是一种形式美，是人的内在美的表征。

二、酒店职业礼仪的含义

酒店职业礼仪是服务礼仪的组成部分，是指在酒店服务工作中形成的，得到普遍认可的礼节和仪式，是酒店从业者在对客服务和人际交往中应当遵守的，关于律己敬人的行为规范。对于酒店从业者来说，做好服务工作，不仅需要掌握职业技能，更需要懂得服务礼仪规范。热情周到的态度、敏锐的观察能力、良好的口语表达能力以及灵活、规范的事件处理能力都是非常必要的。

酒店职业礼仪是酒店从业者对宾客表示尊重，实现良性沟通的必备素养。它贯穿酒店服务的全过程，涵盖了酒店日常工作的各个方面，例如，接待或与人见面时的称呼、握手方式，服务时的语言技巧、语音语调、风度，与人相处或在公共场所的举手投足、站立姿势、行走姿势，参加宴会、会议时的仪表、仪态、着装等，酒店从业者需要持续地实践，才能逐渐养成。

与现代社交礼仪一样，酒店职业礼仪的基本原则就是"尊重为本"，它主要表现为宾客至上，尊重关心客人，全心全意为客人服务，讲究接待服务的方法和艺术，符合本国国情、民族文化和社会公德，目的是使客人满意，认可酒店的服务，赢得更多的"回头客"。

三、酒店职业礼仪的特征

酒店职业礼仪是指酒店从业者应当遵循的一系列礼仪规范，它是人们在社会实践中逐步形成、演变和发展的，在该过程中，酒店从业者形成了自己的特征。酒店职业礼仪除了具备一般礼仪的特征——时代性、限定性、可操作性、继承性以外，还具有自己特有的特征，主要体现在以下几方面。

（一）特殊性

酒店职业礼仪的特殊性在于，酒店是为满足客人的价值需求服务的。客人的价值需求，唯有优质的服务才可以得到满足。因此，酒店职业礼仪的最终目标在于满足客人的需求，使客人对我们的服务感到满意。它不像其他行业的礼仪那样有着自己的评判标准。酒店服务礼仪的一切标准都离不开客人的评判。

（二）灵活性

酒店客源广泛，客流量大，客人往来频繁，同时，人们又很容易受到环境因素或其他因素的影响，因此，酒店职业礼仪还具有灵活性。人的情绪容易受周围环境的影响，很有可能某位客人早上还笑呵呵地和你打了招呼，中午就气呼呼地跑来责问你为什么忘了更换他房间的床单。酒店从业人员一定要深刻理解酒店职业礼仪的灵活性，发挥自己的专业知识和沟通技巧，机动灵活地为客人提供服务。

（三）科学性

酒店职业礼仪的科学性在于酒店职业礼仪对于酒店员工的专业知识和专业技能有着严格的、科学的规定，这些规定都是以让客人获得最满意、最舒适的体验为标准而制定的，例如客人房间的布置、餐厅的营业时间等。酒店从业人员在为客人提供服务的时候，应严格遵守酒店的规定，为客人提供最周到、最热情，同时也是最科学的服务。

（四）发展性

酒店的职业礼仪不是一成不变的。一方面，酒店职业礼仪随着时代的进步而不断发生着变化，例如，随着互联网的发展，酒店从业人员运用电子邮件、微信等开展服务的礼仪就因时代进步而愈发重要。另一方面，随着各行业对外交往规模的不断扩大，各国的政治、经济、思想、文化等诸多因素互相交流，酒店职业礼仪也被赋予了许多新内涵，这也使得酒店职业礼仪规范呈现更鲜明的国际化特征，酒店涉外礼仪正扮演着日益重要的角色。

四、酒店职业礼仪的要求

酒店的核心产品是为宾客提供的优质服务，而酒店职业礼仪是酒店从业者为宾客提供优质服务的基础。称职的酒店员工必须礼貌待客、热情服务。礼貌待客，指的是酒店从业者出于对客人的尊重，在服务中应注重仪表、仪容、仪态、语言、操作规范；热情服务则要求酒店从业者发自内心且满腔热忱地向客人提供主动、周到、细致的服务，表现出自身良好的风度和素养。

概括来说，酒店职业礼仪对酒店从业者的总体要求如下：

在外表上，给人以稳重、大方的感觉，服饰整洁、挺括，仪容端庄、俊秀。

在行动上，要表现出不卑不亢、落落大方，站、坐、走以及手势等应当合乎规范，力求端庄稳重、自然亲切、训练有素。

在态度上，要表现出和蔼可亲、热情好客，表情要亲切，微笑服务。微笑服务是服务态度最基本的评价标准，正所谓"笑迎天下客，天下客皆笑"。

1

在语言上,要谈吐优雅、表达得体,做到语音标准、音质甜润、音量适中、语调婉转、语气诚恳、语速适当,要讲究语言艺术,正确地使用敬语、谦语、雅语。

在接待礼仪上,待客要彬彬有礼,讲究规格。在重要宾客的迎送、接待工作以及纠纷的处理工作中,我们都要注意相应的规格和礼貌礼节。

五、酒店职业礼仪的作用

(一)酒店职业礼仪是避免矛盾和冲突的重要途径

矛盾和冲突的产生往往是由协议双方无法达成共识所致,而酒店职业礼仪有助于我们很好地规避其发生的风险。酒店职业礼仪要求酒店员工在进行酒店服务时要以客人的标准为最高标准,在这种情况下,客人和酒店就更容易达成共识。因此,酒店职业礼仪能帮助酒店员工很好地避免与客人发生矛盾和冲突。

(二)酒店职业礼仪是酒店乃至一个地区的形象展示

现代酒店一般都建在经济发达、交通便利的市中心或是风景优美的旅游胜地。因此,现代酒店已不再是传统观念里"吃饭的地方"了,很多时候,现代酒店都扮演着重要的角色,代表一个地区甚至是一个国家的形象。因此,酒店员工的服务水准也就成为外地游客或外国来宾评判本地区的重要标准之一。我们可以说,酒店职业礼仪反映的不仅仅是酒店的形象,更是一个地区甚至一个国家的形象。

(三)酒店职业礼仪是酒店最好的促销载体

酒店职业礼仪是优质服务的体现,是客人对酒店的最高要求,是客人对酒店服务的内心期望。酒店员工在为客人提供服务时,若严格地按照酒店职业礼仪来规范自己的服务行为,就能满足客人对酒店服务的内心期望。一旦客人的内心期望被满足了,毫无疑问,客人对酒店的服务就会很满意。这种满意就会在客人与其他人交流的过程中体现出来——不经意地流露出对某家酒店的赞许之情,而这种不经意的情感流露会给客人的朋友留下深刻的印象,在不经意间,客人就为酒店做了宣传。这种消费者之间的宣传可以说是最好的产品促销方式了。

(四)酒店职业礼仪是酒店效益的有力保障因素

服务是酒店的生命线,酒店的竞争就是服务的竞争,服务的优劣决定酒店经营的成败。酒店职业礼仪可以使酒店服务满足客人的内心期望,客人自觉地为酒店做免费的"口碑宣传",也就会为酒店赢得广泛的客源乃至忠诚的消费者。酒店的产品(服务)销售出去了,酒店的效益也就自然而然地得以实现了。因此,酒店职业礼仪是酒店效益的有力保障因素之一。

【典型应用】

酒店从业者的行为规范要求

在酒店接待服务中,宾客除了需要在物质上得到满足外,更重要的是在精神上也得到满足。酒店服务工作的特殊性,在于服务具有有形性与无形性相结合的特点。无形服务是指从业者的行为举止和言谈举止中的非物质因素,主要表现在职业道德、工作态度、礼貌修养、心理因素等方面。在酒店产品中,有形的物质产品是服务质量的基础,而无形的服务则是服务质量的可靠保证。但是,提供优质的"无形"产品,提供最有效的服务,并不是轻而易举的事情。

酒店行业是从业者面对面与宾客打交道的行业,礼仪对从业者来说具有特别重要的意义。酒店服务工作与礼貌、礼节和礼仪都有着密不可分的联系。提供优质服务"产品"的前提是且必须是规范的礼节操作规程、礼貌的待客态度、完美的服务礼仪。

在国际酒店界,人们常用英语单词"service"(服务)这一词的每个字母所代表的含义来诠释酒店从业者的行为规范。

s:即 smile(微笑),酒店从业者应该为每一位宾客提供微笑服务。

e:即 excellent(出色),酒店从业者应该将每一个程序、每一项微小的服务工作都做得很出色。

r:即 ready(准备好),酒店从业者要随时准备好为宾客服务。

v:即 viewing(看待),酒店从业者要把每一位顾客都看作需要得到特殊照顾的贵宾。

i:即 inviting(邀请),酒店从业者应在每一次服务结束时,表达出诚意和敬意,主动邀请宾客再次光临。

c:即 creating(创造),每一位酒店从业者都要精心创造出使宾客能享受热情服务的气氛。

e:即 eye(眼光),每一位酒店从业者始终要用热情好客的眼光关注宾客,预测宾客的要求,及时提供服务,使顾客能够时刻感受到服务员在关心自己。

【知识拓展】

酒店优质服务的具体表现

一、良好的礼仪、礼貌

服务最大的特点就是直接性,服务提供者是面对面为顾客服务的。酒店产品的质量包括三大部分:一是设施、设备的质量;二是食品、商品的质量;三是服务的质量。服务质量可分为服务态度、服务知识和服务技能三个方面。在这三个方面中,服务态度最为敏感,服务态度的最高标准就是热情、主动、耐心、周到、谦恭,其核心就是对宾客的尊重与友好,也就是礼节、礼貌,礼节、礼貌程度。这些内容可在一定程度上减少顾客对服务提供者知识和技能欠缺的不满。因此,礼节、礼貌是酒店服务质量的核心内容,是酒店竞争制胜的决定性因素,酒店要提高服务质量,就不能不讲究礼节、礼貌。

注重礼仪、礼貌是酒店从业者最重要的职业基本功,体现了酒店对宾客的基本态度,也反映了酒店从业人员的文化修养和素质。礼仪、礼貌就是酒店从业人员通过一定的语言、行为和程式向客人表示欢迎、尊重和感谢的一系列行为规范和准则。

在外表上,服务人员应当衣冠整洁,讲究仪表仪容,注意服饰发型,给人以庄重、大方、美观、和谐的感受,保持清爽利落、精神焕发,切忌奇装异服或浓妆艳抹,与客人争艳斗俏。

在语言上,服务人员应当讲究语言的艺术,谈吐文雅,谦虚委婉,注意语气语调,应对自然得体。

在行动上,服务人员应当举止文明,彬彬有礼,服务的动作幅度不要太大,动作要轻,坐、立、行的姿势应当正确,克服容易引起客人反感的无意识小动作。

在态度上,服务人员应当不卑不亢,和蔼可亲,真诚自然,力戒矫揉造作。从内心发出的真诚微笑是赢得客人好感的"魔杖",在接待服务过程中,我们要始终笑脸相迎,培养保持微笑的职业本能和习惯。

二、优良的服务态度

服务态度是指服务人员在对服务工作加以认识和理解的基础上对顾客保持的情感态度和行为倾向。

良好的服务态度,会使客人产生亲切感、热情感、朴实感、真诚感。具体来说,为客人服务时,我们要做到:

(1)认真负责。急客人之所需,想客人之所求,认认真真地为宾客办好每件事,无论事情大小,均要给宾客一个圆满的结果或答复,即使客人提出的要求不属于自己岗位责任,我们也应主动与有关部门联系,切实解决顾客的疑难问题,把解决顾客之需当作工作中最重要的事,按顾客的要求认真办好。

(2)积极主动。掌握服务工作的规律,自觉地把服务工作做在客人提出要求之前,要有主动"自找麻烦"、力求客人完全满意的思想,处处主动,事事想深,助人为乐,时时刻刻为顾客提供方便。

(3)热情耐心。待客如亲人,初见如故,面带笑容,态度和蔼,语言亲切,热情诚恳。在川流不息的客人面前,无论服务工作有多繁忙,压力有多大,我们都要保持不急躁、不厌烦的工作态度,镇静自如地对待客人。宾客的意见要虚心听取,宾客有情绪时,我们应尽量解释,决不与顾客争吵,严于律己,恭敬谦让。

(4)细致周到。善于观察和分析客人的心理特点,从客人的神情、举止发现客人的需要,正确地把握服务的时机,服务于客人开口之前,使效果超乎顾客的期望之上,力求服务完善妥当,体贴入微,"面面俱到"。

(5)文明礼貌。有较高的文化修养,语言健康,谈吐文雅,衣冠整洁,举止端庄,待人接物不卑不亢,尊重不同国家、民族的风俗习惯、宗教信仰和忌讳。

(6)端正态度。在服务工作中,我们要杜绝推诿、应付、敷衍、搪塞、厌烦、冷漠、轻蔑、傲慢、无所谓的态度。

三、丰富的服务知识

酒店服务知识涉及很多方面的内容。服务部门共同的基础服务知识大致包括如下几类:

(1)熟悉酒店的行政隶属关系、发展史、主要大事、星级和现在的经营特色。

(2)熟悉酒店附近的主要车站的站名,有哪些车经过,通往何处,经过哪些重要地点;了解酒店距火车站、飞机场、码头的距离及交通方法。

(3)熟悉酒店内各营业场所的分布状况及主要功能。

(4)熟悉酒店内服务设施的状况、服务项目的特色、营业场所的位置、营业时间和联系电话。

(5)熟悉酒店总经理、副总经理和其他高层管理人员的姓名。

(6)熟悉酒店各部门的主要职能、工作范围、领导姓名、办公室位置、电话,主要下属部门及其主要工作。

(7)熟悉酒店的经营理念、质量方针,理解其含义。

（8）熟悉酒店的店旗、店徽。

（9）必须了解本岗位工作的有关规定、标准、要求。对所使用的工具、机械要做到"三知三会"，即"知原理、知性能、知用途，会使用、会维修、会保养"；对工作中要使用的各类用品、原料，要熟悉其性能、规格、用途及注意事项。

四、娴熟的服务技能

娴熟的服务技能是决定服务质量的基础，包括服务技术和服务技巧。

娴熟的服务技术，要求各项服务操作和服务接待符合数量标准、质量标准和速度标准，操作科学规范。

服务技巧，是指在不同场合、不同时间，针对不同服务对象而灵活做好服务接待工作，产生良好效果的技能。这种能力在酒店工作中尤为重要，服务最大的特点就是面对人，而人是复杂的，规程只能提供指南，却不可能提供判断某种服务方式是非对错的绝对标准。因此，灵活处理事务的能力非常重要，无论采用哪种方式、手段，可以产生使客人满意的效果的方法，就是成功的方法。

五、快捷的服务效率

服务效率是指为客人提供服务的时限。服务效率在服务质量中占据重要的位置。快捷的服务效率力求服务快而不乱，反应敏捷、迅速，准确无误。它不仅体现服务人员的业务素质，也体现酒店的管理效率。酒店的每项服务都有相应的效率要求，员工在部门的岗位技能培训中，应参照各项服务标准，刻苦训练。

六、良好的顾客关系

为了维持良好的顾客关系，我们应注意几个点：

（1）姓名：记住客人的姓名并以客人的姓氏去适当地称呼客人，可以创造一种融洽的关系，对客人来说，当员工能认出他时，他会感到自豪。

（2）词语选择：以恰当的词语与客人搭话、交谈、服务、道别，可以使客人感到与服务员的关系不仅仅是一种简单的商品买卖的关系，而是一种有人情味的，服务与被服务的关系。

（3）语气、语调、声音：语气、语调、声音是讲话内容的"弦外之音"，往往比说话的内容更重要，顾客可以从这些方面判断你说话时隐含的态度，是欢迎还是厌烦，是尊重还是无礼。

（4）面部表情：面部表情是服务员内心情感的自然流露，即使不用语言说出来，你的表情仍然会告诉客人你的服务态度。

（5）目光接触：眼睛是心灵的窗口。当你的目光与客人不期而遇，不要回避，也不要死盯着客人，要通过适当地接触向客人表明你服务的诚意。当客人同服务人员讲话时，服务员应暂停手中的工作，看着客人，立即予以回应。

（6）站立姿势：酒店要求站立服务，站立的姿势可以反映出我们对客人的态度；如因工作需要而坐着时，见到客人后应立即起立，切忌背对客人，双手插在衣袋或裤袋内以及倚靠门、墙或桌椅等。

（7）聆听：听与讲是对客服务中与客人沟通的重要内容，注意聆听可以显示自己对客人的尊重，同时有助于了解客人，更好地服务。

（8）友谊：酒店是客人的"家外之家"，员工是酒店的主人，如果主人表情冷冰冰，客人还有什么乐趣可言呢？当然，良好的顾客关系，不是过分的亲热，更不是工作外的私情。

（9）言行一致：在对客服务中要保持言行一致，重视对顾客的承诺，不但要"说得好"，而

1

且要"做得好",行动胜过千言万语。

(10)尊重:一视同仁,不以衣饰、肤色、国籍等判断客人。

【思考与练习】

1.酒店职业礼仪的含义包括哪些内容?

2.酒店职业礼仪有哪些特有的特征?

3.酒店职业礼仪的具体要求有哪些?

任务二 酒店职业礼仪的演变与发展认知

【学习目标】

1.了解酒店职业礼仪的演变过程。

2.了解酒店职业礼仪的发展趋势。

【情景导入】

服务员小龚第一天上班,被安排在饭店主楼 12 层值台,她刚刚完成为期三个月的岗位培训,对做好这项工作充满信心。一个上午的接待工作的确也很顺手。

午后,电梯门打开,"叮咚"一声后,走出两位客人,小龚立刻迎上前去,微笑着说:"先生,您好!"她看了客人的住宿证,然后接过他们的行李,一边说:"欢迎入住本酒店,请跟我来。"一边领他们走进客房,随手给他们沏了两杯茶放在茶几上,说:"先生,请用茶。"接着她又用手示意,一一介绍客房设备设施:"这是床头控制柜,这是空调开关……"这时,其中一位客人打断她的话头,说:"知道了。"但小龚仍然继续说:"这是电冰箱,桌上文件夹内有'入住须知'和'电话指南'……"未等她说完,另一位客人掏出钱包,抽出一张 10 元钱,不耐烦地递给她。霎时,小龚愣住了,一片好意被拒绝甚至误解,使她感到既沮丧又委屈,她涨红着脸对客人说:"对不起,先生,我们不收小费,谢谢您!如果没有别的事,那我就告退了。"说完便退出房间,回到服务台。

此刻,小龚心里乱极了,她实在想不通:自己按服务规程给客人耐心介绍客房设备设施,为什么会不受客人欢迎?

情景解析:热情好客自古以来就是我国的优秀文化传统,也是酒店的待客之道。在酒店业发展的历史长河中,礼仪的发展如影相随。小龚对客人积极主动的服务热情首先应该充分肯定,但事实上,服务规程也应因人而异,加以灵活运用。

酒店职业礼仪是酒店内在管理文化的表现,是在酒店服务过程中形成并得到共同认可的礼节和仪式。它的主要内容是礼貌服务,宾客至上,使客人有宾至如归的感觉,进而更好地树立酒店从业人员和酒店的美好形象,提高酒店的美誉度。酒店职业礼仪伴随着酒店竞争策略的发展而发展。

一、酒店职业礼仪的演变过程

酒店行业在经历了古代客栈时期、大饭店时期、商业饭店时期之后,进入了现代新型饭店时期。伴随着酒店行业管理制度的逐步完善,酒店行业中的礼仪规范也逐渐确立和发展起来。酒店职业礼仪最早兴起于 19 世纪初的大饭店时期,当时,酒店主要面向王公贵族、上层阶级、公务旅行者提供服务,特点是规模大、设施豪华,讲究一定的接待仪式和礼貌礼节。此后,酒店业在各个发展阶段中,都十分重视服务和礼仪,其优秀成果一直延续至今。现代酒店在注重有形物质文化发展的同时,也关注无形的精神文化。酒店职业礼仪在这种背景下逐步发展出自身的新特色。

对于酒店职业礼仪的认识,经历了以下几个阶段。

(一)第一阶段:服务论

在该阶段,酒店职业礼仪被认为是一种服务。

酒店业被认为是综合性较强的服务行业,为客人提供吃、住、娱等多项服务。酒店的经营管理水平主要体现在两个方面:一是硬件系统,如建筑装潢、客房摆设、娱乐设施等;二是软件系统,如服务态度、服务水准和服务内容等。服务是酒店业的产品之一,贯穿酒店经营过程的每一个环节。酒店礼仪的基本功能就是满足客人的需求,为客人提供优质的服务。

酒店员工在工作中共同遵守的礼仪行为准则和规范,对酒店的经营具有重要的指导意义。它既指酒店在特定场合为表示敬意而隆重举行的某种仪式,也泛指酒店工作者的礼节、礼貌。礼节、礼貌是酒店提供优质服务的重要基础。客人在对一家酒店加以评价时,在关注它的硬件设施的同时,更在乎内心的感受。创造这种感受,主要依靠酒店员工的礼貌服务。酒店员工的礼仪服务水平,直接反映了酒店的服务质量,直接影响客人的住店感受,进而影响客人再次入住的愿望。

真正的优质服务,不会止于按规则进行服务,它必须在规则和礼仪的基础上加入油然而生的真情,有学者将这种关系表达为:“真正的服务＝服务礼仪＋X”。这个未知数 X 是根据服务对象的不同、场所的不同、时间的不同、需求的不同而变化的,这就催生了酒店的优质服务和个性化的服务。

对酒店员工来说,灵活运用酒店礼仪,真情服务,可以提升客人的满意度,而客人满意度的提升会带来“客人的忠诚”,“客人的忠诚”带来酒店的获利和成长,为酒店取得生存和竞争优势。

(二)第二阶段:制度论

酒店职业礼仪被认为是一种管理制度。

英国著名的人类学家马林诺夫斯基认为,“人生而有文化,文化生而有约束”。他认为,包括礼仪在内的文化在其最初阶段使人们在安全中获得自由,同时,文化也含有遵守、服从某些约束的意思。酒店作为企业,不仅需要对外取得竞争优势,对内也需要进行有效管理。因此,酒店需要制定各种规章制度,规范酒店员工行为,提高酒店的工作效率。礼仪作为一种约定俗成的行为准则,对酒店员工行为有重要的约束作用。

酒店职业礼仪要求员工将礼仪行为纳入自身的一种自觉。这种礼仪制度区别于一般的管理规则,既有强制性,又有自觉性。一方面,酒店职业礼仪以制度的形式,硬性规定员工的

1

外在行为表现,对员工进行规范化管理;另一方面,酒店职业礼仪要求员工以文明礼貌为根本原则,发自内心地为客人提供各种礼仪服务,以此树立良好的酒店形象。酒店职业礼仪既可以成为酒店标准化服务管理的样本,又可以成为酒店人性化管理的补充。把酒店职业礼仪作为一种行为规范和准则的观点,充分强调礼仪的制度性,将它灵活地运用在酒店的管理过程中,是对酒店管理制度的深化和发展。

(三) 第三阶段:文化论

酒店职业礼仪被认为是一种企业文化的体现。

酒店业发展迅速,酒店之间的竞争不再局限于硬件设施之间的竞争,更上升到服务与文化的竞争。酒店的企业文化就是以不断提高酒店的服务水平,积极销售"酒店服务"这一商品,从而获得以生存和发展条件为核心内容的团体精神形态。积极向上、团结协作的企业文化对酒店来说越来越重要。因此,具有优质服务和独特文化的酒店,往往能够吸引大量的客人,取得竞争优势。

酒店职业礼仪展现的是酒店从业人员在向客人提供服务过程中的文明、礼貌、友好、团结的礼仪修养。酒店职业礼仪具体表现为外在的行为方式,诸如员工个人的仪容、礼貌、礼节或是酒店举办某个仪式的程序、场面等;同时体现了更深层次的精神内涵,即酒店员工的情操、是非观念、服务理念等。因此,酒店职业礼仪作为酒店文化的表现形式之一,既是酒店从业人员职业道德修养的具体表现,也是酒店行业形象的展示窗口。

酒店职业礼仪的这种发展进程,归根结底是由两个主要因素构成的。一是竞争因素。酒店间的竞争依次经历了物质竞争、服务竞争、文化竞争等阶段,通过完善酒店物质产品功能而获得竞争优势的战略已经没有太大的运作空间,寻求酒店自身的文化意义,正成为酒店新的竞争战略。二是心理因素。从消费者心理需求的角度来看,客人到酒店消费,本身就带有寻求尊重、归属感和实现自我价值的心理需求,酒店只有提供宾至如归、彬彬有礼的服务,创造文明礼貌的文化氛围,才能满足客人的心理需求,实现酒店的服务价值。因此,酒店职业礼仪文化受到重视,标志着人们对酒店职业礼仪的认识进入了一个新的阶段。

二、酒店职业礼仪的发展

酒店职业礼仪作为酒店形象的重要保障,是酒店营销活动的基础和前提,更是管理理念、企业文化的展示。因此,职业礼仪对酒店的发展有重要的作用。其发展趋势有以下几点。

(一) 酒店职业礼仪更为专业化、规范化

中国正在不断地和世界接轨,无论是在政治、经济方面还是在思想文化方面,都在不断地融合发展。在服务行业,随着国际酒店礼仪思想理念的不断交流,国内酒店业正积极地向国际标准看齐,向国际化礼仪方向发展,礼仪文化的学习越来越受到各企业的重视,很多学校都开设了酒店礼仪课程,有的学校甚至已经单独开设酒店礼仪专业。另外,更多的酒店不惜重金聘请有关专家和学者,积极地为员工在礼仪方面做专业化、规范化和系统化的培训。越来越多的酒店正逐步认识到:只有更为专业和规范化的星级服务,才能带来可观的收益,才能带来更加广阔的发展前途。因此,酒店职业礼仪势必更为专业化、规范化。

(二) 酒店职业礼仪的文化内涵日益丰富

酒店的文化建设,需要为不同层次、不同区域的员工确立行为规范,尤其是管理人员的

行为规范、员工社交的礼仪规范和长期的员工文化素质提升规范。人们日益认为：要把服务当成事业来做；把管理当作学问来看；把问题当作机遇来对待；把酒店当成"永恒的事业"来经营。酒店的产品是"服务"；酒店经营的是"满意"。让客人满意度最大化是一个酒店最切实的文化。创新是永恒的话题，是动力、竞争力、生命力。一切资源都会枯竭，唯有文化生生不息。再好的设备、设施都会老化，唯有人的服务可以不断创新。效益经营策略思想活一点、观念新一点、标准高一点、办法多一点、步子快一点；经营创造特色、塑造品质、营造满意管理理念；以顾客为导向、以员工为中心、以质量为灵魂、以文化为源泉、以创新促发展。一切为了客人，为了一切客人。唯思想与行动保持一致，酒店的文化和发展才会更具魅力、更长久。

有了这样的文化内涵，酒店才能更快地发展，由此可见，具有一定文化内涵的礼仪是酒店事业发展的强劲动力。培根说："良好的礼仪，使人品生辉，使我们的事业锦上添花。"实践证明，礼仪是文明建设的一大"软件"。学礼仪、用礼仪，能使酒店从业人员的人品生辉，为酒店的事业锦上添花。

【典型应用】

酒店职业礼仪在酒店管理中的实践

酒店职业礼仪遵循其自身的发展轨迹，渗透到酒店的各个角落，在酒店的实际经营管理工作中有着多层次的体现。

一、礼仪运用与酒店内部管理

礼仪作为约定俗成的文化符号，是对人际交往行为、经验的高度浓缩和提炼，它在人际交往中能够帮助人们克服行为和情绪上的混乱和紧张不安，唤起交往者所需要的真正情绪，抓住交往双方的注意力，有助于提高人际交往的成功率。

酒店是由多个部门组成的综合性组织，各个部门在工作过程中都是相互联系和相互制约的。每个酒店员工自觉讲究礼貌礼节，互相支持、互相体谅，对内可以调节酒店员工、部门的关系，对外可以调节酒店与其他企业、单位和部门的关系，从而形成良好的人际环境，在为酒店创造更多的经济效益和社会效益的同时，创造一个优美、宽松的工作环境。因此，酒店礼仪可以改善酒店的人际环境。

二、礼仪与酒店对客服务

马斯洛曾经把人的需求分为五个层次：生理的需要、安全的需要、归属和爱的需要、受尊重的需要、自我实现的需要。客人入住酒店，不光是为了满足基本的吃、住等生理需要，而且希望可以获得更多的尊重。客人在酒店追求的不仅仅是一种物质满足，更是一种精神满足，客人也更在意精神和心灵上的满足。针对客人的心理特征，酒店不仅要从硬件上满足客人的基本需求，还需用优质的服务来满足客人的心理需求。在酒店对客交往过程中，最直观、最有效的服务就是礼仪服务，酒店员工的一个眼神、一个微笑、一句问候、一个动作，都能温暖客人的心灵，极大地满足他们的精神需求。

三、礼仪与酒店价值提升

目前，酒店行业竞争激烈，其实质就是酒店服务质量的竞争。研究表明，在酒店硬件设施相同的情况下，酒店服务的主要影响因素是服务意识与态度。讲究礼貌礼节是优良服务态度的表现。礼仪文化可以提升酒店的价值，能够塑造酒店的良好形象和品牌。酒店员工

1

的仪容仪表、言谈举止、礼貌礼节、仪式及活动过程是塑造酒店品牌形象的基础工程。目前，许多酒店通过统一标识、统一服装、统一色彩来塑造酒店独特的品牌形象，使酒店员工自觉地维护酒店的形象。同时，酒店还通过庆典活动、周年纪念、表彰大会等仪式，激发员工对酒店的热爱，增强酒店的凝聚力和向心力。

【知识拓展】

酒店职业礼仪文化

酒店职业礼仪文化包含三大组成部分，分别是理念文化、制度文化和行为文化。

理念文化作为酒店职业礼仪文化发展的精神动力和源泉，是指引员工礼仪行为的发展方向，处在核心层。制度文化作为酒店职业礼仪文化发展的保障，可以规范员工的礼仪行为，处在中间层。行为文化是酒店职业礼仪文化的主体，是礼仪文化最显著、最集中的表现形式，因此处在最外层。礼仪文化中的礼仪理念、礼仪制度都是促进员工礼仪行为改善和提高的重要因素，三者缺一不可。

一、理念文化

酒店职业礼仪文化的三大组成部分各自在酒店管理中发挥着重要的作用。酒店职业礼仪理念文化作为意识形态上的礼仪文化，能够把酒店礼仪文化的其他系统有效地凝聚起来。它既决定了其他形态礼仪文化的内容及形式，也决定了酒店职业礼仪文化建设的方向和速度。它既可以指导酒店员工个人的礼仪行为，也可以影响酒店礼仪文化制度的建设。用理念统一思想，用理念指导行为，用理念影响制度，既在现在也在将来成为酒店成功管理的重要法宝。酒店礼仪理念文化具体表现为酒店以人为本，倡导顾客至上的管理理念，对社会的责任和关爱，以及酒店的规则意识、合作意识、和谐意识、服务意识等。

二、酒店职业礼仪制度

酒店职业礼仪制度将酒店职业礼仪理念与酒店职业礼仪行为有机地连接起来，它既反映了员工的礼仪意识与观念形态，又规范和约束着员工的礼仪行为。从产生的途径来看，酒店职业礼仪制度是在礼仪理念的指导下形成的，是由抽象的礼仪观念向礼仪行为转化的主要环节。从规范企业行为的角度来看，酒店职业礼仪制度对酒店礼仪现象进行系统的归纳和总结，正成为酒店职业礼仪行为的指导守则，是礼仪文化规则的体现，是礼仪文化的秩序系统。因此，酒店职业礼仪制度既是保障酒店职业礼仪行为实施的固定形式，又是塑造礼仪精神理念的主要机制和载体。酒店职业礼仪制度文化可以表现为礼仪规范、礼仪培训制度、礼仪监督制度、礼仪奖惩制度等具体内容。

三、酒店职业礼仪行为

酒店职业礼仪行为是酒店礼仪文化的主体和重心。无论是核心层的酒店职业礼仪理念文化，还是中间层的酒店职业礼仪制度文化，最终都体现在酒店职业礼仪行为上。礼仪理念的贯彻，礼仪制度的落实，最终目的都是改善和提高酒店员工的礼仪行为。礼仪从本质来说，是将"礼"的精神"内化于心，外践于行"。因此，礼仪行为是礼仪文化最直接、最常用的表达方式。行为文化是酒店礼仪文化的重要表现形式和酒店文化管理工作的重要对象。酒店职业礼仪行为文化具体表现为员工个人礼仪行为和酒店礼仪活动。员工个人礼仪行为具体体现在仪容、服饰、举止、语言、服务等方面，酒店礼仪活动则具体表现为酒店的工作仪式、酒店的庆典活动、酒店生活日常活动等内容。

【思考与练习】

1. 酒店职业礼仪的演变史包括哪几个阶段？
2. 酒店职业礼仪的发展趋势有哪些？

【微视频】

酒店职业礼仪
校园养成

酒店职业礼仪
实践养成

项目二 酒店职业礼仪的心理认知

任务一 酒店职业礼仪与心理学的关系认知

【学习目标】

1. 认知职业礼仪与心理学的关系。
2. 了解职业礼仪的心理效应。
3. 掌握酒店职业礼仪的心理学应用。

【情景导入】

无锡某高星级酒店餐饮部西餐厅工作人员潘丽,在酒店从事服务工作已有三年了,她似乎特别适合这份工作,经常得到顾客表扬。6月初某天,潘丽提早20分钟来到酒店。刚换好工作服,餐厅经理兴冲冲地走过来:"小潘,恭喜你! 总经理又写信夸奖你了!"餐厅经理兴奋的声音引来了潘丽周围不少服务员羡慕的眼光。潘丽嫣然一笑,她恭敬地接过总经理的信,"咦,里面怎么还有一张邀请函?"她不禁感到诧异。以前她先后收到过两封由总经理签署的表扬信件,那是因为有顾客在给总经理写的意见书上点名称赞了她。酒店总经理有一个习惯:凡顾客在意见书上表扬某员工,他便一定要亲笔给那位员工写封信,感谢其为酒店做出的贡献。可是今天信里不仅有总经理的亲笔感谢信和签名,还有一张邀请函呢! 潘丽和餐厅几位同事百思不得其解。"你们都不明白,这是一种很高的荣誉。总经理还有一个习惯:凡一位员工受到顾客表扬三次以上,总经理不仅要亲自给那位员工写表扬信,还会邀请她一起在酒店里用餐呢!"餐厅经理解释说。原来如此,小潘手里拿着邀请函,心里非常激动,从进入酒店工作以来,还从未在酒店里和总经理一起用过餐呢。

情景解析:酒店员工在对客服务中展现的良好状态,与其自身的阳光心态密切相关。而员工的心态是否积极向上,很大程度上来自酒店各层面领导的关心与激励。本案例中,总经理能够如此细致地激励员工,一方面展现了他自身突出的领导技艺,另一方面也体现了他对员工心理的关切与重视,能够充分激发员工的积极心态,促使其更好地在对客服务中展现得体的仪态,提供优质的服务,使客人得到美好的体验,从而提升对整个酒店的满意度。

一、职业礼仪与心理学的关系

交际是人们不可缺少的社会行为,也是常见的社会现象。礼仪作为一门综合性的社会性行为,其背景知识融合了伦理学、社会学、心理学、美学等学科的部分理论,尤其与心理学有着直接的联系。

心理学是研究个人在各种环境中所表现的行为过程及其心理机制的科学。而与礼仪发生直接关系的社会心理学则是介于心理学和社会学的一门科学,社会心理学是研究个人在社会环境中的行为的科学。社会心理学的研究成果,为探索个人在社会过程中的复杂心理因素和人们在社会交际中的微妙心理活动,提供了重要的理论依据。

职业礼仪所关注的是人们在职业交往中的心理活动以及应遵循的礼仪规范。从心理学的角度看,职业礼仪的施行过程,实际上就是交往双方彼此认识、产生心理交流并相互影响的过程。行为人角色认识的准确与失误,心理障碍的形成与克服,行为的文明与粗俗,道德的高尚与卑劣,将决定行为人职业交际成败。行为人只有在职业礼仪的规范下,才能取得与社会的平衡,才能实现职业人际关系的和谐,最终获得心灵的愉悦。由此可见,规范职业人行为的职业礼仪不仅仅是一种外在的表现形式,更是与职业人的内涵、心理状况有着密切关系的伦理准则。

【典型应用】

把握顾客心理带来的改变

半年前,实习生米倩怀着忐忑不安的心情进入上海某五星级酒店开始实习,酒店方对这批前来实习的同学非常关照。根据学生的个人条件及酒店各部门的实际需要,米倩被安排在中餐厅做服务员,为了让米倩能更快地适应岗位,中餐厅经理为她安排了一位经验丰富的师父。经过短暂的培训,米倩正式顶岗实习,可是不知怎么回事,虽然米倩在工作中非常小心,对顾客也非常热情,但总是惹得顾客不满意,甚至觉得她碍手碍脚。米倩觉得很委屈,向餐厅经理提出要调换岗位。

经理在听了米倩的抱怨后,去找她的师傅了解情况,师父反映米倩服务态度不错,对人很热情,服务技能提高得很快,只是在技巧方面有所欠缺,做事有时画蛇添足,不是很灵活,对顾客的心理状态把握不准,常常让顾客觉得不开心。了解情况后,经理找米倩谈心,肯定了她实习以来取得的进步,然后指出她存在的问题,要求她在以后的工作中注意以下几点:①接待顾客时注意观察顾客的言谈举止,揣摩顾客的身份,多观察;②观察自己的师父是怎么根据顾客的具体情况来为顾客服务的,把握服务的"度",要多学习;③每天工作结束后,回顾一下整个服务过程中有哪些事情是令顾客满意的,有哪些事情是让顾客抱怨的,多思考。

米倩记住了经理的指导,在工作中多了一些心思,还找来了一些餐厅服务方面的案例进行研究,自己的心态也更积极、自信。很快,状况就改变了,顾客对米倩的服务非常满意,有些熟客每次来用餐,还特别提到要让米倩服务。

二、职业礼仪的心理效应

心理效应在职业礼仪活动中有着不可估量的影响,我们只有在了解职业礼仪活动中心理效应的特性的基础上,才能更好地利用和发挥各种心理效应的积极作用,克服消极影响,从而提高职业礼仪活动的效果。

（一）首因效应

"首因"也可以说是第一印象，一般指人们在初次交往接触时对交往对象产生的直觉和归因判断。在人际交往中，首因效应对交往印象的形成起着重要作用。

初次见面时，对方的表情、体态、仪表、服装、谈吐、礼节等形成了我们对对方的第一印象。现实生活中，在首因效应作用下形成的第一印象常常左右着我们对他人的看法。第一印象一旦形成，就不容易改变。

初次印象是长期交往的基础。因此，我们在职场人际交往中应该注意留给他人好的第一印象。首先，要注重仪表，衣着整洁、服装搭配应当和谐得体；其次，注意自己的言谈举止，提高自己的人际沟通能力。

（二）近因效应

前述首因效应一般在交往双方还彼此生疏的阶段特别重要，而随着双方了解的加深，近因效应就开始发挥它的作用。近因效应是相对于首因效应而言的概念，是指在交往过程中，我们对他人最近、最新的认识占主导地位，掩盖了以往的评价的心理学机制，也称为"新颖效应"。比如，职场中，自己的一个同事突然升了职，以往认为其平凡的人，就会一扫过去平凡的印象，对其刮目相看；再比如，一个同事总让你生气，可是谈起生气的原因，大概只能说上两三条；你的一个同事最近做了一件对不起你的事情，你提起他来就只记得他的坏处，完全忘了当初的好处……这一切都是近因效应的具体表现。

同时，近因效应也给了我们改变形象，弥补过错，重新来过的机会。例如，两个同事因故"冷战"一段时间后，一方主动向对方表示好感或歉意，往往会出乎意料地博得对方的好感，化解恩怨。

（三）晕轮效应

所谓晕轮效应，是指我们在评价他人的时候，常常喜欢从某一点特征出发来得出或好或坏的全部印象的心理学机制，该过程就像光环一样，从一个中心点逐渐向外扩散成为一个越来越大的圆圈，因此有时也称光环效应。晕轮效应对人际交往有很大的影响。多数情况下，晕轮效应常使人发生"以偏概全""爱屋及乌"的错误想法，影响理性人际关系的确立。但是，晕轮效应可以增加个体的吸引力并助其获得某种成功，这或许是其有利的一面。

为了规避晕轮效应的不利影响，在职场中，我们要善于倾听和接受他人的意见，尽量避免感情用事，要全面评价他人，和人理性交往。

（四）刻板效应

我们在评价他人时，往往喜欢把他看成是某一类人中的一员，很容易认为他具有这一类人所具有的共同特性，这就是刻板效应。比如，北方人常被认为性情豪爽、胆大正直；南方人常被认为聪明伶俐、随机应变；商人常被认为奸诈，所谓"无奸不商"；教授常被认为是白发苍苍、文质彬彬的老人……

刻板效应在职业交往中既有积极作用，又有消极作用：积极作用在于它简化了我们的认识过程，这是因为当我们知道某类人的特征时，就比较容易推断这类人的个体特征，尽管往往比较偏颇；消极作用在于它常使人"以点带面"、固执待人，使人产生认知上的错觉，种族偏见、民族偏见、性别偏见等就是刻板效应的产物。

【典型应用】

四季酒店员工礼仪教育的心理效应

顾客来到酒店,最先接触的就是酒店的服务人员,服务人员的职业礼仪是否到位,留下的第一印象是否良好,往往决定着客人此次入住是否愉快。因此,对客服务的一线人员是最需要强化职业礼仪教育的。四季酒店是全球众多著名酒店品牌中的"顶级品牌",其员工关爱政策更是全球闻名。他们充分重视员工的心理感受,将人性化管理发挥到极致,促进了员工的礼仪养成。

2009年,上海四季酒店开张前,总部前来视察筹备工作,大家准备了许多资料和情况等待汇报。照例,总部应该关心酒店的设施、员工的培训、上海的市场、酒店的营销和竞争对手这些与经营直接关联的情况。然而,总裁开口问的第一个问题竟是:"我们的员工福利是不是上海酒店中最好的? 我们的员工福利必须是上海第一!"四季酒店的经营逻辑是:"提供高福利待遇→拥有高素质员工→把握高素质客人→产生高出租率和高房价的双高效益"。这种效益反而使员工的高福利在酒店的账面上体现为低成本,百元营业收入的劳动力成本率显得很低,连20%都不到。

先说说员工餐厅吧! 四季酒店是唯一一家员工不用刷饭卡即可就餐的酒店,员工只要是穿着工作制服,都可享受一日四餐的待遇。吃多吃少、丰俭随意,从总经理到做卫生保洁的临时工都在这里就餐,没有等级之分,人人平等。"四季"的理念是:不分国籍、肤色、宗教信仰,我们都是"四季人"。员工在工作区域一律不得放杯子喝水,这是保证服务和工作环境整洁的严格要求,任何员工可抽工作空隙自由去餐厅喝各种饮料。

再来看看员工的洗澡场所,完全跟宾客一样,有沐浴液、浴巾、拖鞋、梳子、吹风机等。为什么这样做?"四季"考虑得很细,若员工自己带毛巾,湿湿地放在更衣柜里就会散发霉味;没有吹风机,员工头发湿湿地走在公共区域,形象就不达标。

由一斑而窥全豹,我们仅从员工餐厅和洗澡间就可以领略到四季酒店对员工关怀的细致入微。有了良好而又平等的待遇,员工们必然能心情舒畅、集中精力地去为客人提供高品质的服务。因此,员工的职业礼仪生动地表现为"内化于心、外化于行",有效地使客人对酒店形成基于首因效应、近因效应、晕轮效应和刻板效应的正向感受。

三、酒店职业礼仪中的心理学应用

在接待服务过程中,不同的客人在需求、兴趣、动机等方面存在着差异,酒店服务人员本身也不例外,在学习、工作以及为客人服务的过程中同样会发生心理活动的变化,这些现象都是服务心理的客观体现,也是心理学在酒店职业礼仪中的具体展现。

(一)掌握宾客心理,细致服务

前厅服务员每天都要接待各种各样的客人,他们或国籍不同、民族不同,或职业不同、年龄不同,抑或性格不同,而且在生活习惯、习俗及宗教信仰等方面也有差异。正是由于这些差异对人产生的影响,不同的人往往才会对同一对象产生不同的反映。同一个宾客,在不同的情绪状态中或在不同的时间、背景下,对同一个服务人员也会有不同的评价。服务人员只有掌握了宾客的心理活动及特点才能让客人满意。我们要从长期的工作经验里总结相关的技巧。这就要求酒店服务人员必须在工作中不断地总结经验,勤于观察、研究,做一个有心的人,眼要活,手要快,嘴要勤,主动积极,提高工作效率,充分展现职业形象,使客人满意。

（二）打造心态积极的高素质员工队伍

拥有一支高素质的服务队伍,是一家酒店立足于竞争激烈的市场所需的筹码,而这个筹码的分量是在酒店对员工的培养中不断增加的。对心理学的认知与把握,能激发酒店员工的工作思路,丰富员工的服务视野,拓展其文化知识,提升其职业素养,引导他们以更积极的心态投入到工作、学习中去。学习酒店服务心理学可以让员工更好地了解客人的心理,提供满意的服务。管理人员学习有关心理学的知识可以更好地了解员工想要什么,想做什么,进而更有效地激发员工开展各项工作的热情。一支心态积极的队伍能够展现出高素质的职业礼仪形象,使顾客在接受服务的过程中充分感受到尊重与舒适。

（三）促进酒店管理水平的提升

经济效益是企业的重要目标,对酒店来说也是如此。在酒店经营和管理中,充分运用心理学知识来探求人与市场的动态,可以使酒店更好地掌握市场的运作规律。只有在掌握酒店的现状、需求与发展趋势的基础上,我们才能有效地整合酒店的人力、物力资源,掌握酒店员工的需求,激励员工,促使其更愉悦地开展工作,提升酒店服务的管理水平和顾客对酒店的满意度。

（四）促进酒店服务品质的提升

酒店在进行发展决策时,往往需要从多方面开展分析工作。分析的重点包括:客人需要什么样的服务,酒店能提供什么样的服务;员工有什么样的要求,酒店能为其提供什么样的帮助,在此基础上,我们才能掌握其心理动向,并据此调整营销策略,促进员工在对客服务中展现最美的职业形象,进而有效地提升酒店的整体服务品质。

【典型应用】

泰国东方饭店的用心服务

泰国的东方饭店几乎天天满客,客人大都来自其他国家,不提前一个月预订很难入住。余先生因公常去泰国出差,第一次入住东方饭店时,良好的饭店环境和服务就给他留下了深刻的印象,当他第二次入住东方饭店时,几个细节更使他对饭店的好感迅速升级。早晨,他准备去餐厅的时候,楼层服务生恭敬地问:"余先生要用早餐吗?"余先生很奇怪地问:"你怎么知道我姓余?"服务生说:"我们饭店规定,晚上要背熟所有客人的姓名。"他刚走出电梯门,餐厅的服务生就说:"余先生,里面请,上面的电话刚打下来,说您已经下楼了。"如此高的效率让余先生大为吃惊。服务生微笑着问:"余先生还要老位子吗?"看到余先生惊讶的目光,服务生主动解释说:"我刚刚查过电脑记录,您去年在第二个窗口的座位用过早餐。"余先生听后兴奋地说:"老位子!"服务生接着问:"老菜单? 一个三明治,一杯咖啡,一个鸡蛋?"余先生的心里感到非常温暖。

后来,余先生有三年没再去过泰国,他在生日时突然收到了泰国东方饭店发来的生日贺卡,里面的内容是:亲爱的余先生,您已经有三年没有来过我们这里了,我们全体人员都非常想念您,希望能再次见到您。今天是您的生日,祝您生日愉快! 余先生热泪盈眶,发誓如果再去泰国，一定还住东方饭店。

泰国东方饭店建立了一套完善的客户关系管理体系，对每位入住的客户提供无微不至的人性化服务，这就是其成功的秘诀。

客户关系管理的观念已被普遍接受，一部分企业建立了客户关系管理系统，但真正能做到泰国东方饭店这样的并不多。客户关系是以服务意识为核心，充分研究客户的消费心理，贯穿所有经营环节的全面、完善的服务理念和服务体系。在这一过程中，服务人员周到的安排，细致的服务，用心的接待，处处展现了泰国东方饭店"以客户为核心"的服务理念和出色的职业礼仪形象，使每一位到过泰国东方饭店的顾客都能有美的感受和愉悦的心情。

【知识拓展】

海 潮 效 应

"海潮效应"是指海水因天体的引力而涌起潮汐的现象，引力大则出现大潮，引力小则出现小潮，引力过弱则无潮涌起。

战国时期，燕国的发展就很好地诠释了"海潮效应"。当时燕国出现了内乱，邻国齐国乘机出兵侵占了燕国的部分领土。燕昭王当了国君以后，他平定了内乱，决心招纳有才能的人，振兴燕国，夺回失去的土地。虽然燕昭王发出了这样的号召，但并没有多少人投奔他。于是，燕昭王就去向一个叫郭隗的人请教怎样才能得到贤良的人。郭隗给燕昭王讲了一个国君用 500 金买马骨以求得千里马的故事，燕昭王认为有理，就拜郭隗为师，还给他优厚的俸禄，并让他修筑了"黄金台"，作为招纳天下贤士人才的地方。消息传出去不久，一大批贤士纷纷从各自的国家来到燕国。经过二十多年的努力，燕国终于强盛起来，打败了齐国，夺回了被占领的土地。

用买马骨的方法来买得千里马，用修筑"黄金台"的方法来吸引天下的人才，都是"海潮效应"的体现。人才乃强国之本，求贤纳士，选人用才，贵在诚心实意。燕昭王采纳郭隗的建议，不以"才"小而不敬，敢向天下人昭示自己尊重人才、招募人才的诚心，四方贤士因此纷至沓来，燕国由此日渐强盛，给后人留下了深刻的启示。

人才与社会的关系也是这样。社会需要人才，时代呼唤人才，人才便应运而生。依据这一效应，国家要加大对人才的宣传力度，形成尊重知识、尊重人才的良好风气。对于一个单位来说，重要的是要通过调节对人才的待遇，达到人才的合理配置，从而加大本单位对人才的吸引力。现在很多知名企业都提出这样的人力资源管理理念：以待遇吸引人，以感情凝聚人，以事业激励人。

"海潮效应"给我们很大的启示。在企业人力资源管理工作中，设计激励模式是非常重要的内容。随着社会的发展，信息流动量加大，人才市场的社会化程度日渐提高，我们必须建立适应企业人力资源配置的激励机制，考虑对人才的激励力度，形成"海潮效应"。

【思考与练习】

1. 职业礼仪与心理学的关系是什么？
2. 职业礼仪可以产生的心理效应有哪些？
3. 酒店职业礼仪的心理学应用有哪些？

任务二　酒店从业者的心理素养认知

【学习目标】

1. 认知心理素养对酒店从业者的重要性。
2. 了解酒店从业者应具备的心理素养。
3. 掌握提升酒店从业者心理素养的举措。

【情景导入】

一天下午,1218房的罗太太气冲冲地跑到酒店前台,把房卡狠狠地扔给前台服务员,说:"你们是怎么搞的,我的房门又打不开了! 早上不是已经重新做了一张吗,怎么现在又没用了,烦死了!"前厅经理正好在场,他先是安慰了顾客,劝她不要着急,然后迅速地把房卡读了一遍:"的确是1218房,时间也对,应该是可以打开的。"为确保无误,前厅经理又重新做了一张新卡,并陪同罗太太一起去房间。罗太太看到前厅经理亲自来帮忙,心里还是非常高兴的。到了房间,前厅经理却发现房卡没有问题,这种情况很可能是顾客没有正确使用房卡,插反了方向。于是,又把门关上,用慢动作再一次把门打开。这一切罗太太看在眼里,心里也明白了是怎么回事,感到有些不好意思。但前厅经理还是礼貌地对她说:"对不起,罗太太! 可能是刚才门锁有点小问题,不好意思,耽误您的时间了!"这时罗太太的表情也变得自然了,忙说:"谢谢,谢谢,麻烦你了! 你们酒店的服务真的很到位,以后来这座城市,我还会选择你们酒店的。"

情景解析:前厅经理在此事件的处理过程中,充分展现了沟通的艺术与得体的礼仪,既顾全了顾客的面子,又非常好地化解了矛盾冲突,展现了出色的职业礼仪。一方面,前厅经理自身具有良好的职业素养与心理素质;另一方面,前厅经理对顾客的心理把握得也非常准确,知道如何让顾客感受到酒店的尊重和体贴。这说明心理学对于酒店从业者是非常重要的,有助于更好地提升对客服务的质量。

酒店业的竞争日益激烈,对酒店一线服务员工的素质的要求越来越高。由于酒店服务行业的特殊性,酒店简单重复性的工作方式,也令酒店员工面临越来越大的压力,人们容易产生紧张感、挫折感和自信心不足等心理问题。酒店行业作为一个人员流动相对较大的行业,应注重在日常的管理过程中体现以人为本的管理思想,关心员工,帮助员工规划职业目标,提高心理素质,从而吸引并留住员工,这同时也有利于酒店的良好发展。

一、心理学对于酒店从业者的重要性

(一) 能够更好地为顾客提供服务

研究酒店顾客的心理活动变化及其规律,对于酒店来说有着重要的意义。只有认真地了解顾客的心理,酒店才能根据顾客的心理需求,为其提供个性化的服务,让顾客真正满意。不同的顾客有着不同的生活经历和体验,个性也有着很大的不同,面对酒店标准化的产品与服务,必然有着不同的心理感受和心理需求,酒店服务人员需要掌握一定的心理学知识,在工作中认真观察、仔细分析,把握顾客的心理活动,提供让顾客满意的服务。

(二)有利于酒店员工队伍的稳定及素质的提升

对于酒店服务人员来说,学习心理学知识,可以较好地了解酒店服务业对员工素质的基本要求;能促进员工较好地适应职业需要,自觉地培养良好的心理素质。同时,员工在工作实践中可以自觉地运用心理学知识去处理问题,提高对客服务质量。对于管理层而言,学习心理学知识,有助于更好地了解员工的心理需求,知道员工需要什么,更有效地与员工沟通,服务员工,帮助员工,增强集体凝聚力,促进高效稳定的员工队伍建设。

(三)能够促进酒店的长远发展

通过对服务心理学的研究,酒店经营管理者可以更好地预测客源市场的变化规律,把握顾客的心理需求和购买特点,有针对性地进行酒店产品的生产、定价和销售,最大限度地满足顾客的需要,占据市场先机,创造良好的经济效益和社会效益,促进酒店的长远发展。

人才短缺、员工流动率过高的问题,已成为困扰许多酒店经营者的普遍难题,制约酒店的长远发展。在有经验的员工流失时,酒店需要招聘并培训新的员工,这加重了酒店的经营成本,同时,新员工服务质量一时难以达到要求,也必然影响着酒店的服务质量,这些问题对于酒店的长远发展是不利的。如果酒店管理层能很好地重视这个问题,把握员工的心理需求,解决员工的实际困难,稳定员工队伍,酒店的长远发展就有着充分的人力资源保障。此外,员工自身也要具有良好的心理素质,克服职业倦怠,对自己的职业生涯加以良好的规划。

二、酒店从业者应具备的心理素养

在酒店对客服务过程中,服务人员要始终保持微笑,保持礼貌、平和的心理状况,这可以说是一种挑战。因此,良好的心理素养显得尤为重要。良好的心理素质包含性格、情绪和情感、意志、能力。

(一)性格

性格是表现在人对现实的态度和相应的行为方式中的,比较稳定的,具有核心意义的个性心理特征,是一种与社会关系密切相关的人格特征。性格表现了人们对现实和周围世界的态度,并表现在行为举止中。良好的性格是服务人员能够热情地为顾客进行服务的重要心理条件,主要包括以下几项内容。

1. 充满乐观与自信

具有良好性格的人对生活和工作是乐观且自信的。一个优秀的服务人员首先就是生活中的强者,追求更多、更好、更高层次的满足。心理学家马斯洛说过,人有一种"向前的力量",也有一种"向后的力量",并不是人人都能让前者胜过后者。只有乐观自信的人才会永远向前,那种乐观的精神,能使他们永远积极向上,无论身处顺境还是身处逆境,都能正确评价自己。酒店服务工作的特点决定了乐观自信的人更容易在酒店行业取得成功。

2. 对人礼貌热情

酒店服务人员为顾客提供服务的过程就是人际交往的过程,人们更愿意和礼貌热情的人交往,冷冰冰的态度只会让人望而却步。在酒店服务工作中,面带微笑、礼貌热情的服务人员更容易获得好感,也更容易获得顾客的信任,服务的宗旨就是要让顾客满意,获得顾客的好感。因此,对人礼貌热情是酒店服务人员的基本素质要求。

2

3. 为人真诚友善

真诚友善就是在与人的交往中保持以诚相待、表里如一、与人为善、从善如流。在酒店服务工作中,服务人员以善良的愿望同对方相处,往往会赢得顾客的信任,很快被顾客所接纳,消除陌生感,能够在较短时间内使主客关系变得融洽,促使顾客乐于接受服务。

4. 心胸豁达、善解人意

心胸豁达是指一种积极的处世态度。生活本身总是充满矛盾的,每个人的性格也不同,因此,在生活与工作中,我们要心胸豁达,善解人意。酒店服务工作的信条,就是"顾客总是对的"。服务人员只有保持豁达的心胸,才会善解人意,自然就会开心地面对各种类型的顾客,为顾客提供最完善的服务。

(二) 情绪和情感

情绪和情感是人就客观事物是否符合自身需要而产生的态度的体验,而人的态度直接影响着人的生活和工作方式。在酒店服务工作中,服务人员直接面对顾客,是顾客情绪的引领者,直接影响着顾客的情绪,同时影响着自身的工作效率,我们应当注意以下几点:

1. 保持良好的情绪状态

在酒店服务工作中,员工首先要使自己处于一种轻松愉快、心平气和、乐观积极的情绪状态之中。保持良好的情绪状态,有助于提高工作效率,以良好的情绪影响和感染顾客。其次,员工要善于控制自己的情绪,避免激动所带来的消极影响,避免失去理智,以防和顾客之间的矛盾被激化。此外,在面临突如其来、意料之外的紧急情况时,我们要保持一种良好的应急水平,临危不惧,急中生智,果断做出决定。

2. 要有正确的情感倾向

酒店服务人员应具有热爱酒店服务工作、热情为顾客服务、为满足顾客需要而努力工作的崇高情感,并将这种情感指向自己的工作和服务对象,在实践活动中充分表现出来。对本职工作的热爱和对酒店顾客的尊重与体贴,是酒店员工情感倾向的正确表现,也是优秀员工的必要条件,它是激发酒店员工努力工作的内在动力。

3. 要有深厚持久的高尚情感

高尚情感主要包括道德感、理智感和美感。在酒店服务工作中,道德感就是员工遵守酒店各项规章制度和职业道德规范的自觉;理智感就是员工坚持真理、善于思考,对工作孜孜以求的能动性;美感就是员工培养正确的审美观,注重仪容仪表、言谈举止,积极发现美、创造美的追求。深厚持久的高尚情感可以对员工的服务工作产生积极的动力,然而这种动力也因人而异,员工需要努力提高情感的效能。情感效能高的服务人员能将其转化为积极学习、努力工作的动力,而情感效能低的服务人员则空有愿望,是"语言上的巨人,行动上的矮子"。

4. 学会自我调节情绪

情绪的自我调节主要包括两个方面,即保持愉快的情绪与克服不良的情绪。酒店服务人员学会情绪的自我调节是指在酒店服务过程中保持愉快的情绪体验,与顾客共同创造愉快的情绪氛围。宽容对人、忍让处事、广交朋友、热心助人等都是有效的方法。同时,我们还要通过及时排遣不良情绪、转移注意力、自我放松等方式来克服不良情绪。

(三) 意志

意志是人自觉地按照确定的目的,并根据目的来支配、调节自己的行为,克服困难,从而实现预定目的的心理动力机制。意志是人类特有的高级心理机制,是人类意识能动性的集中表现。意志过程由两个阶段构成,即采用决定阶段和执行决定阶段。酒店服务是极其复杂的工作,需要服务人员不断地克服各种主客观困难和障碍,不断地增强意志力,做好服务工作。

1. 自觉性

意志的自觉性是指人对其行动的目的及其社会意义保有正确而深刻的认识,并能自觉地支配自己的行动,使之服从活动目的的品质。有自觉性的人,相信自己的目的是正确的,能把热情和力量投入到行动中,会克服困难,在行动中不轻易接受外界的影响而改变自己的目的,但也不拒绝有益的建议和意见,他们的思想和行动兼具原则性和灵活性。对于酒店服务人员来说,具有意志品质的自觉性就是要既能倾听和接受合理建议,又能信守原则,主动、独立地调节自己的行为,保有强烈的酒店从业意识,能深刻地理解酒店工作的社会价值,在酒店服务工作中以高度的责任感确立行动目的并选择科学的行动方法,自觉为顾客提供服务。

2. 果断性

果断性是指迅速有效、不失时机地进行决断的品质。与之相反的是优柔寡断和草率鲁莽,前者指患得患失,当断不断,缺乏主见,错过时机的心理态度,后者指不加分析,不管实际,不顾后果,轻举妄动的精神状态。酒店服务人员每天要接触很多顾客,也会遇到各种矛盾,甚至会碰上一些突发事件,这需要员工具备驾驭复杂事态的能力,迅速权衡,准确决断,及时地采取措施加以处理。缺乏果断性,犹豫不决,草率行事,不仅难以解决问题,还会激化矛盾,导致更严重的后果。

3. 坚定性

坚定性是指在执行决定的过程中,以坚持不懈的精神克服困难,不达目的誓不罢休的品质。酒店服务工作单调烦琐,时间长,劳动强度大,顾客要求高,我们要始终如一地保持主动、热情、耐心、周到的服务态度,自觉化解不符合既定目的的主客观干扰因素,克服畏难情绪,坚持不懈地搞好服务工作,服务人员应当具备充沛的精力、顽强的毅力和坚韧不拔的意志品质,胜不骄,败不馁,锲而不舍,否则就不能适应酒店工作的要求,更不可能为顾客提供优质的服务。

4. 自制性

自制性是指能够自觉控制自己的情绪,约束自己的言行举止的意志品质。自制力强的人在对待顾客时,善于克己忍耐,懂得把握分寸,不失礼于人;对待工作,不回避困难繁重的任务,不感情用事。酒店工作的目标是为顾客提供至善至美的服务,它要求员工无论与何种类型的顾客接触,或者无论发生了什么问题,都能够镇定自若,善于控制自己的情绪,把握自己的言行,谦恭有礼。遵守酒店的各项规章制度,也是自制性强的表现。

(四) 能力

酒店服务人员的能力不仅是完成日常酒店服务工作的前提,也直接影响着服务效率和服务效果,是影响酒店服务质量和水平的主要因素。一位优秀的酒店服务人员应具备以下职业能力。

1. 敏锐的观察力

要想为顾客提供最好的服务,我们首先要了解顾客的心理,投其所好,有的放矢。但是,人的心理是内隐的,我们只能通过观察外显的行为去了解他的心理,而人的行为在很多时候并不会表现自己真实的想法,人有时会故意做出与自己内心想法相反的举动来。服务人员首先要细心观察,捕捉顾客无意流露或有意传递的每一点信息,然后再根据当时特定的背景去分析顾客的真实心理需要。

2. 良好的记忆力

良好的记忆力是优质服务的基础。酒店服务人员在工作中不仅要记住所有设施、设备的使用方法、服务工作的程序和规章制度,还要记住顾客的姓名、长相、职业、职位、爱好、禁忌等,甚至还要记住当地的主要旅游景点、特色小吃、出行线路、大型商场,在顾客询问时,马上为顾客提供准确的答案。

3. 高超的交际能力

酒店服务过程中,主客之间以各种方式进行信息的交流沟通。因此,交际是实现服务工作的主要途径,交际能力是酒店服务人员对客服务的一项基本能力。高超的交际能力主要表现在以下四个方面:一是重视给顾客留下的第一印象;二是简洁流畅的语言表达能力;三是妥善处理各种矛盾的能力;四是较强的招徕顾客的能力。基于以上四种能力,酒店服务者应通过良好的交际活动,促使双方感情保持融洽,吸引顾客,促其消费。

4. 熟练的服务技能

服务技能是酒店服务人员对服务操作技术、动作的掌握程度。服务技能与服务态度、服务用语和服务项目一样,与酒店形象密切相关,影响着顾客的消费感受。高水准的服务技能不仅离不开娴熟的操作技巧、超群的服务技艺,而且还要求服务者拥有丰富的专业知识,对顾客信息的熟稔于心。具备熟练的服务技能的服务者,会让顾客在心理上更加放松,更加信任服务人员,也更愿意在酒店里进行消费。

【典型应用】

学会自我开导,降低紧张情绪

第一,要学会放松心情。放松对于紧张情绪具有很强的防御力。当一个人的精神真正得到放松的时候,就会感到内心平静,精力集中,生活充满活力,具有强烈的追求。

第二,要保持良好的睡眠和营养。如果睡眠的时间过短,大脑得不到充分的休息,我们就会感觉到烦躁、疲惫、头昏脑涨,生理上的不平衡容易导致情绪的紧张。一般情况下,正常人每天需要 6～8 小时的睡眠时间,间断或不完整的睡眠都对人体健康不利。同时,适当的营养有利于身体抵抗紧张所需要的精力和能力的储存。有益于健康的,对抵抗紧张有利的饮食习惯和营养是非常重要的。酒店管理人员在安排员工的排班时,要充分地考虑员工的作息时间,合理排班,为员工提供充分的休息、放松时间。

三、提升酒店从业者心理素养的方法

(一) 以"自我"为出发点培养意识

服务员以自我为出发点培养意识,要把握正确的指向,包括:物质自我,即要对自己的身体层面有一个清楚的认识;心理自我,如员工内心对待工作的态度、对待工作的信念、个人价值观以及人格的特征等;社会自我,"人人为我,我为人人",不应总执著于"我是伺候人的角色,我低人一等"这种错误的观点,这样才能形成自我意识的正确表现;理想自我,"我应该是怎样的人",员工对自己应有一种期待,为自己设立一个通过努力就能实现的理想目标,并不断向理想目标奋斗;反思自我,"别人为什么对我这样评价""我应不应该改变一下我的做法",在自我概念的反馈中,不断地改进自己的缺点,努力朝大家满意的方向发展自我。

(二) 以"觉悟"为根基培养敏感性

社会知觉包括对表情的知觉、对人格的知觉、对人际关系的知觉和对行为原因的认知。首先,酒店从业者,尤其是跟顾客接触最多的服务员,应该让自身的表情知觉敏感起来。在服务的过程中,应当注意观察顾客的面部表情、身体表情和言语表情,通过这些信息觉察顾客的情绪、态度、意向等,从而准确地提供使顾客满意的服务。其次,在人格的知觉方面,保持热情,许多研究发现,热情与冷漠,在对人的人格知觉中,处于中心位置,是中心特征。因此,员工的热情服务会给顾客留下温暖又深刻的印象。再次,优良的工作品质也会促进酒店员工与顾客之间、员工与员工之间以及员工与上下级之间的人际关系和谐发展,增强员工对人际关系的知觉。最后,人际关系的知觉敏感性有利于我们在人际交往过程中对搜集和选择的信息进行整合,对他人进行判断和推测,形成关于人和事的完整印象,从而完成对自己行为原因的认知和对他人行为原因的认知。

(三) 以"培训"促进心理素养的提升

除了自我认知与觉悟外,企业为员工开展的专业培训也是提升其心理素养的重要手段。在职人员的学习培训不同于一般的学历教育,其目的在于更好地做一个职业人、组织人,为组织创造绩效。培训的目的是掌握能增加业绩的知识、道德和能力,而不仅仅是接受科学文化素养的教育。企业对员工的心理素质提升培训可以通过四个过程来展开,即:注意过程、保持过程、动力复制过程和强化过程。

【典型应用】

营造积极工作氛围的 40 种方法

1. 书写一份有效的远景构想。

2. 制定指导原则。

3. 把你的远景构想和指导原则制度化。

4. 每天都友好地跟员工打招呼并努力地了解他们。

5. 积极倾听员工的心声。

6. 在适当的时候对员工给予帮助。

7. 不要经常在员工身旁转悠。

8. 公平、一视同仁地对待员工。

9. 不要对一名员工谈论另一名员工的工作表现。

10. 向员工通报情况。

11. 让员工参与管理。

12. 如果可行的话,为员工提供一些咨询和保健活动。

13. 使用最新的、最准确的工作细则。

14. 指导新员工。

15. 培训员工如何做好本职工作。

16. 对员工进行个性化指导。

17. 每年至少对员工进行一次正式的评估。

18. 制定纠正错误的指导原则并传达给员工。

19. 用两步走的过程来处理不利于生产的行为。

20. 预防不利于生产的行为的发生。

21. 奖励员工。

22. 遵循员工奖励的指导原则。

23. 好的员工表现应得到回报。

24. 为员工制订利润分成或所得分成计划。

25. 帮助员工看到他们的工作成果。

26. 尽可能多地让员工自己做出决定。

27. 交叉培训员工并推动岗位轮换。

28. 建立事业阶梯,使职工得到晋升。

29. 不给员工安排特殊的任务。

30. 为员工提供个人和事业上的发展机会。

31. 坦诚。

32. 保证自己能够胜任所领导的工作。

33. 管理好你的时间。

34. 让员工看到你。

35. 做良好的榜样。

36. 建立有竞争力并且公平的工资档次。

37. 提供适合本单位员工的、有竞争力的福利待遇。

38. 提供合理的工作时间安排。

39. 提供一个舒适、安全、干净的工作环境。

40. 享受你的私人生活。

【知识拓展】

激励员工的方法和艺术

1. 职务激励法

对于一个德才兼备、懂管理、善用人、能够为工作开辟新局面的可造之才,酒店就应把握实际需要,扬长避短,及时地提拔重用,以免打击了"千里马"的积极性。一名领导要有识才的慧眼,千万不能因自身的私利而对身边的人才"视而不见""置之不理"。压制和埋没人才只能使企业蒙受损失;对于在实践检验中发现确属"真金"者,要及时地给任务、压担子,引入竞争和激励机制,形成"优秀干部有成就感,平庸干部有压力感,不称职干部有危机感"的良性循环。

2. 知识激励法

随着知识经济的发展,当今世界日趋信息化、数字化、网络化,知识更新速度不断加快,干部队伍中存在的知识结构不合理和知识老化问题也日益突出。酒店要树立"终身教育"的思想,对一般员工强化职业培训的力度;对各类人才也可以鼓励脱产学习、参观考察,前往院校深造等激励措施;员工要掌握必要的外语和计算机知识,能够应用互联网搜集、汇总信息。各级各类人才只有在"专"和"博"上下功夫,不断提高自己的思想品德素质、科学文化素质、社会活动素质、审美素质和身心素质,才能使自己成为更全面的人才。

3. 情感激励法

情感是人们行为最直接的影响因素，任何人都有各种情感需求。按照心理学上的解释，人的情感可分为利它主义情感、好胜情感、享乐主义情感等，这就要求领导多关心群众的生活，敢于讲真话、动真情、办实事，在满足员工物质需要的同时，关心员工的精神生活和心理健康。同时，领导应当提高一般员工和各类人才的情绪控制力和心理调节力，建立正常、良好、健康的人际关系，营造出一种相互信任、相互关心、相互体谅、相互支持、互敬互爱、团结融洽的同志氛围、朋友氛围甚至家庭氛围。只有在切实提高员工的生活能力，培养员工的合作精神的基础上，员工对本单位的归属感才会增强。

4. 目标激励法

目标是组织对个体产生的一种心理引力。所谓"目标激励"，就是确定适当的目标，诱发人的动机和行为，达到调动人的积极性的过程。目标作为一种诱因，具有引发、导向和激励的作用。只有不断启发一个人对高目标的追求，我们也才能激发其奋发向上的内在动力。在目标激励的过程中，我们要正确处理大目标与小目标，个体目标与组织目标，理想与现实，原则性与灵活性的关系。组织要按照"德、能、勤、绩相结合"的标准对人才进行综合考察，定性、定量、定级，做到规范"刚性"，奖罚分明。

5. 荣誉激励法

人人都具有自我肯定、争取荣誉的需要。对于一些工作表现比较突出，具有代表性的先进人物，给予必要的精神奖励是很好的精神激励方法。

6. 行为激励法

人的情感总受激励的引导，而激励又将反过来引导人的行为。我们所说的"行为激励"就是指以目标对象富有情感的行为来激励他人，从而达到调动人的积极性的目的的激励方法。我们常说："榜样的力量是无穷的"，某种典型人物的行为，能够激发人们的情感，引发人们的"内省"与共鸣，从而起到强烈的示范作用，像一面旗帜，引导人们的行动。

7. 薪酬激励法

企业应设计满足员工需要的福利项目。完善的福利系统对吸引和保留员工非常重要，这也是判断公司人力资源系统是否健全的重要标志。福利项目设计得好，不仅能给员工带来方便，解除员工的后顾之忧，而且可以提高公司的社会声望。

【思考与练习】

1. 心理素养对酒店从业者的重要性体现在哪些方面？
2. 酒店从业者应具备的心理素养有哪些内容？
3. 酒店提升从业者心理素养的举措有哪些？

【微视频】

酒店服务的心理认知

项目三　酒店职业礼仪的美学认知

任务一　酒店职业礼仪与美学的关系认知

【学习目标】

1. 了解职业礼仪与美学的关系。
2. 了解酒店职业礼仪的美学诠释。
3. 掌握酒店职业礼仪的美学要义。

【情景导入】

某天晚上,某高星级酒店 8108 房间的客人找来客房服务员,问:"服务员,我的钥匙怎么打不开门?"服务员的处理方式可以有以下两种:

(1)"请给我试一下好吗?"服务员接过钥匙试开,门开了,服务员回答客人:"可能刚才是您使用不当,您看,门现在开了。"

(2)"请给我试一下好吗?"服务员接过钥匙,边试边说:"您将磁条向下插进门锁,待绿灯亮后立即向右转动把手,门就可以开了。"打开房门后,服务员将钥匙插入取电槽内取电。

情景解析:第一种处理方式过于直接,容易让客人感到"没面子"。而在第二种处理方式中,服务员不动声色地纠正了客人的不当使用方法,既帮助了客人,让客人免于尴尬,又体现了星级酒店的服务风范,使客人得以充分地感受亲情服务带来的愉悦感受。亲情服务是优质服务的具体表现形式之一,它要求服务人员在对客服务中不但要坚持服务规范,更要在语言、眼神、行动等方面保持真正的协调,设身处地地为宾客着想,以主人翁的态度为客人创造一种宾至如归的感觉,使客人领略优质服务之美。

随着社会的进步,"美学"已不再只属于精英文化,它正逐渐成为一种大众文化。这与现下人们所说的"日常生活审美化、审美日常生活化"是一致的,也是新形势下美学发展的显著特征,这体现出新的人类审美的价值趋向,趋向于个体的日常生活过程,趋向人类现实的生存价值的实现。新时代背景下,最崇高的美,是在劳动与奉献中实现的。酒店职业礼仪在酒店服务中使顾客与美产生最直接的"接触",因此,酒店从业人员应当充分认识职业礼仪与美学的关系,更好地为人民服务。

一、职业礼仪与美学的关系

礼仪与人类的审美活动密切相关,因此,礼仪教育的培养过程离不开美学教育的参与。作为哲学语义的美学与作为日常语义的美学是有区别的。哲学语义的美学是关于美学基本问题的哲学思考,而日常语义的美学更接近心理和社会范畴的美学问题。礼仪课程教学中的美学理论是建立在后者基础之上的。

礼仪美属于社会美范畴。社会是人类的生活世界,是人类自己创造的世界,是美的现实、显现之地。社会美不同于自然美,不同于艺术美,它往往是隐蔽的,不纯粹的,始终和一些非审美因素交杂一起,衍生出功利和伦理的成分。但礼仪美也有它显现的部分,虽然在目的上,其社会功利性不像美感的产生一样直接,但得体大方、清新自然的礼仪动作、姿态、仪表、言语等无不表现着艺术之美。因此,礼仪美又与艺术美取得了联系。

正如俄国车尔尼雪夫斯基所说的:"任何事物,凡是我们在那里面看得见依照我们的理解应当如此的生活,那就是美的。"职业礼仪作为日常工作生活中为保持社会正常秩序而形成的一种规范,无疑具有美学的价值。它不仅能给社会带来和谐,还能使人们的精神得到愉悦。职业礼仪在客观上具有引起人们爱慕和喜悦的属性,具有鲜明的形象性,同时,又具有社会的功利性。它本身凝结着人类的理想、智慧和创造力,具有有利于人类生存和相处、有利于社会进步和发展的性质。这就是说,良好的职业礼仪能使人感受到美,激起人兴奋的情绪,进而引发积极的态度和行为;如果缺乏职业礼仪,人就难免令他人感到难堪、粗俗,难免令他人产生不悦甚至厌恶的情绪,从而产生更加消极的态度和行为。

同时,需要注意的是,职业礼仪美不等于漂亮,虽然漂亮、潇洒等范畴与美有密切的联系,但漂亮、潇洒不见得就是真正的美,美具有更深刻的价值和内容。雨果的小说《巴黎圣母院》中那个敲钟人卡西莫多的面部和形体虽然丑陋,但他有一颗金子般善良的心,他的行为符合礼仪的要求,是美的;而那个道貌岸然的卫队长菲比思虽然拥有漂亮的面孔和挺拔的身材,但他的灵魂是丑恶的,他的行为和举止是不美的,他虚伪的外表只能使人觉得厌烦。

礼仪是内心的真诚流露,我们不能把礼仪仅仅看作一种圆滑的手段。优雅、文明的风采和仪表,不但来自良好的生活习惯,更来自自身的思想和文化修养。古人云:"君子坦荡荡,小人长戚戚。"这些不同的仪态,与不同的人格品质直接关联。例如,在京剧艺术中扮白脸的反派人物往往表情奸诈、动作猥琐,虽然戏剧将现实中的某类人物的面容抽象化、刻板化了,但确实也反映了一种社会认知:凡品行不正的小人,其动作和仪态总是趋向丑陋,这是带有普遍性的。罗丹说:"我们在人体中崇仰的不是如此美丽的外表的形,而是那好像使人体透明发亮的内在的光芒。"

二、酒店职业礼仪的美学诠释

现今,顾客来到酒店,已不仅仅希望住宿与餐饮需求得到满足,更带着一定的审美期待,希望能够得到更优质的服务,获得更美好的体验。酒店从业人员,无论是管理者还是服务者,都应适度地展现酒店职业礼仪之美,使顾客获得美好的体验。具体而言,美应当在两个层面予以呈现,一是管理之美,二是服务之美。

（一）管理之美

在竞争十分激烈的今天，酒店经营的成败就取决于自身有没有一套"美"的管理体系，把管理体系在"美"的层次上加以把握，这就是管理的"艺术化"。所谓管理的"艺术化"就是指在管理实践中将科学性与艺术性加以完美结合，科学性就是体现组织的管理规章制度或标准要求，而艺术性就是自由地把握管理规范要求，使管理者在管理中处于一种"自由"状态，得心应手。美国麻省理工学院教授麦格雷戈提出的"Y理论"，就是针对"人"的管理理论，他认为，人都有实现自己目标的愿望和能力，只要给予他们足够的尊重和相信，企业就可以保持和谐、提高效率。归结起来，酒店的管理美就是要让服务者身心愉悦，使其充满朝气地投入工作，从而让被服务者得到"无微不至"的审美享受。

具体而言，管理美体现在员工的岗位培训与日常管理等环节。员工入职后，酒店需要针对不同岗位的审美需求，对员工进行服务规范培训，并在此基础上加强酒店文化建设与日常管理，促使他们树立起"以店为家"的思想，能够真心地对待自己的工作，以热心与耐心对待每一个客人。因此，酒店管理者在员工的管理过程中要讲究艺术性，维系酒店的和谐运行，让顾客在酒店不仅感受到硬件美，更感受到软件美，即管理美。

（二）服务之美

酒店商品的特殊性决定了酒店要以优质的服务来实现它的使用价值。有人指出："没有幸福愉快的员工，就没有愉快满意的客人。"也有人指出："职工形象在旅游企业形象最有活力的组成部分，职工提供服务的过程包含了与旅游者的情感交流，这是旅游企业形象其他外在要素所不能替代的。"只有让从业人员保持"阳光"，以愉悦的心情投入到工作当中，以"美"的形象服务于每一位顾客，我们才能让顾客感受到服务之美。"美"的服务也指"艺术化的服务"，基本分为三大内容，即：形象美、举止美和细节美。

形象美，酒店从业人员的外在形象美与酒店的整体形象是紧密相联的，在一定程度上反映着酒店的经营业绩。服务美在一定程度上通过酒店从业人员的外在形象美来体现。形象美与站姿和服饰密切相关。酒店从业人员的站姿是服务美的重要体现，腰板挺直的服务员肯定是美的，如松的站姿透出一股气宇轩昂之势，自然会引起顾客的感官愉悦。在此基础上，魁梧健康的男士或是苗条纤细的女士，配以裁剪得体的服饰，能展现更美的姿态。酒店员工的着装应当整洁笔挺，这不仅可以增加整体的美感，也能表达对顾客的尊重；不同的岗位有颜色不同的服装，这样既可显示出服务岗位的区别，更能在色彩上做到多样化，提升酒店的美感。

二是举止美，体现在酒店从业人员的举手投足之间。从进入酒店的接待大厅开始，迎宾员会彬彬有礼地为你打开车门，致以亲切的问候，行李员会带上你的行李，不离左右，直至把你送进房间，此时，顾客获得了贵宾般的礼遇，往往会生发一种尊贵之感，从而对入住的酒店有了好感。此外，酒店可以为顾客的生活细节提供周到的服务，顾客一个电话就能"搞定"一切，使顾客尽享尊贵之感，这也是美的体验。从经营的效果来看，酒店的硬件设施已"定型"，唯有从"软件"服务上挖掘潜力，顾客方可获得最优质的服务。

三是细节美，酒店的服务细节就体现在"想客人之所想"的理念上。真诚地为每一位顾客的出行着想，我们就能把握好每一个细节，展现细节美。例如，外面正下着雨，服务员如果此时拿着雨伞，主动地递给准备出门的顾客，就可以让客人内心顿时升起一股暖流。

　　总之,"艺术化的服务"就是以顾客为中心,向其提供物有所值,甚至物超所值的服务。在当今竞争激烈的酒店业中,谁能在服务上做得更好,谁就能抢得先机,这正是酒店服务美的魅力所在。

三、酒店职业礼仪的美学要义

　　酒店职业礼仪的展现形式多种多样,但令人赏心悦目、心情舒畅的礼仪展现都是美的展现。归纳起来,酒店职业礼仪的美学要义包含五项内容,即:仪表美、精神美、言行美、环境美与专业素质美。

(一)仪表美

　　人是礼仪的施行主体,其仪表反映着自身的素质和教养。仪表是人的外在的仪容姿态,包括形貌和服饰两个方面。形貌是由人的自然资质决定的,如正常的人体比例、良好的发育等。健康的体态既依赖先天的遗传,也依赖后天的保养和锻炼。有的人虽然天生丽质,但缺乏良好的精神气质;有的人虽然貌不出众,但精神气质甚好。可以说,外貌和气质对人的形貌的影响是互相弥补的,我们不能把形貌美绝对化。

　　形貌是人的自然资质,而服饰则是人的文化表征。形体是单一的,很少变化;服饰是变化的,丰富多彩。服饰除可以保暖之外,还可以掩饰形体的某些不足。对于体态原先就符合正常标准的人来说,得体的服饰会使其更加光彩夺目。

(二)精神美

　　仪表是美的外在表现,人的精神则是美的内在因素。精神作为抽象物,固然并不直接显示、表达美,但它却是构成礼仪美的重要因素。一般说来,不同年龄、不同身份、不同职业的人在交往时的礼仪表现是各具特点的,给人以不同的感受。知识是人的精神基础,是人类在认识客观事物和自身智慧的过程中产生的结晶。有知识的人,无论在何种场合都会显得沉着、充实、自信;知识浅薄的人,则会显得空虚、无知和茫然。可见,人的知识素养状况直接关系着人的精神风貌,体现出礼仪的效应。修养是以知识为核心的,能体现人的生活态度和行为,它包括道德水准、情感行为、处世态度等。一个人的修养,不仅包括他的知识拥有量,而且还包括他的生活经历和他对自身阅历的深刻理解和反思。有修养者可以对各种礼仪运用自如,比如在国际交往中保证风度优雅、不卑不亢。性格是人的先天基质和后天阅历的高度综合,具有鲜明的个性特征。由于性格不同,人的精神可以呈现多样化的个性情感特征,使每一个人在执行礼仪时表现出鲜明的性格色彩。

(三)言行美

　　言语举止也是人的精神的反映,它是构成礼仪的重要因素,同时也是礼仪沟通和传达的主要方式。

　　语言是人与人在相互接触时传达信息、表达思想和情感的工具。言为心声,熟人路上相遇,说一声"您好",便使人感到十分亲切。在职业交往场所,恰当地运用礼貌语言,就能起到加强礼仪表达力度的效果。人们若能在交际中注重避讳和禁忌,使用尊称和谦称,适度使用委婉词,剔除粗俗言语,就能使语言显得高雅、含蓄和动听,恰到好处地把人的真心坦露出来。

　　举止是形体的活动,它在礼仪活动中可以显示出特有的神韵。有人说,"相貌的美等于色泽的美,而秀雅合适的动作之美又高于相貌的美,这是美的精华。"事实正是如此,人的一站一立、举手投足都能表现自己的内在气质。在交往中注意自身的姿势,在站立时要保持身体挺直,可以给人以严肃、庄重、有教养的美感。而探头探脑、歪脖扭腰则给人以不良印象。同样是握手,有的人动作大方,态度自然,轻重适度,使对方觉得受到尊重;有的人点头又哈腰,握手时有气无力,只能给人留下不良印象。

(四)环境美

环境美不是生活小事,直接影响了交往礼仪的性质和层次。比如,有外商来公司参观,结果客人来访时公司杂乱无章,显得毫无准备,这种环境自然与迎客不协调,势必怠慢客人,使人不悦。在国际交往中,我们更要注意这个问题,某国政府代表团来访,在机场就应受到相应礼宾规格的欢迎。盛大的欢迎仪式会给客人留下热烈的美感。客人们通过对礼仪环境的观察,把观感与具体的礼仪融为一体,留下诚挚、热烈的礼仪印象。

(五)专业素质美

酒店从业人员,只有真正做到了爱岗敬业,以顾客为主体,以顾客的满意为目标,以真诚到位的服务为乐趣,才能真正得到好评。这是顾客在酒店感受到专业之美的重要保障。每一位服务人员与管理者都以高超、严格的专业素质为自己的标准,就能共同提升整个酒店的服务质量、管理水平和文化品位。同时,酒店员工对旅游业的相关知识、业务知识和服务技能的学习,对自己从事酒店业的自豪感、责任感和职业道德的培养,都是专业素质美的养成过程。具有专业素质美的酒店员工能够为顾客提供专业性更强、品质更高的服务,提升顾客对酒店的满意度。

综上所述,仪表美、精神美、言行美、环境美与专业素质美构成了酒店职业礼仪的美学要义。在酒店对客服务中,这五方面内容可使顾客获得基于酒店服务的美好体验,带来宾至如归的美好感觉。

【典型应用】

酒店服务美感的养成方法

酒店是提供"服务"这一产品的经济组织,除了要具有良好的硬件设施外,还需要提供优质、高效的服务,两者缺一不可。甚至,在某种程度上,后者更为重要。这种"优质、高效"就是美,它在酒店的服务过程中有着多重展现。酒店服务美感的养成方法包括以下几方面的内容:

1.提升酒店室内环境的美感

酒店的室内环境具有特殊的美感,酒店环境的设计工作要特别注重室内空间格调,可以采用不同流派的独特风格以避免单调,但要注重整体空间格调的统一与空间的合理化,空间构图、空间形象要新颖,这既能给人以美的享受,还要充分利用丰富的色彩以适应现代酒店环境的各种需求。选材要精巧,充分利用材质的自然特性,通过书画、楹联、匾额等增添人文意境美感,优化酒店的室内环境。

2.举办美学美育专题讲座

在酒店员工中有针对性地举办专题性美学美育讲座,或组织员工阅读相关的美育书籍,普及一些有关色彩美、形式美、体态美、服饰美、语言美、行为美和劳动美等的基本知识,有利于员工自觉地提高个人审美意识和审美敏感性,进而按照"美的规律"来不断地塑造和完善自我。

3. 开展艺术教育与实践

酒店管理人员应根据员工的多样爱好,经常组织他们听音乐会、看舞蹈、参观美术展览或者练习绘画书法,这一方面有利于丰富员工的业余文化生活,另一方面也有利于培养和提高他们的审美情趣与鉴赏能力。酒店可以协助有爱好的员工成立员工书画会,定期组织活动,举办阶段性成果展览,这些活动可以有效地增强和维系团队内部的凝聚力,建立融洽的人际关系。

4. 讲究服务语言艺术

从酒店接待工作的性质来看,在文明服务的过程中,我们应注重使用美的、标准的语言,这不仅限于本国语,还应扩展到外国语。因此,为员工开办主要语种学习班是很有必要的,在合理运用服务语言,我们还要了解不同服务对象的文化习俗,力求使用得当,不失分寸,培养员工完善自己语言行为的自觉意识,提高语言行为的质量。

5. 组织姿态与形体训练

鉴于酒店的工作性质,除了形体与仪表因素外,酒店还应当注重站姿与步态等姿态的训练,如:类似体操等形体项目,有利于养成优美端庄的站姿。对于酒店餐厅等部门的员工来讲,自然、轻盈、敏捷是步态美的要领,酒店可聘请外籍教官,采用适当的矫正方法,借助录像放映设备,传授餐厅员工托盘上菜时的走路姿势,进行专项训练。

6. 开展基础美容知识培训

酒店可邀请美容培训公司,举办员工美容培训班,通过培训使员工增强美容意识,学会美容的基本技巧,从而使自己能够以更美的面貌为宾客提供一流的服务。无缘参加美容培训班的员工,可以自学帕波罗·曼佐尼的"十分钟美容法"。

【知识拓展】

酒店服务礼仪的美学价值

中华民族自古就是一个讲究礼仪的民族,素有"礼仪之邦"的美誉。礼仪在我国社会、政治、文化生活中占有很重要的位置。我国历史上第一位礼仪专家孔子就认为,礼仪是一个人修身、齐家、治国、平天下的基础。礼仪是普通人修身养性、持家立业的基础,是一个领导者管理好公司或企业的基础。日常生活中,最重要的伦理操守是以礼待人,礼的作用不可估量,从某种意义上讲,礼仪比智慧和学识都重要。礼仪是提高个人素质和单位形象的必要条件,是人立身处世的根本、人际关系的润滑剂,是人力资本的附加值。"不学礼,无以立"已成为人们的共识。"内强个人素质、外塑单位形象"正是对礼仪作用最恰当的评价。

随着社会的发展,酒店越来越多,面临着日趋激烈的竞争,能否在竞争中保持优势地位,不断发展壮大,受很多因素的影响,其中,良好的品牌形象起着非常重要的作用。酒店是服务行业,提升服务和形象的竞争力已经成为现代竞争的重要筹码。从某种意义上说,现代的市场竞争是一种形象竞争,企业树立良好形象的途径有很多,其中,高素质的员工、高质量的服务和每一位员工的礼仪修养都起着十分重要的作用,这就是酒店服务礼仪的美学价值。酒店业是一个服务性行业,在服务中,只有把可信赖的质量和优良的服务结合起来,我们才能达到令客户满意的效果,提升客户的入住体验。

优良的服务与酒店员工的行为举止有关,更与大家的礼仪修养相关。员工的礼仪修养不仅体现了一个员工自身素质的高低，而且反映了一个酒店的整体水平和等第。如果每一个酒店员工都能够做到知书达礼，着装得体，举止文明，彬彬有礼，谈吐高雅，酒店就会赢得社会的信赖、理解与支持。反之，如果大家言语粗鲁、衣冠不整、举止失度、待人接物冷若冰霜或傲慢无礼，就有损酒店形象，从而失去顾客，失去市场，在竞争中处于不利地位。顾客往往从某一个员工，某一件小事情上衡量一个酒店的等第、服务质量与管理水平。

在日常生活和工作中，礼仪能够调节人际关系，从某种意义来说，礼仪是人际关系和谐发展的调节剂，在交往时按礼仪规范去做，有助于加强人们之间的互相尊重，建立友好的合作关系，缓和乃至避免不必要的矛盾和冲突。一般来说，人们受到尊重、赞同和帮助就会产生吸引心理，形成友谊关系，反之会产生敌对、抵触、反感，甚至憎恶的心理。

酒店礼仪还具有很强的情感凝聚作用。在现代生活中，人们的关系错综复杂，冲突时有发生，人们甚至会采取极端行为。酒店礼仪有利于促使冲突双方保持冷静，缓解已经激化的矛盾。如果人们都能够自觉主动地遵守礼仪规范，以礼仪规范来约束自己，人际感情也就容易得以沟通，这有助于彼此建立起相互尊重、彼此信任、友好合作的关系，进而有利于各种事业的发展。

酒店礼仪是酒店形象、文化、员工修养素质的综合体现，对提升酒店整体服务品质具有较大的美学价值。员工遵守应有的礼仪规范，有助于酒店在形象塑造、文化表达上将酒店的品牌提升到较高的层次。

【思考与练习】

1. 简述酒店职业礼仪与美学的关系。
2. 酒店职业礼仪美包括哪些内容？
3. 论述酒店职业礼仪的美学要义，结合实例加以说明。

任务二 酒店从业者的审美修养认知

【学习目标】

1. 了解职业礼仪与审美修养的关系。
2. 掌握提高审美修养的具体方法。
3. 掌握酒店从业者应具备的审美修养。

【情景导入】

小张是酒店前厅部员工，他处事灵活，语言表达能力强，工作态度也十分勤勉，但就是一直没有机会被提拔。原因何在？熟悉他的同事都知道，他经常不修边幅，喜欢留长指甲，且指甲里有污垢，让人非常不舒服；工作时穿的白衬衫，其衣领也经常有污渍；有时他还将电话号码以及重要信息写在手上。此外，他特别爱吃葱、姜、蒜类食物，口中经常有异味。

情景解析：从上述情境中，我们能够看到：小张对自身形象不够重视，没有展现出美感。这样的酒店从业者在对客服务时，往往无法给客人传递美好的感受，这进而会影响客人对酒店的印象,影响顾客后续的消费心情等。酒店从业者应该注意以下三个方面的内容:一是不留长指甲,以免指甲内有污垢;二是需注重个人卫生,清洁衣物要细致,不留死角;三是上岗前不宜吃有异味的食品,以免口气不清新,引发尴尬。

在社会经济蓬勃发展的新时代,人们基本告别了物质贫困,在追求幸福生活的过程中愈发以精神幸福为主旨。旅游活动应该说是最为普遍、最为大众化的方式。酒店业作为整个旅游业的重要组成部分,伴随着旅游业的发展而发展。顾客在酒店的消费,可以全面地享受酒店服务带来的审美体验。酒店的"美"与"不美",需以顾客是否获得了最大化的享受体验来衡量。因此,酒店服务最直接的呈现形式——酒店职业礼仪,就应充分体现并满足顾客对于酒店服务的审美期待。

一、职业礼仪与审美修养的关系

一定的职业礼仪有助于社会交往的审美化提升,使人们知道应该怎样开展人际交往,怎样交往才能卓有成效。交往审美化有助于打造优良的社会风气和美好的人际关系,而交往少不了礼仪,礼仪本身就是一种美。礼仪在我国古代被看作一种道德美。现代职业礼仪的美包括仪表美、精神美、言行美和环境美等内容,他们共同构成了职业礼仪美的整体结构。

加强审美修养是加强职业礼仪修养的重要方式,它可以使人们对美的本质、美的追求形成完整的认识,进而树立正确的审美观。以美陶冶情操、提高审美修养的关键是善于发现美、感受美、欣赏美,按照美的规律来创造美。当然,最为重要的是提高人的自身素质。一个人只有在素质得以提升,充分认识美的规律,体验美所带来的愉悦的基础上,才能按照美的规律培养高雅的风度,逐步形成美的职业礼仪模式,打造美的交往环境。因此,职业礼仪体现着人们审美修养的水平。

二、酒店从业者应具备的审美修养

酒店服务是旅游服务体系的重要组成部分,其从业者的美学素养水平决定了酒店旅游服务的质量。在酒店职业礼仪的运用中,酒店从业者应从审美形象与审美形式(即酒店服务的艺术形式)两个方面来展现自身良好的审美修养。

(一)酒店从业者的审美形象

在服务接待过程中,酒店从业者会在与客人初次见面时成为客人的直接审美对象。其审美形象主要体现在仪表、风度与内在素质三个方面,各有相应的美学内含。

1.仪表

一般来说,仪表美主要包括三个方面,即:形体美、服饰美和发型美。酒店从业者,就其形体而言,应当保证自己身材协调、五官端正、身体素质良好,能够体现出健康、富有活力的美感。服饰美通过对服饰加以科学而巧妙的运用,对人体起到的"扬美"和"抑丑"的功能。酒店从业者,在服饰上要尽量做到入时、整洁、雅致,要避免低俗、暴露的着装。发型美通过发型这种多样的造型艺术,将人的审美观与性格、自然美与修饰美有机地结合起来。发型美是仪表美的重要形式,呈现出多元化和个性化的特点。现实生活中,人们会根据个人的身材、脸型、发质、头型等来设计发型。酒店从业者,在发型审美中要处理好个性及共性的关系,可适度造型,但要注意体现自身朝气蓬勃的健康审美形象。

2. 风度

人们通常所说的风采、气质等都是风度的具体显现。风度是个人行为举止的综合,是个人品质、情趣、素养、生活习惯和精神世界的外在表现。风度虽然更多地反映了一个人的内在修养,但又具有外显性的特点。站、坐、行三态是个人风度最直接的表现。酒店从业者应根据各自岗位和所处环境氛围的特点,因时、因地选择不同的站姿、坐姿、行姿,体现出规范、优雅、合度的审美追求。

3. 内在素质

相对于仪表和风度这种表层的美,内在素质美属于深层次的美。内在素质美是指人的思想和行为符合社会的道德规范,其核心是善。酒店从业者的内在素质美主要体现在其服务的工作态度上。酒店从业者在整个服务过程中应当积极热情、任劳任怨、态度和蔼、乐于助人、不谋私利等。

在追求个体完美化的过程中,酒店从业者要将仪表美、风度美和内在素质美和谐地统一起来,作为个人审美的终极目标。只有这样,客人才能从酒店从业者的工作中获得愉悦的审美感受。

(二) 酒店服务的艺术形式

客人在入住酒店的过程中,最先接触的是前厅部,最频繁接触的是餐饮部,这两个部门能充分展现酒店服务的艺术内涵,体现不同岗位酒店从业者的审美修养。

1. 前厅服务艺术

前厅是酒店的门面,前厅工作人员的仪表、相貌、举止、谈吐决定了客人的第一印象。因此,前厅服务人员更应讲究服务艺术,给客人留下美好印象。前厅服务艺术主要包括接待员服务艺术、门童服务艺术、行李员服务艺术等。前厅接待员代表酒店迎送客人,应当具有丰富的业务知识,语言热情礼貌,服务周到细致,仪态富有魅力,举止彬彬有礼,在满足基本的接待服务外,还要学会察言观色,能够准确地满足客人的需要并提供帮助;掌握相关的交通、购物、休闲娱乐信息,方便回答询问;耐心听取客人的投诉和意见,采取必要的措施平复其不满。门童是酒店形象的集中展示,端正和善的外貌、优雅得体的行为、清洁雅致的服饰,会使客人在得到满足的同时获得一种愉悦的审美体验。门童要注意对进店客人报以和善的笑容,致以热情而简洁的欢迎辞,主动安排好出门客人所需的交通工具,主动开启车门,用手垫住车门上沿,并对客人挥手再见。行李员的主要职责是引领客人和搬运行李。其服饰应当轻便整洁、标识明显,工作时动作敏捷、态度亲切,运送行李认真负责。在客人办理入住时,门童要认真地听取诉求,积极引领客人到达房间,在进入房间时向客人介绍基本设施,让客人体会到贴心舒适的服务。客房服务是一个相对繁复的过程,客人对客房服务的评价以它的实际效应为依据,总体来说,前厅服务人员的工作应力求礼貌、整洁、舒适、周到、热情、安静、安全。

2. 餐饮服务艺术

客人的用餐活动也是一项综合性的审美活动,从饮食美学角度来讲,餐具的造型、餐桌的布置能够激发人的审美趣味,服饰仪表、音乐可培养审美情绪,餐饮服务人员举止文雅、态度热情,可令人产生愉悦、幸福的感受。餐厅服务不是简单的餐饮传递工作,而是一个涉及摆台、礼乐、美食艺术的综合过程。用餐流程所包含的一切事项都是美的体现,都应以满足客人高雅的审美情趣为最高追求。

三、提高酒店从业者审美修养的方法

培养酒店从业者良好的审美修养有助于他们养成良好的职业礼仪。职业礼仪与审美修养的关联性要求酒店采取职业礼仪教育和审美教育的结合的形式加以推进。

（一）树立科学的审美观

审美观是人类在社会实践中形成的，和政治、道德等其他意识形态有密切的关系。审美观是从审美的角度看待世界的方法，是世界观的组成部分，对人们的一切审美活动具有直接的指导作用。只有树立了正确的审美观，我们才可能树立科学的审美标准，养成健康的审美情趣，培养崇高的审美理想，自觉地按照美的规律去改造主客观世界。

受市场经济大潮的冲击，一些传统的思想观念正受到形形色色的新思潮、新事物的挑战。现在的青年员工对传统的社会伦理价值标准的认同度普遍下降，在传统思想和现代生活的冲突中，往往感到无所适从，如果没有科学的审美观加以指导，可能就会美丑不分，甚至以丑为美。因此，树立正确、科学、健康的审美观，是青年员工审美素质教育的首要任务。

（二）全面普及美学知识

酒店从业者以年轻人居多，他们具有强烈的爱美心理，对于美有着强烈的追求和个性化的见解。为了避免其审美趣味的盲目性和过于个性化，引导其审美情操的培养，管理者可通过在员工中开展美学讲座，组织阅读关于美学方面的书籍，全面普及美学知识，促使酒店从业者按照社会认同的美的规律来完善、提升自己。

（三）培养审美鉴赏能力

审美鉴赏能力，即人们区别自然、艺术和职场生活中的美丑、善恶的能力。鉴赏活动包括"鉴别"和"欣赏"两方面。前者表现为审美主体对美与丑的判定，后者表现为审美主体对审美对象进行审美活动的心理过程。培养自身鉴赏美的能力，我们首先要学会正确鉴别美的方法，其次培养欣赏美的能力；要接受民族的、社会的、主流的审美标准，同时也要鼓励独特审美能力的成长和发挥；要学习必要的审美知识，提高艺术修养水平。以上内容对提高员工的审美鉴赏能力具有重要的作用。酒店管理人员可根据酒店文化特质和自身能力，组织员工观看画展、音乐会、电影及戏剧，学习书法、乐器等健康高雅的艺能，提升自身的审美能力和艺术鉴赏力。

（四）提升自身创造美的能力

个体将自己对美的感悟和把握用不同的形式表现出来，就会自然形成审美创造活动。美的创造能力十分重要。艺术美的创造对所有受教育对象之艺术修养的提高具有决定性的意义。创造美和审美是相互支持的。只有具备一定的创造美的意识与能力，人才可能对美的形式形成正确的理解。同时，创造美的能力也有助于审美能力的提升。创造美不仅意味着艺术美的创造，还意味着生活美的创造。具有创造能力的个体，针对自己的生活与工作条件、环境、对象能够不断生发创造美的冲动和审美改造的冲动。

（五）提高管理层美学管理的水平

酒店的外部设计要体现美感,酒店在管理中更要注意提高美学管理水平。酒店管理者要陶冶管理的美学意识和相应的视野和知识水平。在考虑酒店经济因素的同时,考虑各方面的因素;要注重酒店在建筑形式、装潢、员工服饰、餐饮服务等多方面因素,帮助酒店从业者向体现美的标准努力,运用美学理论做好员工的管理工作,使员工在和谐、健康的工作氛围中工作,可以使他们以更加积极的态度为客人提供更加优质的服务。

【典型应用】

酒店前厅之"美"

1. 环境空间美

前厅是酒店在建筑内接待客人的第一空间,是客人办理住宿登记手续、休息、会客和结账的地方。前厅必须以其宽敞的空间,华丽的装潢,创造出一种能有效感染客人的气氛,以便给客人留下美好的第一印象和难忘的最后印象。

(1) 合理布局。酒店的大门前,应设有供客人上下车的空间及回车道、停车场,保障客人进出方便、安全,正门外还应留有足够的空间以暂时摆放进出店团队客人的行李。有些酒店的正门前还设计建造了小花园和喷泉,给客人留下良好的第一印象。正门前台阶旁还应设立专供残疾客人轮椅出入的坡道,以方便残疾客人出入。通常,大门口还铺设有一块地毯,供客人擦干净鞋底后进入前厅,维持前厅的整洁,防止湿鞋将水珠带入前厅,滑倒其他客人。边门旁应设置伞架,供客人存放雨伞。酒店大门外的空地中,通常应设有旗杆,一般设置三根,分别用来挂国旗、店旗和在酒店下榻的国家元首所属国家的国旗。

(2) 美化环境。当宾客来到前厅,他们应该感到美观大方、整洁有序、富有特色的和谐美。酒店应从以下三方面着手。一是意境美。对意境的追求历来是中国文化传统的重要特征。意境美可以带领宾客进入另外一个世界。拉萨西藏大厦的前厅,富有浓郁的藏族风情,带来浓烈的民族气息,给宾客留下深刻印象。二是装饰陈设美。具有观赏性的陈设,可使来去匆匆的宾客在短暂的浏览中产生好的印象,也能为宾客营造一个良好的交流沟通环境。三是整体美。统一的色彩、格局使前厅的意境更具观赏性。但是,无论采取何种格调,何种陈设,我们都要注意前厅的整体美。

2. 员工形象美

前厅接待人员的仪态、仪表要与环境相呼应。宾客对酒店服务人员的审美期待,实质就是对服务人员形象美的期待。服务人员的形象美主要表现在以下三个方面,与工作环境形成整体的和谐。

(1) 形体美。酒店服务人员的基本形象标准为:女性身高不低于165厘米,男性身高不低于172厘米,身体健康、匀称,五官端正,形象气质佳,而前厅的用人标准则远远高于此。随着酒店业的迅猛发展,人们对精神生活的追求与文化品位不断提升,对酒店服务人员的要求也随之提升,大家不仅应具有较好的外在形象,还需要具备一定的文化素养。

(2) 服饰美。服务人员的服饰是酒店环境美的一部分,应与特定的职位和部门的特点相协调,与部门的风格、基调相呼应,体现酒店的整体美。具有中国民族特色的前厅设计,最适合的服饰就是具有特色的旗袍,不仅增添了文化底蕴,也可与环境有机地结合起来,相得益彰。具有现代化气息的前厅就要搭配洁净明快的色调,具有复古气息的前厅则可搭配华贵庄重的色调。

（3）发型美。酒店服务人员的发型要与服饰相协调，与环境相协调。前厅的服务人员要以漂亮、利落、便于工作为标准，给宾客留下良好的印象。目前，酒店普遍遵循"男不过耳，女不过肩"的发型标准。为了使宾客能够感觉到酒店环境主题与形象的和谐，发型也可加以适当的调整，如：在普通星级酒店，女性服务人员的头发以盘发为主，端庄典雅，透出含蓄美；在一些具有民族特色的酒店，服务人员的发型应该富有民族特色，使宾客能更好地体会到地域文化的氛围。

3. 服务态度美

服务态度包括服务人员的表情、举止、语言三个方面。前厅服务人员作为最先接待宾客的人员，其态度会深刻地影响宾客，可以说，有什么样的表情，宾客心理就会有什么样的反应。前厅服务人员应首先学会发自内心地微笑，让宾客感受到自己受尊重和受欢迎。同时，微笑也要分时机和场合，把握尺度，在一些特殊情况下，微笑也可能会造成坏的效果。例如，宾客因小失误填错表，服务人员应耐心协助宾客填写，而不能只是微笑地告诉宾客填错了，此时的微笑反而容易让人误解为讥讽或嘲笑。

4. 员工语言美

前厅服务人员在宾客频繁出入的大厅工作，就像演员在舞台上表演，必须注意自己的动作姿态。站姿要优美而典雅，不靠不倚，不背朝客人；坐姿要优美而端庄，不前俯后仰，不侧身对客人，不摇腿跷脚；走姿要正确而富有魅力，不过快过慢、左右摇晃。与客人交谈时，员工更应注意自己的姿态。各个部门的服务人员都要端庄有礼，必须站立服务，使客人一进大门就受到殷勤而周到的服务。

5. 服务技巧美

酒店服务人员在拥有良好的感知形象和热情的服务态度以外，还需掌握熟练的服务技能。服务人员对于服务技能的掌握程度以及由此带来的美感，也能给客人带来赏心悦目的审美享受。与前厅部门有关的服务项目很多，每一项服务都应当做得细致入微，让客人满意。具体要求如下：

（1）动作娴熟、干练，有节奏感，幅度适中。在服务中，服务人员的一招一式都应准确到位，熟练而无多余动作；举止要有一定的节奏感，快慢相宜；切忌幅度过大。

（2）要以欣赏性为基本标准。一线服务人员要在对客服务时注意自己的行为举止，使其既符合规范化的要求，又不失美感，使单调乏味的服务具有欣赏性，给客人带来美的享受。

（3）技巧美的表现要适度。服务人员的服务不仅依靠语言，技巧的表现也可以成为一种交流方式，但是要注意客人的反应和情绪，切忌将略带表演性的服务技巧变成一种卖弄行为，引发宾客的反感。

【知识拓展】

我国礼仪的审美变化

从审美的角度纵观中国礼仪的历史发展，我们可以将礼仪审美观念的衍生变化过程归纳为：自然敬畏→禁锢约束→个体解放→群体协同→趋同顺势与和谐友好。

礼仪诞生之初，在对自然万物的变化发展缺乏认识的背景下，人们理所当然地产生了对自然的敬畏。从祭祀文化演变出来的固定表现程式，在人们的心目中留下美好的印象；祈福迎祥、辟邪祛灾的心理暗示，让这些程式展现出美感，于是，在共同的心理作用下，礼仪在约定俗成的模式下得以形成。

封建社会,仅有祭祀礼仪显然是不够的。当统治阶级发现礼仪的行为引导功能后,自然想到通过制度化的礼仪规范来巩固和稳定自己的既得地位。封建时期的礼仪在制度和教化的双重作用下,使民众的审美在"敬天"的基础上又增加了"敬人"的内容,当然,这个"人"不是常人,不是普天大众,而是"统治阶级"。这一阶段,"权力""力量""服从""中庸"的审美取向,导致了对女性和下层弱势群体的约束和禁锢。当然"敬天爱人"的礼仪基础依然是存在的,这为社会的进一步发展创造了条件。

随着封建社会的土崩瓦解,自由、平等的思潮席卷中国,人们迫切需要挣脱禁锢、解放约束,辫子的剪除、缠脚的放开等等,改变了国人的审美习惯,相应礼仪的改变也成为了必然。新的礼仪规范,虽未完全抛弃旧礼仪的影响,但也逐渐从"敬权"向"敬人"(个人)的方向进行发展。

随着人民大众的地位得到提升,团结互助的精神得到褒扬,审美的取向在"敬人"的基础上有了新的改变,体现了从个人向群体的改变。这一时期,美好的事物莫过于"一人有难八方支援""团结加友爱""同志加兄弟"的集体主义精神。伴随对张思德、雷锋等先进人物的宣传,礼仪也悄悄地向"个人为群体服务"的表现方式转变。

改革开放以后,中国与世界的距离在缩小,文化的融合使中西方礼仪在这个时代有了前所未有的交汇。当代礼仪的现状,既体现了个性化的"敬人",也体现了群体化的"敬天","人"更加强调个人的自重与受尊重,"天"更加强调整体对自然的敬重,不是因无知而盲目敬畏自然,而是因为认知的提高,更加尊重"自然",视与自然的和睦为至美。

总之,中国礼仪的发展经历了审美重点从"天"到"人",再到"天人合一"的转变,随着人们认知的增加与丰富,审美的取向发生着改变,也指导着礼仪的变化。礼仪具有历史性、继承性,随审美方向的改变而发生时代性的调整与变迁。

【思考与练习】

1. 职业礼仪与审美修养的关系是什么?
2. 提高审美修养的具体方法有哪些?
3. 酒店从业者应具备的审美修养有哪些?

【微视频】

酒店职业礼仪与美学

项目四　中西方酒店礼仪比较

任务一　中国传统酒店礼仪认知

【学习目标】

1. 了解中国酒店从业者的传统职业形象。
2. 认知中国传统酒店从业者的礼貌语言艺术。
3. 掌握中国传统酒店的社交礼仪。
4. 掌握中国传统酒店的服务礼仪。

【情景导入】

夏日，南京某酒店大堂，两位外国客人向大堂副理值班台走来。大堂副理立即起身，面带微笑地以敬语问候，让座后，两位客人忧虑地讲述起他们心中的苦闷："我们从英国来，在这儿负责一项工程，大约要三个月，可是离开了翻译我们就成了'睁眼瞎'，有什么方法能让我们尽快解除这种陌生感？"副理微笑着用英语回答："感谢两位先生光临指导我店，大厅蓬荜生辉，这座历史悠久的都市同样欢迎两位先生的光临，你们在街头散步展现的英国绅士风度也一定会博得市民的赞赏。"熟练的英语所表达的亲切情谊，一下子拉近了彼此的距离，气氛变得活跃起来。外宾更加广泛地询问了当地的生活环境、城市景观和风土人情，从长江大桥到六朝古迹，从秦淮风情到地方风味，副理无不一一细说。一位外宾，史密斯先生还兴致勃勃地讲："早就听说中国的生肖十分有趣，我是8月4日出生的，五年前遭遇一场车祸，大难不死，一定是命中属相助佑。"

说者无心，听者有意，两天之后就是8月4日，谈话结束之后，副理立即在备忘录上加以记录。8月4日那天一早，副理就买了鲜花，并代表酒店在早先就预备好的生日卡上填好英语贺词，请服务员将鲜花和生日贺卡送到史密斯先生的房间。史密斯先生从珍贵的生日贺礼中获得了意外的惊喜，激动不已，连声答道："谢谢，谢谢贵店对我的关心，我深深体会到这贺卡和鲜花之中隐含着许多难以用语言表达的情意。我们在南京逗留期间再也不会感到寂寞了。"

情景解析：服务质量对于酒店的发展至关重要，上述情景中，酒店秉承了"宾至如归"的服务理念，为客人提供了个性化的，直抵人心的温情服务，获得了客人的认可。在竞争激烈的酒店行业,优质的服务能使客人满意,并为酒店赢得更多的回头客。

酒店服务礼仪是评价酒店服务水平的标准之一。对一个酒店加以评价时,我们不仅要看它的硬件设施,还要看它带给宾客的心理感受,而创造这种感受的,除了硬件设施外,更主要的是酒店服务人员的服务水平。中国素有"礼仪之邦"的美称,在对客服务中,国内许多酒店的从业人员在遵循本国国情、民族文化和当代道德习俗的基础上,优化服务艺术,遵守服务规范,关心客人,赢得了更多的回头客,树立了良好的个人形象和酒店形象。

一、中国酒店从业者的传统职业形象

酒店从业者的职业形象礼仪是关于酒店从业者个人职业形象设计、塑造与维护的具体规范,是酒店从业者在从事职业活动之前必须精心注意的内容。中国酒店非常重视从业者的职业形象礼仪,区别于西方酒店,主要包括以下特点。

(一)酒店从业者着装礼仪

酒店从业者上班在岗必须穿制服,这是一般的行业要求。制服外衣、衬衫、鞋袜要配套,注意整洁美观。中国酒店从业者着经典或改良的中式制服,女服务员着旗袍,男服务员着西装套装或其改良版服装。各个酒店结合自己的企业文化,设计、制作富有特色的员工制服。上海嘉定宾馆的餐厅制服在采用的特色面料上印染了嘉定的标志性景观法华塔和州桥老街的街景,融入了地域文化特色,配以中式盘扣装饰,打造出一种现代中式风格。宁波开元十七房员工制服的设计沿袭了家族仆人及管家元素的民国风,体现了为客人提供家族式服务的理念,也便于员工的实际操作。同时,餐厅、前台直接对客,采用民国学生风,打造热情、开放的员工形象。

(二)酒店从业者仪态礼仪

在服务过程中,通过表情、姿态等向宾客传递的信息内容,其意义远超语言。大约一百年前,一向施拱手礼的中国人行起了握手礼,但我国的一些酒店却将此礼仪延续了下来。拱手礼从西周起就开始使用了,在我国已有三千多年的历史,是古人表达敬意的常用方式。古人讲究以人与人之间的距离来表现"敬",而不像西方人那样喜欢接触以示亲近。因此,许多礼学专家都认为,拱手礼不仅是最能体现中国人人文精神的见面礼节,而且也是最恰当的交往礼仪。其优点是,人们随时随地都可以施礼,男女通用,不发生身体接触。

二、中国传统酒店从业者的礼貌语言艺术

酒店礼貌用语是酒店从业者与顾客为了表达愿望、交流感情、进行沟通和解决各种问题而使用的一种媒介工具。礼貌用语有很多,与西方酒店相比,中国传统酒店从业者常用的敬语有"请""您""阁下""贵方""尊夫人"等。敬语尤其多用于称呼对方的亲属,如与别人谈话或给别人写信,在敬称对方的亲属时,人们常常使用"令""尊""贤"三个字。在日常生活中,敬语也有着多样化的呈现,如请教、包涵、打扰等。此外,对德高望重的年长者、资深者,我们可称之为"公"或"老"。其具体做法是:在姓氏之后加上"公"字,如"谢公";在姓氏之后加上"老"字,如"周老"。若被尊称者的名为双音节,我们还可将其双音节名中的头一个字加在"老"之前,如可称沈雁冰先生为"雁老"。

三、中国传统酒店的社交礼仪

中国传统酒店的社交礼仪是建立在中华文化的人本理念与和谐思想之上的，要求以诚相见、文明礼遇、热情服务，尊重人、理解人、爱护人、服务人，加强人际思想交流和观念沟通，体现一切活动以宾客为核心的高尚理念，把先进的荣辱观、价值观和高尚的道德准则，深化在酒店的接待礼仪和服务工作之中。

（一）为人处世的理念

东方文化传统里的谦卑、礼让、好客为中国服务业做了很好的文化铺垫。中国传统文化更多地强调集体主义，主张个人利益服从集体利益，主张同甘共苦、团结合作、步调一致。因此，传统酒店从业人员的行为准则是"我对他人、对社会有贡献"，个人的价值是在奉献中体现出来的，主动关心别人，给人以无微不至的体贴是一种美德。

（二）一般社交礼仪

人际交往的空间距离可以分为亲密距离、个人距离、社交距离、公共距离。中国人的空间距离相对较近。中国人热情好客，在人际交往中饱含热情，并将这种感情融入服务中。比如，当客人走进上海新锦江大酒店，总能遇到身佩缎带的服务员为其拉开大门，并亲切地道一声："您好！"这就是锦江集团的标准化服务规范。锦江集团还有"人到、茶到、毛巾到、微笑到、敬语到"的"五到"规定。

（三）与领导、同事相处的礼仪

相互尊重，注重协作，积极做事，乐于助人，宽以待人，平等沟通，学会幽默，不在工作时间聊天，不在背后议论他人的隐私，不推卸自己应承担的责任；保持微笑，主动问好，路上相遇时应降低行进速度，主动向外侧让路并点头致意。

（四）拜访接待礼仪

拜访礼仪一般包括事先相约、时间恰当、仪容得当、按时赴约、进门礼貌、得体大方、适时告辞等。接待礼仪一般包括事前精心准备、热情迎候客人、周到主动接待客人、礼貌送客等。在处理长幼关系时，以中国为代表的东方国家对待长者特别尊敬、孝敬，在称呼时尤其注意长幼关系、上下关系，按辈分或职位称呼对方。

（五）进餐礼仪

就餐时，入座位置一般"尚左尊东""面朝大门为尊"，居中者为首席，左侧依次为2、4、6……右侧依次为3、5、7……上菜顺序一般为"先凉后热""先炒后烧"；热菜中的主菜先上。在进餐礼仪上，中餐的进餐礼仪体现一个"让"的精神，宴会开始时，所有的人都会等待主人，只有当主人请大家用餐时，宴会方可开始，而主人一般要先给主宾夹菜，请其先用。当有新菜上来，主人、主宾和年长者先用。

四、中国传统酒店的服务礼仪

服务是酒店向客人出售的特殊商品，服务质量对酒店竞争具有决定性的作用。因此，规范服务人员的行为，使他们掌握基本的服务礼仪，对提高服务质量具有重要作用。国内传统酒店一直以来秉承"宾至如归"的服务理念,并将其与中华民族的优秀传统文化相结合,为客人提供具有中华礼仪特色的服务。

【典型应用】

中国传统礼貌用语大全

与人相见说您好,问人姓氏说贵姓,问人住址说府上。

仰慕已久说久仰,长期未见说久违,求人帮忙说劳驾。

向人询问说请问,请人协助说费心,请人解答说请教。

求人办事说拜托,麻烦别人说打扰,求人方便说借光。

请改文章说斧正,接受好意说领情,求人指点说赐教。

得人帮助说谢谢,祝人健康说保重,向人祝贺说恭喜。

老人年龄说高寿,身体不适说欠安,看望别人说拜访。

请人接受说笑纳,送人照片说惠存,欢迎购买说惠顾。

希望照顾说关照,赞人见解说高见,归还物品说奉还。

请人赴约说赏光,对方来信说惠书,自己住家说寒舍。

需要考虑说斟酌,无法满足说抱歉,请人谅解说包涵。

言行不妥说抱歉,慰问他人说辛苦,迎接客人说欢迎。

宾客来到说光临,等候别人说恭候,没能迎接说失迎。

客人入座说请坐,陪伴朋友说奉陪,临分别时说再见。

中途先走说失陪,请人勿送说留步,送人远行说平安。

初次见面说幸会,等候别人说恭候,请人帮忙说烦请。

"令"字一族:用于对方的亲属或有关系的人。例如,令尊:尊称对方的父亲;令堂:尊称对方的母亲;令郎:尊称对方的儿子;令爱:尊称对方的女儿;令兄:尊称对方的兄长;令弟:尊称对方的弟弟;令侄:尊称对方的侄子。

"拜"字一族:用于人事往来。例如,拜读:指阅读对方的文章;拜辞:指与对方告辞;拜访:指访问对方;拜服:指佩服对方;拜贺:指祝贺对方;拜识:指结识对方;拜托:指委托对方办事情;拜望:指探望对方。

"惠"字一族:用于对方对待自己的行为动作。例如,惠存(多用于送人相片、书籍等纪念品时所题的上款):请保存;惠临:指对方到自己这里来;惠顾(多用于商店对顾客):来临;惠允:指对方允许自己(做某事);惠赠:指对方赠予(财物)。

"恭"字一族:表示恭敬地对待对方。例如,恭贺:恭敬地祝贺;恭候:恭敬地等候;恭请:恭敬地邀请;恭迎:恭敬地迎接;恭喜:祝贺对方的喜事。

"垂"字一族:用于别人(多是长辈或上级)对自己的行动。例如,垂爱(都用于书信):称对方对自己的爱护;垂青:称别人对自己的重视;垂问、垂询:称别人对自己的询问;垂念:称别人对自己的思念。

"贵"字一族:称与对方有关的事物。例如,贵干:问人要做什么;贵庚:问人年龄;贵姓:问人姓氏;贵恙:称对方的病;贵子:称对方的儿子(含祝福之意);贵国:称对方国家;贵校:称对方的学校。

　　"高"字一族：称别人的事物。例如，高见：高明的见解；高就：指离开原来的职位就任更高的职位；高龄：称老人(多指 60 岁以上)的年龄；高寿：用于询问老人的年龄；高足：称呼别人的学生；高论：称别人的观点。

　　"敬"字一族：用于自己的行动涉及别人的情况。例如，敬告：告诉；敬贺：祝贺；敬候：等候；敬礼(用于书信结尾)：表示恭敬；敬请：请；敬佩：敬重佩服；敬谢不敏：表示推辞某件事。

　　"俯"字一族：公文书信中用来描述对方对自己的行动。例如，俯察：称对方或上级对自己理解；俯就：用于请对方同意担任职务；俯念：称对方或上级体念；俯允：称对方或上级允许。

　　"雅"字一族：用于描述对方的情意或举动。例如，雅教：称对方的指教；雅意：称对方的情意或意见；雅正(把自己的诗文书画等送给人时)：指正批评。

　　"贤"字一族：用于平辈或晚辈。例如，贤弟：称自己的弟弟或比自己年龄小的男性；贤侄：称侄子。

【知识拓展】

中西方问候语的差异

　　中西方问候语的差异具体表现在三个方面，即问候的称谓、问候的内容以及问候的句式。

一、问候的称谓

　　首先，中国的称谓有很多"条条框框"，而西方的称谓则"不拘礼节"。中国人自古就讲究"上下、尊卑、长幼"，正所谓"君君臣臣，父父子子"。如果不讲究辈分，人们就会认为你不懂礼貌，分不清上下、长幼、尊卑。西方人常用"先生(Sir)"和"夫人(Madam)"来称呼不知其名的陌生人。十几岁或二十几岁的未婚女子可称为"小姐(Miss)"，结婚了的女性可称为"女士(Mrs.)"或"夫人(Madam)"等。在家里，晚辈可以直接叫爸爸、妈妈的名字。所有的男性长辈都可以称为"叔叔(Uncle)"，所有的女性长辈都可以称为"阿姨(Aunt)"。

　　其次，中国的称谓"不对等"，西方的称谓"对等"。在中国，属下对上司的称呼，学生对老师的称呼等，都表现出不对等性。例如，属下不能直呼上司姓名，只能称呼"某主任"，而上司不但可直呼下属的姓名，而且还可在其姓前加一个"小"，例如小张、小王、小李等。这并不是表明歧视，而是一方面体现了对被称呼者身份、地位的尊重，另一方面也表现了称呼者的礼貌和涵养。与此不同的是，西方的称呼恰恰是"对等"的。例如，在英国，家庭成员之间都可以用"你(You)"称呼。而且，西方人除几个传统称呼——博士(Dr.)、医生(Doctor)、法官(Judge)、教授(Prof.)等之外，对"王老师""李师傅"一类的称呼是不能接受的。

二、问候的内容

　　中国的内容是"家长里短"，西方的内容是"谈天说地"。在中国，人们对于不熟悉的朋友会来个"点头之交"。对于很熟悉的朋友，可说"去上班啊？""吃了吗？""上哪呢？"等等，这体现了朋友之间的一种亲切感。这些问候的目的是打招呼，而不是真的了解被问候人对于此类问题的答案。西方人非常看重隐私，他们面对中国式的问候时，反而会觉得这样的问候太具体而有干涉隐私之嫌，会觉得反感。西方人在见面时一般习惯于谈论天气和近况。比如，英国人见面时会说"It is cooler today, isn't it?"，或者问"How are you?"，相当于中国的"吃了吗"。

三、问候的句式

中国的句式"灵活多变",而西方的句式则"'一'以贯之"。在中国,人们有时会用感叹句去表达自己的情感,例如,在表达天气好或不好的时候,人们经常会说"天气真不错呀!"或者"天气真糟糕啊!"直接表达情感上的喜悦与厌恶。现代社会,随着生活节奏的加快,有时候汉语的表达形式还会更为精简,例如"嘿!"或者"哪天找你玩儿!",而有时候,人们又会用问句,例如"这几天忙什么呢?""现在在哪儿高就啊?"等等。相比之下,西方人则"'一'以贯之"。所谓"'一'以贯之"是指,西方人几乎以一种句式为问候语,且回复的形式也比较固定,例如:A:How are you? B:I'm fine, thanks./I'm fine, thanks, and you? A:I'm fine, too.

【思考与练习】

1. 中国传统酒店从业者的职业形象是怎样的?
2. 中国传统酒店从业者的语言礼貌体现在哪些方面?
3. 中国传统酒店的社交礼仪体现在哪些方面?请举例说明。
4. 中国传统酒店的服务理念包括哪些内容?

任务二　西方酒店礼仪认知

【学习目标】

1. 认知西方酒店从业者的职业形象。
2. 认知西方酒店从业者的语言礼貌。
3. 了解基本的西方酒店社交礼仪。

【情景导入】

英国某一访华观光旅游团下榻北京国际会议中心大厦。翻译女士陪同客人外出参观,在上电梯的时候,一位英国客人请这位翻译女士先上,可是这位女士谦让了半天,执意要让客人先行。事后这些客人抱怨说:"我们在中国显示不出绅士风度来,原因是接待他们的女士们都坚持不让我们显示。"在上下汽车或进餐厅时,接待他们的女士们坚持让他们先走,他们很不习惯,甚至觉得受了委屈。虽然我方人员解释,中国是"礼仪之邦",遵循"客人第一"的原则,他们对此也表示赞赏,但对自己不能显示绅士风度仍表示遗憾。

情景解析:礼仪带有明显的国别特点,英国人非常讲究"绅士风度",其最大特征就是:保守、礼貌以及尊重女士。"女士优先"是行事的最高准则。而在"礼仪之邦"中国,把客人放在最重要的位置是我们的优良传统,在本案例中,双方都遵循了自己的礼仪规范,造成客人遗憾的原因是中西文化冲突,实际交往中,我们可以依情景而适当调整,以双方都感到适宜为好。

礼仪是一种文化形态的象征和体现,人们在言辞中、在举手投足之间往往反映出不同的文化特性。所处的文化不同,社会交际的规范也千差万别。为了避免在人际沟通与交往中形成障碍,保证对外接待服务工作的顺利进行,我们有必要对西方礼仪规范加以了解掌握。

一、西方酒店从业者的职业形象礼仪

(一)酒店从业者的着装礼仪

在西方,酒店从业者在着装方面的要求更为严格。星级酒店的员工都以西装为职业装。男士着西装,内穿白衬衫,打领带。他们喜欢黑色,因此一般穿黑色的皮鞋。女士一般着西装套裙,体现职业女性的工作态度,在正式场合,还需穿礼服套装。此外,女士外出时有戴耳环的习俗。

(二)酒店从业者的仪态礼仪

在西方,会面时,人们倾向于使用握手礼。在官方会见场合,人们经常行拥抱礼,无论是熟人、生人、同性、异性,人们见面时,都可以热烈地或轻轻地拥抱。在拥抱时,双方身体不要贴得过紧。拥抱时间也不可过长。此外,已相识的友人在距离较远或不宜多谈的场合可用无声的动作语言表示友好与尊重,这就是所谓的致意礼。

二、西方酒店从业者的礼貌语言艺术

在西方,除在正式场合互称先生、太太、小姐之外,相识的人(无论年龄大小),皆可直呼对方姓名,人们认为这是一种关系亲密的表示,即使年龄悬殊,人们也习惯于这样称呼,并不会产生唐突或不礼貌的感觉。这种喜欢以姓名相称的风气反映了人们不拘形式、期望密切关系的愿望。

英语中,衔称＋姓氏(有时,衔称＋教名)的称谓形式也是较为常见的,多用称呼皇族,政府高层、宗教界、军界或法律界人士,比如 Prince Charles(查尔斯王子)、President Roosevelt(罗斯福总统)、Father White(怀特神父)、General Patten(巴顿将军)等。

三、西方酒店社交礼仪

(一)介绍礼仪

在西方酒店的正式交往场合中,若想结识朋友,往往需要第三者引介。若当时这种需要不能被满足且你又确实想认识某人,你可走到他面前进行自我介绍,但介绍完后不可先伸手,也不可问对方的名字。对方若不进行自我介绍,你可道谢离开,这在西方并不算失礼。用句型"This is ××× and this is ×××."介绍两人认识时,我们要先把男士介绍给女士,先把年轻的人介绍给年长的人,把职位低的人介绍给职位高的人。面对同性目标,在介绍完毕后,我们应先伸手相握,说"很高兴认识你(Nice to meet you)"。

(二)交谈礼仪

在西方,人们特别重视对方的隐私。个人隐私主要包括:个人状况(年龄、工作、收入、婚姻、子女等)、政治观念(支持或反对何种党派)、宗教信仰(信仰什么宗教)、个人行为动向(去何种地方,与谁交往、通信)等。凡是涉及个人隐私的信息,都不能直接过问。

美国人还十分讲究"个人空间"。两人谈话时,不可太近,距离一般以 50 厘米为宜。不得不与别人同坐一桌或紧挨别人坐时,我们最好打个招呼,问一声"我可以坐在这儿吗(May

I sit here)"，得到别人允许后再坐下。

西方酒店业的常见礼貌用语有"Please""Thank you""Excuse me"等，随处可闻。

(三)"女士优先"礼仪

尊重女性，是欧美国家的传统习俗。在社交场合，男子要处处谦让女士。比如，在握手时，待女士先伸手，男士方可随之；赴宴时，男士要先让女士坐下，女士先点菜；进门时，女士先行；上下电梯，女士在前。

(四)"小费"礼仪

在西方酒店中，付小费的风气很盛行。一般来说，得到别人的服务时，我们就应付给小费。但是，小费并非在任何场合、对任何服务人员都是必需的。小费究竟应付给哪些人，这是一个颇有讲究的问题。

(1) 坐船或火车时应付小费，但坐长途汽车和飞机时则不必。

(2) 对搬运工应付小费，在存取行李时不必付服务员小费。

(3) 在旅馆时，对帮你提行李或打扫的服务员应付小费，对柜台服务员则不必。

(4) 在餐馆时，对上菜上饭的服务员应付小费，对领班服务员则不必。

(5) 乘车时，对出租车司机应付小费，对公共汽车司机则不必。

(6) 对理发师、美容师应付小费，对售货员、自助洗衣店的服务员则不必。

(7) 对警察、海关检查员、大使馆职员、政府机关职员等公务人员，绝不可付小费。

(8) 小费约占总费用的15%，表示对服务满意。

(五)与领导、同事相处的礼仪

西方人讲求个性，自我意识和独立意识很强，崇拜个人奋斗，尤其为个人取得的成就而自豪，从来不掩饰自己的自信心、荣誉感。西方酒店经营者更欣赏有个性、敢冒险、有见解的下属。西方酒店注重制度的规范，领导决策比较果断，少情面，同事、领导是平等的，无论级别大小，大家都直呼彼此的姓名，以示尊重。西方酒店与中国酒店一样，特别重视关心基层员工，如香格里拉酒店奉行"我们照顾员工，我们关爱员工"的准则，始终坚持"企业员工是品牌文化传递的重要载体，同时，对员工本身的关怀也同样重要"的管理思路。香格里拉酒店致力于提高企业的凝聚力，尊重每一名员工，为他们提供具有竞争力的福利和薪金，并定期进行全方位的培训，通过系列培训课程使员工都能感受到"香格里拉式关照"，理解并认同香格里拉酒店的核心价值观念"尊重、谦卑、礼貌、帮助、真诚"。对员工的关照，也是中国酒店的重要特征与传统，这说明全球人类在对于和谐的追求上是一致的。

四、西方酒店服务礼仪

在西方酒店中，酒店经营者更注重为客人提供个性化的服务。酒店最高层的管理者和酒店的普通员工一有机会或要主动创造机会与客人交流，以便获取最真实、最可靠的第一手信息。在为客人提供服务时，他们认为首要的任务是跳出自己设定的框架，打破自己的思维模式，切忌以习惯性的眼光看顾客，而要站在顾客的角度去了解顾客真正的需求与渴望。大兴调察研究之风也是我们的优良传统，只有想客人之所想，急客人之所急，酒店才能够得到长足发展。

【典型应用】

西方文化礼仪之"禁忌"

（1）与外国人初次交谈时，不要谈疾病、死亡等不愉快的事。

（2）不要询问女士的年龄、男士的收入以及对方衣饰的价格。

（3）在正规场合，不要穿休闲装、运动装。

（4）不要抢着埋单，"AA制"更为合适。

（5）不要过于"自谦"。

（6）与各国客人交往时应注意的具体事项包括：

与日本人交往：初次见面不谈工作，接受礼物要回礼。

与法国人交往：初次见面不送礼，否则有行贿之嫌。

与英国人交往：穿戴不要太随便，不要随便称呼对方的名字，要加上"Mr."前缀。

与美国人交往：不要在周五或13号约会。

与韩国人交往：不要不守信用。

与德国人交往：不要直呼名字，不要谈第二次世界大战，发言内容不要太夸张。

与泰国人交往：不要触摸对方的头部。

与印度人交往：摇头表示同意，点头表示不同意，忌吃牛肉，不杀牛，不杀蛇。

【知识拓展】

东西方礼仪的差异

东方礼仪，主要指以中国、日本、朝鲜、泰国、新加坡等为代表的亚洲国家所盛行的，具有东方民族特点的礼仪文化。西方礼仪，主要指流传于欧洲、北美各国的礼仪文化。

一、血缘亲情方面

东方人非常重视家族和血缘关系，"血浓于水"的传统观念根深蒂固，人际关系中，最稳定的是血缘关系。西方人独立意识强，相比较而言，不很重视家庭血缘关系，而更看重利益关系。他们将责任、义务分得很清楚，责任必须尽到，义务则完全取决于实际能力，绝不勉为其难，强调个人自由，追求个人利益。

二、表达形式方面

西方礼仪强调实用，表达率直、坦诚。东方人以"让"为礼，凡事都要礼让三分，与西方人相比，常显得谦逊和含蓄。在面对他人夸奖所采取的态度方面，东、西方人各不相同。面对他人的夸奖，中国人常常会说"过奖了""惭愧""我还差得很远"等词句，表示自己的谦虚；而西方人在面对别人的赞美或赞扬时，往往会用"谢谢"来表示接受对方的美意。

三、礼品馈赠方面

在东方，人际交往特别讲究礼数，重视礼尚往来，往往将礼品作为人际交往的媒介和桥梁。东方人送礼，名目繁多，除了在重要节日或互相拜访时需要送礼外，平时的婚、丧、嫁、娶、生日、升职、加薪都可以成为送礼的理由。西方礼仪强调务实，在讲究礼貌的基础上力求简洁便利，反对繁文缛节、客套造作。西方人一般不轻易送礼给别人，除非相互之间建立了较为稳固的人际关系，送礼形式上也比东方人简单得多。一般情况下，他们既不送过于贵重的礼品，也不送廉价的物品，但却非常重视礼品的包装，特别讲究礼品包装的文化格调与艺术品位。同时，在送礼和接受礼品时，东西方也存在着差异。西方人送礼时，总是向受礼人直接地说明："这是我精心为你挑选的礼物，希望你喜欢"，或者说"这是最好的礼物"；西方人一般不推辞别人的礼物，接受礼物时，先对送礼者表示感谢，接过礼物后总是当面拆看礼物，并对礼物赞扬一番。东方人在送礼时则要精心挑选，而在受礼人面前却总是谦虚而恭敬地说"微薄之礼不成敬意，请笑纳"之类的话。东方人在受礼时，通常会客气地推辞一番。接过礼品后，一般不当面拆看礼物，惟恐对方因礼物过轻或不尽如人意而难堪，或显得自己重利轻义，有失礼貌。

四、对待"老"的态度方面

东西方礼仪在对待人的身份、地位和年龄的态度上也存在许多观念和表达上的差异。东方礼仪强调老者、尊者优先，凡事讲究论资排辈。西方礼仪崇尚平等，等级意识没有东方那么突出，同时，西方人独立意识强，不愿老，不服老，特别忌讳"老"。

五、时间观念方面

西方人的时间观念强，做事讲究效率，出门常带记事本，记录日程和安排，有约必须提前到达，至少要准时，且不应随意改动。西方人不仅惜时如金，而且常将交往方是否遵守时间作为判断其是否负责、是否值得合作的重要依据。在他们看来，这直接反映了一个人的素质。西方人工作时间和业余时间区别分明，休假时间不会打电话谈论工作，甚至会在休假期间断绝非生活范畴的交往。

六、隐私方面

西方礼仪处处强调个人拥有的自由（在不违反法律的前提下），将个人的权利看得神圣不可侵犯。在西方，冒犯对方"私人的"所有权利，是非常失礼的行为。这是因为西方人尊重别人的隐私权，同样也要求别人尊重他们的隐私权。东方人非常注重共性，强调群体，强调人际关系的和谐，认为邻里间的相互关心，是一种富于人情味的表现。

【思考与练习】

1. 西方酒店从业者的职业形象呈现怎样的特征？
2. 西方酒店从业者的语言礼仪体现在哪些方面？
3. 西方酒店的社交礼仪包括哪些内容？试举例说明。

【微视频】

数字化酒店服务

实务篇

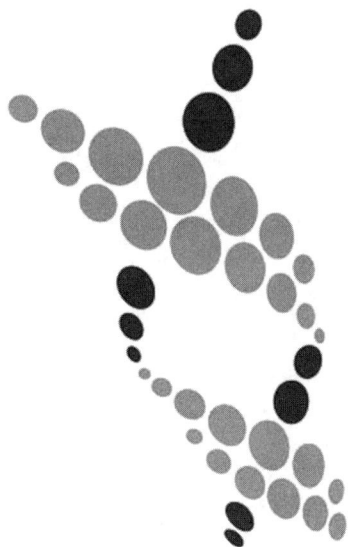

项目五　酒店基础礼仪实务

任务一　酒店仪表礼仪实务

【学习目标】

1. 认知酒店仪表礼仪的重要性。
2. 认知酒店仪表礼仪的基本要求。
3. 掌握酒店仪表礼仪规范。

【情景导入】

　　毕业后，小张前往一家知名的五星级酒店工作，为了显示自己对工作的重视和热爱，他特意对个人形象进行了一番精心的装扮。在上班前一个星期，小张就去美发店烫了卷发，染上最喜欢的紫红色，并做了可爱的美甲。上班当天，小张化了一个流行的烟熏妆，穿上紧身衬衫、低腰牛仔裤和凉拖鞋就精神抖擞地走上了工作岗位。然而事与愿违，当班经理看到小张的仪表仪容，对她进行了严肃的批评，认为她的打扮过于前卫、随便，不符合酒店工作的基本要求，小张很委屈。

　　情景解析：酒店行业是提供对客服务的行业，员工的仪表对酒店形象来说至关重要。因此，酒店对员工的仪表设立了一整套规章制度，这是酒店员工在从事职业活动之前必须加以注意的。

　　酒店从业人员应在仪表方面注意哪些事项呢？一位酒店管理专家说过这样的话："一进酒店大堂，只要看一下员工的形象，告诉我客房的数量，我就能大致评估出这家酒店的营业收入和利润。"这句话反映出：酒店从业人员的形象代表了酒店的档次，档次决定价格，价格产生效益，从而形成连锁反应的循环圈。当前，酒店行业的竞争日趋激烈，酒店树立良好的公众形象，离不开员工端庄的相貌、修饰得体的容貌、恰到好处的发型、清新宜人的味道，员工应当时刻保持良好的仪表，让自己成为酒店的"门面"和"窗口"。因此，酒店从业人员要依照规范，以个人条件为基础，对仪表进行必要的修饰，扬长避短，设计、塑造出最适合自己并符合所在工作岗位要求的个人形象。

一、仪表、仪容的概念

(一) 仪表

仪表指一个人的外表,一般情况下包括人的容貌、服饰和个人卫生等内容。它是个人总体形象的统称。在长期的实践中,人们对酒店仪表的要求有了一些共识,这些共识逐渐成为酒店员工必须遵守的礼仪规范。讲究仪表是设计美、创造美的过程,酒店从业人员的仪表美是人们对其个人进行全方位评价的窗口,是仪容美、服饰美、形体美、内在美的有机综合。

(二) 仪容

仪容是指一个人的容貌,包括五官的搭配、发型以及颈部及手部等部位的修饰。"三分长相、七分打扮",就个人的整体形象而言,仪容是传达给接触对象的最直接、最生动的第一信息,是仪表至关重要的组成部分。对酒店员工来说,适当的仪容修饰,会使自己容光焕发、充满活力。因此,塑造良好的自我形象,首先应当考虑的就是打造仪容美。

二、仪表美的重要性

(一) 有利于酒店树立良好的公众形象

酒店员工的工作就是面向客人的,这决定了员工的形象将可能决定客人对酒店的第一印象。良好的仪表,不仅代表着个人较好的道德修养和审美情趣,并且还会给人带来美好的感官享受,从而给酒店带来积极的宣传作用,弥补某些服务设施的不足。同时,员工的仪表也在一定程度上反映其所在酒店的企业管理水平和服务水平,一个酒店的优良管理,必然在其员工的仪表和精神面貌上有所体现。因此,注重仪表美是酒店员工的一项基本素质,为了提升酒店的整体形象,使客人满意,酒店员工除了应具备良好的职业道德、广博的业务知识和熟练的专业技能外,还要尤其讲究仪表美。

(二) 有利于员工增强自信心

酒店的每一位员工都希望在自己的职业生涯中获得信心和尊重。爱美之心人皆有之,酒店员工只有拥有优雅、得体的仪表,才能产生良好的自我感觉,从而令自己神采飞扬,产生自豪感和满足感,进而获得来自客人的肯定、赞扬。整齐、得体的仪表,会使酒店员工呈现特殊的魅力,在人际交往中被对方直接感受,是酒店员工人际交往的"通行证",可以给自己带来一份好心情,工作起来自然自信心倍增、充满动力。

(三) 有利于使客人得到满足

酒店员工的良好仪表,是其礼貌礼节的体现,是尊重客人的需要,会令客人赏心悦目,引起客人强烈的感情体验,缩短彼此交流与沟通的距离。相反,酒店从业人员蓬头垢面、不修边幅、衣冠不整,则会使客人心生厌烦,认为其做事拖沓、不尊重他人、缺乏责任感,从而更不愿意接受此类酒店提供的服务。

三、仪表礼仪的基本要求

(一) 管理规范有制

酒店的各类工作人员,按工作内容和工作性质,应对仪表制定相应的规定,使自己的仪表符合职业角色的要求,同时使大家有章可循。酒店员工的仪表反映出一个酒店的管理水平和服务水平。国内外旅游酒店星级标准的评定细则中,就有员工仪表考核项目,这应当引起酒店管理者的重视,管理者应勤于督促、检查,确保其得以严格执行。

(二) 整体和谐自然

仪表美是一种整体的美,也是与周围环境相协调的美。酒店从业人员要综合考虑自身的相貌、体型等因素,用色彩、线条、款式将美协调地统一于自身,同时注重言谈、举止,乃至修养,使它们相联系、相适应、融为一体。酒店员工在追求仪表美时,还应注重自然美,装扮应当恰到好处,大方得体,给人平易近人、亲切友好的感觉。

(三) 个人秀外慧中

真正的美是个人良好内在素质的流露。酒店从业者若想拥有好的仪表,还要注重内在美和外在美的统一,通过不断提高个人的文化、艺术素养和思想、道德水准,培养高雅的气质与美好的心灵,使自己秀外慧中,表里如一,如此才能产生魅力,真正成为一个有教养的人。

【典型应用】

在员工的日常管理工作中,酒店十分重视员工的仪表,并常常通过一定的方式进行督查,并将其列入酒店员工工作绩效评估体系之中。酒店员工仪表评估表(样表)如表 5-1所示。

表 5-1　酒店员工仪表评估表(样表)

(每项 1 分,满分 10 分)

考　评　项　目	得分	总分
按规定着工装,穿戴整齐		
在左胸前正确佩戴铭牌		
男员工头发及衣领整洁,剃净胡须;女服务员戴发夹、发网		
指甲修剪整齐,未涂指甲油		
未佩戴首饰及耳环、项链		
女员工化淡妆		
不染发、不烫发、发型工整		
工装口袋中无杂物		
工鞋、袜符合规范并无明显污迹		
制服无明显破损和油污		

四、仪表礼仪规范

(一) 发式礼仪

头发是人体的"制高点",我们修饰仪容,应当做到一切从"头"开始。头发整洁亮丽、发型大方文雅,是个人良好精神面貌的基本要求,酒店从业人员应认真对待发式,具体规范要求如下：

1. 头发整洁、无异味

酒店员工要养成勤洗头发的习惯，一般应当至少三天洗一次头，随时随地检查自己头发的清洁度，适时梳理，不可有头皮屑。

2. 发型大方、得体

酒店男员工的发式不可怪异，应确保前不遮眉，侧不过耳，后不及领，应适当定型，从而让人看起来更有精神；酒店女员工若为短发，应当前不遮眉，后不及肩；若为长发，要用酒店统一发放的发网盘起，保持发式整齐，保证刘海不过眉，发不遮脸。

3. 发色自然

人类的发色因地域、种族、遗传、饮食习惯的不同而存在较明显的差异。酒店从业人员保留头发原本的颜色即可，不应将头发染成黑色以外的任何一种颜色。

（二）面部修饰

面部是一个人的门面，也是最动人之处。作为服务性行业，酒店员工对自己脸面的重视程度就代表了自己对客人的欢迎、尊重程度。为了有效地传播脸部信息，满足客人的审美需求，酒店从业者必须懂得相关的面部妆容要求：

（1）修饰面容，首先洗脸，使之干净清爽，无油污、无汗渍、无泪痕、无不洁之物。酒店员工应注意保持鼻腔清洁，不要吸鼻子、擤鼻涕，更不要用手挖鼻孔。牙齿应洁白，口腔应清新无味；上班之前忌抽烟或食用葱、蒜、韭菜、腐乳之类气味刺鼻的食物；要经常采用爽口液、牙签或洗牙、保护牙齿。

（2）酒店男员工应每天修面剃须，不留小胡子、大鬓角，应剪短鼻毛并使用适合的护肤用品。酒店女员工可适当化妆，但以淡妆为宜，不可浓妆艳抹，避免使用气味浓烈的化妆品。

无论是男士还是女士，都不能戴有色眼镜，在工作岗位上不得面带倦容。

（三）手部保养

酒店从业人员因工作需要，在对客服务中，经常以手示人。手，是引起客人较多关注的身体部位。通过观察手，我们能判断一个人的修养与卫生习惯，酒店从业者应高度重视手的礼仪要求：

（1）随时清洗手，使之保持干净，适时涂护手霜，保持手部柔润；冬季注意保暖，避免生冻疮。

（2）勤剪指甲，指甲长度以不超过指尖为宜，不可涂有色指甲油，指甲内不得有污垢。

（四）体味

在酒店工作环境中，身体的气味也是个人仪表的重要内容。酒店员工应养成良好的卫生习惯，勤洗澡或使用祛除体味的物品，保证身体气味的清爽。在干净卫生的基础上，员工可适当使用香水。喷洒香水要适量，距离1米左右让人闻到香水味是最能够使人感到舒服的，香水要喷洒于不易出汗、脉搏跳动明显的部位，如手腕、耳后。

【知识拓展】

女士化妆步骤

化妆，是修饰仪容的方法之一，它是指采用化妆品，结合一定的技法，对自己进行修饰、装扮的过程。

1. 妆前准备

化妆的第一步是彻底清洁脸部,清洗脸上的污物,清洁皮肤;然后上化妆水,以洁肤、润肤、紧肤和调理肌肤为目的;再然后,搽润肤霜,既滋润皮肤,又隔离化妆品;最后修眉,用眉镊、眉剪修整眉形,使之更加清秀有型。

2. 施妆过程

(1)施粉底。粉底应使皮肤显得自然而有光泽,使化好的妆看起来细腻而有质感。干燥的皮肤适合液体粉底,特别干燥且黯淡的皮肤适合霜状粉底,中性皮肤或油性皮肤适合特制粉底。拭搽粉底时,我们要注意额头至鼻尖的区域。这一部位通常会分泌油脂,容易脱妆,故粉底要搽匀。眼睑部位宜用冷霜涂抹,既可保护眼部皮肤,又可防止化妆品脱落。

(2)扑脸粉。用以定妆,防止化妆品脱落,并可抑制过度的油光。用大而松的粉扑取粉拍在脸上,多余的粉用干净的粉刷扫去。粉的色号要根据自身的肤色进行选择,白的皮肤可选择浅色粉饼;黝黑的皮肤可选择麦色粉饼。

(3)上腮红。腮红可使脸部显得健康而有血色,脸型不够理想的人,也可以用腮红来调整。涂腮红时,我们应用粉刷取适合的腮红沿颧骨向鬓边刷成狭长的一条。脸型不够理想者,在刷好腮红后,还应用较深的腮影来遮盖缺陷。两腮较大者,可用深色腮影刷出满意的脸型,并将突出的两腮用腮影遮盖;颧骨过高者,可在颧骨四周涂深色腮影,在腮边及两鬓则可涂上浅色腮影。

(4)眼部化妆。眼部化妆包括画眼线和涂眼影两部分。在日常生活的简单化妆过程中,我们可只画眼线,不可涂眼影。眼线可使眼睛看上去大而有神。眼线的基本画法是:沿眼睛轮廓,上眼线全画实,下眼线则从大眼睑离眼端三分之一处画至眼尾,不可把眼睛的四周涂成黑黑的一圈,画完后,可抹上睫毛膏,使睫毛显得长而密,让眼睛明亮有神。

(5)描眉。描眉能够使眉毛更有形,从而衬托整个脸部。

(6)勾画鼻侧影。其作用在于修正鼻形,使鼻梁挺拔。

(7)描唇。用唇线笔先描出唇形,若对唇形不满意,我们也要先用唇线笔画出理想的形状,再涂口红加以修正。为使涂上的口红不易脱落,我们可先涂一层口红,然后用面巾沾去浮色,再涂一层无色上光唇油,将口红印在餐具上的尴尬情形就不会发生了。

3. 妆后检查

先检查眼、眉、腮、唇、鼻侧等部位,关注两边形状、长短、大小、弧度是否对称,色彩浓淡是否一致;再检查脸与脖子、鼻梁与鼻侧,腮红与脸色的过渡是否自然;然后检查整体与局部的关系是否协调;最后检查整体表征是否完美。

【思考与练习】

1. 酒店仪表礼仪的基本要求有哪些?

2. 酒店从业者的仪表礼仪具体表现在哪些方面?

任务二 酒店服饰礼仪实务

【学习目标】

1. 了解酒店从业者服饰的基本原则。
2. 掌握酒店从业者服饰礼仪的基本要求。
3. 掌握饰物佩戴礼仪。

【情景导入】

小刘和小李结婚的日子越来越近,他们来到一家知名酒店考察,确定婚宴地点,一进门,两人看见餐厅经理带着一对耳环,金项链也很扎眼,上衣花哨,裙子过短,高跟鞋很高,未贴上一层胶片,走起路来声音特别响,这一切都让他们觉得很不舒服,两人遂婉拒了经理的介绍,放弃了这家酒店。

情景解析:酒店从业者的服饰能体现酒店的形象及品位,会影响客人对酒店的第一感受和印象。因此,酒店经常要求员工在工作岗位上必须穿着精心设计的员工制服,并按规定进行修饰。

俗话说"佛要金装,人要衣装",服饰被视为人的"第二肌肤",它反映出一个人的文化修养、审美情趣,也能反映一个人的价值观。一个和你会面的人往往会不自觉地根据你的衣着来判断你的为人。酒店从业者的服饰,不仅反映着个人的文化水平、修养,同时也能向客人展示酒店的形象和档次,因此,酒店从业者的服饰应当是十分考究的。

一、酒店从业者服饰的基本原则

酒店从业者服饰是在一个国家政治、经济、科技、文化、地域、宗教、民俗等背景下生成的,体现一定的文化品位和管理思想。酒店从业者的服饰属于职业装,应具有实用性、审美性和象征性,风格上既要有民族特色,还要与国际潮流接轨。

(一)多样统一

酒店由门卫、前台、客房、餐厅、酒吧、商场和健身房等部门组成,出于工作需要,不同部门的工作人员有着不同的着装风格,款式各异但又有呈现局部统一特征的工作服饰,生发了多样统一的服饰美感。规范统一的着装风格可以增强员工的集体观念和责任感,给享受单项服务的客人带来井然有序、容易识别的整齐感;款式格调各异的员工服饰可以体现酒店的文化内涵,又能让享用各种服务的来客感觉到多姿多彩、赏心悦目。

(二)实用标志

酒店从业者服饰强调对职业的功用,应适应酒店具体的岗位环境,突出实用性。管理人员的服饰面料应当不褪色、不起毛,常为精纺毛料织物;门童、行李、礼仪等人员的服饰材质一般为延展性较好、挺括的化纤或混纤类面料,便于洗涤;前厅、客房、接待中心人员的服饰材质多以混纺面料为主,要求挺括、富有色泽和垂性,洗涤后不会发生形变。此外,酒店从业者的服饰还应通过款式、色彩以及配件来实现对不同职业、不同岗位工作人员的区分,突出标志性。鲜明的标志可以方便宾客识别，有助于树立员工的形象。

（三）和谐整洁

酒店从业者的工作服饰要与工作环境在风格上保持和谐或互补，显现衣着之美。例如，中餐厅服务员的着装要根据餐厅的菜系乃至整个餐厅的背景装饰色调来调整，给顾客一种协调的美感，为餐厅增添生动的情趣；供应宫廷菜系的餐厅的服务员，其着装要体现传统服装的特色；供应民族特色菜系的餐厅的服务员应穿着反映民族特色的服装。同时，服饰与环境还要在色彩上保持平衡。一般情况下，酒店的服饰与环境宜用中性色，以创造一种沉稳、柔和、明洁和淡雅的美感，使宾客在安静轻松的氛围中解除身心的疲劳。酒店部门众多，功能各异，在色调处理上需要从实际出发，因地、因时、因人、因工作性质而定。前厅应当华贵庄重、餐厅应当清洁明快，客房应当柔和安静，舞厅应当热烈活泼，酒吧应当优雅沉稳。

整洁也是酒店从业者最基本的礼仪要求，整洁即可以突出从业者的精神面貌，也能够反映企业的管理水平和卫生状况。酒店从业者在上岗前要注意领子和袖口的洁净程度，保持制服整体挺括，每天上岗前，要细心检查制服上是否有菜汁、油渍，扣子是否齐全、有无松动，衣裤是否有漏缝，是否破边。

【典型应用】

酒店职业装的常用款式

酒店服务人员主要包括前厅部、客房部、餐饮部、安保部门的人员，不同岗位的员工，其职业装的款式是有区别的。

一、前厅部工作人员

（1）迎宾员、门童：其服装具有明显的礼仪标志，要体现庄重、热情、大方，再以必要的服饰相配，既展现出迎宾员的着装美感，又表现出酒店的档次，颜色多以红白或红黑对比色为主。

（2）行李员：着装主要突出行动敏捷、利索的特征，款式多为立领，配低圆筒帽，上衣稍短但要得体，制服颜色应当明亮但不艳丽。

（3）前台：前台是酒店最重要的"门面"，是酒店经营服务的中心环节。前台服装的主要特征是庄重、沉稳、严谨，因此大多以西服或变款西服为基础。配饰整齐，不花哨，颜色素雅而明快。

（4）管理人员：穿着应当正式，有内涵，宜选择深色西服，材质多为羊毛等高品质面料。

二、餐饮部工作人员

（1）中餐厅：多以旗袍为主。旗袍应当简单而美观，线条应当清晰而高雅。中餐制服可按中餐迎宾员、中餐服务员、中餐传菜员和中餐领班划分。中餐迎宾员多着长旗袍，长至脚腕，可为长袖、短袖、七分袖，也可无袖。服装的主要特征是庄重、优美、大方，体现东方女性特有的魅力与美感，颜色多取鲜艳的色调，面料以金线绒、缎料为主；中餐服务员宜选用短款式旗袍，袖部、下摆部都应较为适应服务需要，面料以制服呢为主；中餐传菜员多以简练式旗袍为主，线条清晰，造型既体现旗袍特色，又便于服务运作，一般搭配围巾，装饰风格和颜色与中餐服务员相对呼应，但不能超过中餐服务员，面料以制服呢为主；中餐领班、部长多以西服套装或变款西服为基础,配上与中餐服务员或传菜员颜色相同的花边或配饰。颜色多取深色,与服务员相对呼应,体现部门的整体统一,面料多以国产毛料或制服呢为主。

(2)西餐厅:西餐咨客多为女士,一般穿黑长裙,短西式上衣,内穿白衬衣,腰封和领结,色彩多以红、白、黑色为主。西餐服务员多着短西服或西式马甲,内穿白礼服,打黑领结,配黑腰封,色彩与咨客相同。

(3)咖啡厅:咖啡厅员工的穿着较为随意,服务员款式为短西服或西式马甲。女服务员可选择连衣裙。面料可采用棉质碎花,服装的主要特征是浪漫、温馨。咖啡厅咨客多穿黑色侧开衩长裙,上配与服务员同色系的马甲或短西服,内穿白色衬衣,领型可变化,色彩比较明亮、活泼。

(4)酒吧(又称吧台):服务员多为男性,多着西式马甲,也可穿露背式马甲,可选用缎面或花料以及闪光花料,色彩力求华贵、气派。

(5)厨师服:厨师服款式宽松,颜色一般为白色,配帽子。西厨帽子很讲究,帽子愈高,级别愈高。厨师长、副厨师长、中厨总厨和西厨总厨一般着白涤棉或纯棉上衣、黑扣、黑裤,戴高白帽配三角巾。厨师着白涤棉或纯棉上衣、白扣、小黑白格裤、白帽,配三角围巾。厨工、洗碗工多着白上衣、蓝裤,配围裙。

三、客房部工作人员

客房部工作人员包括楼屋领班(服务员)、公共区域领班(清洁工)。客房服务员的服装必须适应清理房间等一系列操作的需求,便于运动,款式力求简洁、大方、宽松,面料以蓝色、咖啡色的制服呢为主。

四、保安部工作人员

安保人员的工作是维持酒店的秩序,其着装应能在视觉上给宾客带来安全放心的感觉,保安服装一般有专属的标准,在其基础上加以变化,一般饰物有帽子、皮带、哨带、肩章、臂章,服装应保持舒适、吸汗透气、悬垂挺括。

五、快餐厅工作人员

快餐厅工作人员的服装应当简洁明快,体现快餐洁净、快速的服务宗旨,颜色多为红、黄、蓝、粉等明艳的颜色,体现热情、活泼的服务风尚,多采用彩色条纹布料,表达其青春的动感。宴会厅服务员,其着装则以沉稳的色调,保守而优雅的款式传达他们规范的服务风尚。

六、娱乐部工作人员

(1)桑拿按摩中心:员工主要有迎送员、休息室服务员、按摩员、客服更衣员、修甲工、水池服务员。变化多端的桑拿迎宾服,朝气蓬勃、自由奔放、清爽宜人。色彩温馨、浪漫,面料多为棉质或毛巾质。

(2)健康中心:员工主要有台球服务员、保龄球服务员、泳池服务员、健身房服务员。娱乐场所的系列制服多采用青春的色调,款式活泼,动感强烈。

二、酒店从业者服饰礼仪的基本要求

(一)工作时穿工作服

每个酒店都非常注意员工的形象,专门请人设计服装,力求美观、实用、标准。工作服装从色彩到款式都不必过分引人注目,应庄重、清洁和整齐,以表明从业者的责任感和可信度。

因此,酒店从业者的着装,均应遵循统一的规定制备。配有专门的工作服装不能随意修改。

酒店制服虽因内部岗位的不同而在样式上有所不同,但许多款式在国际上却是约定俗成的,如门童、行李员、西餐厅服务员、厨师等的制服。例如,门童的制服多为西服或制服,色彩醒目,装饰华丽;正规西餐服务员的制服则是黑色燕尾服、马甲、白色礼服领衬衫、领结。有些款式虽没有相关明文规定,但已被本行业普遍认可。这些传统服装的引入与推广,使得人们把其当作酒店规范化管理的一部分。

每个酒店从业者都有自己的服饰佩戴,但酒店不同,服饰佩戴亦不同。即使是同一个酒店,不同等级的员工,其服饰佩戴也不同。客人往往会根据每位员工的服饰佩戴,鉴别工作人员的身份。规范的服饰佩戴,既有利于工作的开展,又有利于服务人员以典雅、大方、得体的形象出现在客人面前。

(二) 佩戴好工号牌

酒店从业者佩戴工号牌可以体现其对客人的尊重,突出部门属性。因此,无论是哪一个部门的员工,每日上岗前均应把工号牌端正地佩戴在左胸上方。工号牌损坏或岗位发生变化时,都要及时更换。

(三) 着装要讲究规范

酒店员工的着装要讲究规范,尤其是在应穿西装或者套裙的场合。酒店经理的标准职业服饰是西装,西装的穿着方式有相当统一的模式和要求,只有符合这种模式和要求的穿着才被认为是合乎礼仪的。

1. 西装穿着要点

正式场合,一般要求穿套装,色彩最好为深色,如黑色、灰色、深蓝色。一套完整的西装包括上衣、衬衫、领带、西裤、腰带、袜子和皮鞋。

西装上衣:西装上衣的衣长应刚好到臀部下缘或差不多到手自然下垂后的大拇指尖端的位置,肩宽以探出肩角2厘米左右为宜,袖长应抵在手掌虎口处。西装胸围以系上纽扣后衣服与腹部之间可以容下一个拳头为宜,要注意西装纽扣的正确扣法。在工作场合,一般应将实际纽扣(即单粒扣、双粒扣的第一粒),三粒扣的中间一粒都扣上,而双粒扣的第二粒,三粒扣的第一、三粒都是样纽(也称游扣),不必扣上;穿双排扣西装时,应把纽扣都扣上。

按照传统习惯,穿女式西装配西装裙时,西装要做得稍微短些,以充分体现女性优雅的曲线之美。西装与所配的裙子或裤子的面料应是一致的。

搭配西装的衬衫:长袖衬衫是搭配西装的唯一选择,颜色以白色或淡蓝色为宜。衬衫领子要挺括;衬衫下摆要塞在裤腰内,衬衫里面的内衣领口和袖口不能外露。衬衫领口和袖口要长于西服上装领口和袖口1~2厘米,着装者应系好领扣和袖口。

领带:领带是西装的灵魂和焦点,我们一定要懂得领带的搭配及打法。领带图案以几何图案或纯色为宜。系领带时,领结要饱满,与衬衫领口相吻合;领带长度以系好后大箭头垂到皮带扣处为准。

西裤:裤线清晰笔直,裤脚前面盖住鞋面中央,后至鞋跟中央。

腰带:腰带材质以牛皮为宜,皮带扣应当大小适中,样式和图案不宜太夸张。

鞋袜:每天应当把皮鞋擦得干净、光亮,不要穿白色线袜或露出鞋帮的破洞袜子。有些工种需穿布鞋,同样也应保持洁净。男员工袜子的颜色应与鞋子的颜色保持和谐,以黑色最为普遍。女员工应穿与肤色相近的丝袜。

2. 其他着装注意要点

合体的中山装也是酒店从业者的常用服饰,穿中山装时应扣好领扣、领钩,衣领里稍许露出一道白衬衣衣领,衬衣要收在裤子里头,不能露在外面。要配好皮鞋,不能穿凉鞋、运动鞋。

旗袍是中国传统女装,有助于表现女性端庄、文雅、含蓄、秀美的姿态。旗袍样式随时尚风潮的变化而不断翻新,当前,旗袍几乎成为许多酒店、餐厅服务人员的"国服"。

三、酒店从业者饰物佩戴礼仪规范

饰物指能够对整体服装起装饰作用的物件。服装配件包括帽子、眼镜、公文包、皮带;首饰佩戴包括戒指、胸花、项链。佩戴漂亮的饰物可以给人耳目一新、独具风格的感觉,但酒店是服务场所,员工佩戴的饰物,在遵守礼仪规范的前提下,还应与工作环境保持得体合宜,给客人留下美好的印象。具体来说,酒店员工的饰物佩戴礼仪体现在以下几个方面:

(一) 适应工作环境

酒店从业者随身佩戴的饰物应当以不妨碍工作为最基本原则,因此服务人员应当尽可能地避免过于耀眼的或不断作响的饰品,以适应工作环境的需要。酒店从业者一般不可佩戴耳环、手镯、项链、别针等饰物。有特殊意义或比较昂贵的首饰,如结婚戒指、亲人遗留下的饰物等,须经酒店领导同意后方可佩戴。除手表以外,酒店从业者一般不能佩戴比普通宾客更高级的饰物,以免伤害客人的自尊心。此外,酒店规定,在前台工作的员工尽量不要戴眼镜,其他岗位上的员工也不可戴有色眼镜。

(二) 注意协调一致

饰物是起点缀作用的,酒店从业者佩戴的饰物要与自身条件相协调,讲究整体效果,凸显自己在体型、肤色、脸型、发型等方面的优势。饰物应当质地合宜,让宾客从视觉上感受到和谐恰当,不可弄巧成拙。

(三) 数量恰到好处

饰物对于着装而言,主要起画龙点睛、锦上添花的作用。因此,饰物的数量以少为佳,点到为止,否则会给客人留下浮夸的不良印象。酒店从业者一般不必佩戴饰物,在需要的情况下也不得佩戴数量超过三件的饰物。

【知识拓展】

常用的几种领带打法

领带是男士衣橱里出现频率最高的饰物,也是酒店男性员工的经典正装配饰。打好结的漂亮领带,既美观大方,又能给人以典雅庄重之感,下面,我们介绍几种常用的领带打法:

1. 平结

平结是男士们选用最多的领带打法,几乎适用于各种材质的领带,完成后,领带呈斜三角形,适合窄领衬衫。打这个领带结的要诀是:图中宽边在左手,也可换右手,尽量让两边保持均匀与对称。平结打法如图 5-1 所示。

图 5-1 平结打法

2. 双环结

一条质地细致的领带,搭配双环结,颇能营造时尚感,适合年轻的上班族,打这个领带结的要诀是:该领带打法的特色是第一圈会稍露出于第二圈之外,千万别刻意盖住。双环结打法如图 5-2 所示。

图 5-2 双环结打法

3. 交叉结

这是单色、素雅且质料较薄的领带适合选用的领带打法,喜欢展现流行感的男士不妨多加使用,交叉结的特点在于:打出的结有一道分割线,非常时髦,打这个领带结的要诀是:注意按步骤打完领带,背面朝前。交叉结打法如图 5-3 所示。

图 5-3 交叉结打法

4. 双交叉结

双交叉结很容易体现男士高雅且庄重的气质,适合在正式活动场合选用,该打法多运用于素色丝质领带,适合搭配大翻领的衬衫,同时能够体现尊贵感,打这个领带结的要诀是:宽边从第一圈与第二圈之间穿出,完成后领结充实饱满。双交叉结打法如图 5-4 所示。

图 5-4 双交叉结打法

5. 温莎结

这是因温莎公爵而得名的领带结,是最正统的领带打法,打出的结成正三角形,饱满有力,适合搭配宽领衬衫,该结应多往横向发展,不适用于材质过厚的领带,也不可打得过大,打这个领带结的要诀是:宽边先预留较长的空间,绕带力度的松紧会影响领带结的大小。温莎结打法如图 5-5 所示。

图 5-5 温莎结打法

6. 亚伯特王子结

亚伯特王子结适用于浪漫扣领及尖领系列衬衫,适合质料柔软的细款领带,两边略微翘起,打这个领带结的要诀是:宽边先预留较长的空间,并在绕第二圈时尽量贴合在一起,即可打出完美结型。亚伯特王子结打法如图 5-6 所示。

图 5-6 亚伯特王子结打法

7. 简式结(马车夫结)

这种结适用于质地较厚的领带,最适合打在标准式及扣式领口衬衫上,非常适合在商务旅行时使用,其特点在于:先将宽端以 180 度的角度由上往下扭转,并将折叠处隐藏于后方,完成打结,待完成后再调整其领带长度,打这个领带结的要诀是:简式结在所有领带的打法中最为简单,不会造成领带结过于臃肿累赘,按照基本打法打结即可。简式结打法如图 5-7 所示。

图 5-7 简式结打法

8. 浪漫结

浪漫结是一种优美的结型,适合各种浪漫系列的领口及衬衫,浪漫结能够靠褶皱的调整自由放大或缩小,而剩余部分的长度也能根据实际需要任意掌控,浪漫结形状匀称,领带线条顺直优美,容易给人留下整洁严谨的良好印象,打这个领带结的要诀是:领结下方的宽边压出皱褶即可缩小结型,窄边也可左右移动,使其小部分出现于宽边领带旁。浪漫结打法如图 5-8 所示。

图 5-8 浪漫结打法

9. 半温莎结

半温莎结最适合与浪漫的尖领及标准式领口衬衣搭配,半温莎结是一个形状对称的领带结,步骤看似烦琐,做法却不难,系好后的领结,其位置通常很正,打这个领带结的要诀是:使用细款领带较容易上手,适合不经常打领带的人。半温莎结打法如图5-9所示。

图5-9　半温莎结打法

10.四手结

在所有领结中,四手结是最容易上手的,适用于各种款式的衬衫及领带,通过四个步骤就能完成,故名为"四手结",它是最便捷的领带系法,适合较窄的领带,可搭配窄领衬衫,适用于普通场合,打这个领带结的要诀是:在选择形成凹凸的情况下,尽量让两边保持均匀与对称。四手结打法如图5-10所示。

图5-10　四手结打法

【思考与练习】

1. 酒店从业者服饰的基本原则有哪些?
2. 酒店从业者服饰礼仪的基本要求有哪些?
3. 饰物佩戴礼仪的要点有哪些?

5

任务三　酒店仪态礼仪实务

【学习目标】

1. 了解仪态的含义。
2. 掌握站姿、走姿、坐姿、蹲姿的基本礼仪规范。
3. 熟练掌握各种礼仪手势的使用规范。
4. 能够恰当地运用面部表情。
5. 了解酒店从业者的服务距离、交往距离。

【情景导入】

李先生听说一家新开的酒店环境设施一流,菜品丰富,口味不错,于是约了几个朋友去这家酒店吃自助餐。来到餐厅门口,他看到门口的迎宾小童正倚靠在门边的墙上,玩弄着自己的指甲,见有客人来了,赶紧问好。李先生向朋友打趣说:"服务人员都闲得抠指甲了,看来这会儿生意不怎么样呀",说着,一行人继续往里走,几个弯腰凑在一起玩手机的服务员看到有人到来,急忙跑过来大声问:"先生几位?"李先生回答说:"五位。"服务员随手指了一下墙角的桌位,说:"你们坐那里吧!"李先生和朋友坐下来就去挑菜了。来到烤肉区,他们发现一个服务员靠在食品柜台上,拨弄着自己的头发,看到李先生,就把目光移向别处,李先生取食品时,她却不时拿眼睛打量着李先生,还捂嘴向身边的同事窃窃私语着什么。看到这种情况,李先生非常不自在,心里揣测:"难道我今天的服饰有啥问题,还是服务人员嫌我拿得太多了?"

情景解析:案例中的服务人员有很多不正确、不恰当的仪态举止,这严重影响了服务人员的个人形象和酒店企业的整体形象,对客人来说,是极为轻慢的表现。酒店工作人员,必须注重细节,养成良好的行为习惯,克服不良的行为举止,更好地为客人服务。

每个人总是以一定的仪态出现在别人面前的,一个人的仪态包括他的所有行为举止:一举一动、一颦一笑、站立的姿势、走路的步态、说话的声调、对人的态度、面部的表情,等等。一个人的仪态既取决于内在气质的支撑,同时又取决于其是否接受过规范和严格的体态训练。在人际交往及工作场合中,仪态用无声的语言向他人展示自己在道德品质、礼貌修养、文化品位等方面的素质。酒店从业者无论在工作岗位上,还是在社交场合中,都应注重仪态细节,这既是待人接物的规范要求,也是个人内涵和酒店整体服务水平的反映。

一、酒店从业者体态礼仪规范

体态礼仪是酒店从业者在工作环境中为了表达尊重而在身体姿态方面所遵循的约定俗成的规范。"站如松,坐如钟,行如风",是中国传统礼仪的要求,在当今社会中已被赋予了更为丰富的含义。下面,我们分别从站姿、坐姿、走姿、蹲姿四个方面来介绍酒店从业者的体态礼仪规范。

(一)站姿

站是酒店从业者在工作中最基本的造型动作,站姿应保持挺拔、典雅、大方,给人以自信、可靠、稳重的印象。

1. 基本站姿

(1)头部:抬头,头顶上悬,双目平视前方,嘴微闭,表情自然,面带微笑,下颚微收,精神饱满,动作平和自然。

(2)颈部:颈直,感觉向上拉长自己的脖子。

(3)肩部:双肩放松,微向后、向下压,人体有向上的感觉。

(4)手臂:双肩平正,双臂自然下垂于身体两侧,虎口向前;手指弯曲成自然状,贴于裤缝。

(5)腹部:向内收,腹部有向后腰贴近的感觉。

(6)腰部:立腰,后腰有向上提的感觉。

(7)臀部:臀部收紧。

(8)腿部:两腿绷直,保证身体正直,脚后跟靠紧。

(9)身体重心要支撑于脚掌、脚弓之上。

(10)从侧面看,头部、肩部、上体与下肢应在一条直线上。

2. 服务站姿

(1)女士的服务站姿。

① 垂臂式站姿。女士双臂自然下垂，双脚站成"V"字步，抬头挺胸，面带微笑，目视前方。

② 腹前握指式站姿。在基本站姿的基础上，双手叠放在腹前，右手握左手。双脚可以一前一后站成"丁字步"，一只脚的后跟靠在另一只脚的内侧二分之一处，脚尖向外展开，呈45度，形成"丁"字形。

（2）男士的服务站姿。

① 垂臂式站姿。在基本站姿的基础上，双臂自然下垂，手指微弯，双脚"V"字形站立，昂首挺胸，体现刚健、潇洒、英武之姿。

② 腹前（后背）握指式站姿。在基本站姿的基础上，双手相握，叠放于腹前，或者相握于身后，两臂肘关节自然内收。双脚叉开，与肩同宽，平行站立。

③ 单臂后背式站姿。这种站姿可分为左臂后背式站姿和右臂后背式站姿，在基本站姿的基础上，一脚前移，将脚跟靠于另一只脚内侧中间位置，两脚尖展开，呈"丁"字步。一手后背，另一手自然下垂，身体重心在两脚上。

3. 站姿禁忌

（1）低头、仰头，头向左或向右侧歪斜，东张西望、左顾右盼。

（2）高低肩，耸肩，脖子向前探出，歪着脖子。

（3）塌腰翘臀，腰部弯曲，或小腹向前挺出，腆肚。

（4）双脚呈外八字、内八字，不自主地抖动，蹬踏。

（5）东倒西歪，无精打采，懒散地依靠在墙上、椅子上。

（6）站立时下意识地做小动作，双手乱放。

（7）男士双脚开立时，两脚之间的距离过大。

4. 站姿训练

靠墙站立，脚后跟、小腿、臀、双肩、后脑勺都与墙紧密接触，每次训练20分钟左右。

（二）坐姿

正确得体的坐姿应当端庄而优美，给人以文雅、稳重、自然大方的美感。酒店从业者在坐姿方面应遵守一定的礼仪规范。

1. 坐姿基本要求

从养生的角度来说，正确的坐姿有利于健康，从交际角度来说，正确的坐姿有利于建立良好的个人印象，从礼仪角度来说，正确的坐姿体现着对别人的尊重。坐下要轻，上身应挺直，稍向前倾，头平正，两肩放松，下巴内收，胸部挺起，背部与臀部呈一直角，不要将椅面坐满，也不能倚靠椅背；双膝应并拢，双手应自然地放在双膝或椅子上。

2. 坐姿具体要求

（1）女士坐姿。

① 标准式。轻缓地走到座位前，两腿并拢入座，娴雅、柔美。若着裙装，则应先大方地用手将裙子稍稍拢一下，不要坐下后再拉拽裙子。坐下后，上身挺直，两肩平正，嘴微闭，面带微笑。大腿和小腿形成直角，小腿垂直于地面，两脚保持小丁字步。两手交叉叠放在两腿中部，靠近小腹。

② 前伸式。在标准式坐姿的基础上，两小腿向前伸出一脚的距离，脚尖不要跷起。

③ 叠放式。将双腿一上一下交叠在一起，交叠后，两腿间没有任何缝隙，犹如一条直

线。双脚斜放在左右一侧。斜放后,腿跟与地面呈 45 度夹角,叠放在上的脚的脚尖应垂向地面。

④ 斜放式。双腿先并拢,然后双脚向左或向右侧斜放,力求使斜放后的腿部与地面呈 45 度夹角。

⑤ 后屈式。并紧大腿后,向前伸出一条腿,并将另一条腿屈后,两脚脚掌着地,双脚保持在一条直线上。

（2）男士坐姿。

男士的正规坐姿,要求男士的上身和大腿、大腿和小腿都呈直角,小腿垂直于地面。双膝可以分开,分开的幅度不要超过肩宽。

3. 坐姿训练

按照坐姿基本要领,着重脚、腿、腹、胸、头、手部位的训练,配以舒缓、优美的音乐,减轻疲劳,每天训练 20 分钟左右。

（三）走姿

走姿是人们行走时的姿态,对酒店从业者至关重要。男性步履要雄健有力,展现出阳刚之美;女性步履要轻捷优雅、步伐适中,透露出温情阴柔之美。

1. 走姿的基本要求

（1）头正,双目平视,收颌,表情自然平和。

（2）肩平,两肩平稳,防止摇摆,双臂自然摆动,前后摆幅在 30～40 度;两手自然弯曲,在摆动中离开双腿不超过一拳的距离。

（3）躯挺,上身挺直,收腹立腰,重心稍前倾。

（4）步位直,两脚尖略开,脚跟先着地,两脚内侧落地,走出的轨迹要在一条直钱上。

（5）步幅适度,两脚落地的距离大约为一个脚长,即前脚的脚跟与后脚的脚尖相距一个脚的长度为宜。不过,不同的性别、不同的身高、不同的着装,理想的步幅都有些差异。

（6）步速平稳,行进的速度应保持均匀,不要忽快忽慢。在正常情况下,步速自然舒缓,显得成熟、自信。

（7）警惕不良姿态,行走时要防止八字步,不可低头驼背;不要摇晃肩膀、甩手,不要扭腰摆臀、左顾右盼,脚不要擦地面。

2. 酒店从业者常用走姿

（1）后退步。酒店从业者与客人告别时,应当先后退两三步,再转身离去,退步时,脚轻擦地面,步幅要小,先转身后转头。

（2）引导步。引导步是酒店从业者走在前边给宾客带路时的步态。引导时,服务员要尽可能地走在宾客左侧前方,整个身体半转向宾客方向,保持两步的距离,上下楼梯、拐弯、进门时,要伸出左手示意,提示请客人上楼、进门。

3. 走姿训练

在地面上画一条直线,行走时,双脚内侧踩在绳或线上。若稍稍碰到这条线,即证明走路时两脚几乎在一条直线上;训练时可配上行进音乐,音乐节奏为每分钟 60 拍;还可以试着将一本书放在头顶上,放稳后松手,从基本站姿开始练习。这是一种很有效的行走姿势训练方法。

（四）蹲姿

酒店从业者在拿取低处的物品或拾起落在地上的东西时，为了保持正确而优雅的仪态，需要掌握一定的规范。

1. 基本蹲姿要求

（1）下蹲时，应自然、得体、大方，不遮遮掩掩。

（2）下蹲时，两腿合力支撑身体，避免在客人面前滑倒。

（3）下蹲时，应使头、胸、膝关节保持合宜的角度，保证蹲姿优美。

（4）女士无论采用哪种蹲姿，都要将腿靠紧，保持臀部向下。

2. 蹲姿基本形式

（1）交叉式蹲姿。下蹲时，右脚在前，左脚在后，右小腿垂直于地面，全脚着地。左膝由后面伸向右侧，左脚跟抬起，脚掌着地。两腿靠紧，合力支撑身体。臀部向下，上身稍前倾。

（2）高低式蹲姿。下蹲时，右脚在前，左脚稍后，两腿靠紧向下蹲。右脚全脚着地，小腿基本垂直于地面，左脚脚跟提起，脚掌着地。左膝低于右膝，左膝内侧靠于右小腿内侧，形成右膝高左膝低的姿态，臀部向下，基本上以左腿支撑身体。

3. 蹲姿注意事项

（1）不要突然下蹲。蹲下来的时候，不要速度过快。当自己在行进中需要下蹲时，要特别注意这一点。

（2）不要离人太近。在下蹲时，应和身边的人保持一定距离。和他人同时下蹲时，更不能忽略双方的距离，以防彼此"迎头相撞"或发生其他误会。

（3）方位不要失当。在他人身边下蹲时，最好与他人侧身相向。面对他人，或者背对他人下蹲，通常都是不礼貌的。

总之，下蹲时一定不要有弯腰、臀部向后撅起的动作；避免两腿叉开、两腿展开平衡下蹲等不雅的动作，以免影响姿态美；如果领口过低，应用双手护住领口，上身保持直立，慢慢蹲下。

二、酒店从业者手势礼仪规范

手势是传情达意的有力手段，正确、适当地运用手势，可以增强感情。酒店从业者可以运用明确、协调的手势语来加强同客人的沟通与交流。

（一）手势基本礼仪要求

酒店从业者的手势应当是：手掌自然伸直，掌心向内向上，手指并拢，拇指自然稍稍分开，手腕伸直，使手与小臂成一直线，肘关节自然弯曲，大小臂的弯曲度以 90～120 度为宜。在做手势时，要讲究柔美、流畅，做到欲上先下、欲左先右，避免僵硬死板。同时，要配合眼神、表情和其他姿态，使手势更显协调大方。

（二）酒店从业者常用手势

（1）横摆式。迎接宾客常用横摆式。其动作要领是：右手从腹前抬起，向右横摆到身体的右前方。腕关节要低于肘关节。站成右丁字步，或双腿并拢，左手自然下垂或背在后面。头部和上身微向伸出手的一侧倾斜，目视宾客，面带微笑，表现出对宾客的尊重。

（2）直臂式。酒店从业者需要给宾客指方向时或做"请往前走"手势时，采用直臂式，其动作要领是：将右手由前抬到与肩同高的位置，前臂伸直，用手指向来宾要去的方向。男士较常使用这个动作。我们应注意:指引方向时,不可只用一根手指,显得不礼貌。

(3) 斜臂式(斜摆式)。酒店从业者请宾客入座,做"请坐"手势时,手势应摆向座位所在的地方。手要先从身体的一侧抬起,高于腰部后,再向下摆去,使大小臂呈一斜线。其动作要领是:一只手由前抬起,从上或向下摆动到与身体呈45度处,手臂向下形成一斜线。

(4) 曲臂式。当酒店从业者一只手拿东西,同时又要向客人做出"请"或指示方向时采用该手势。以右手为例,从身体的右侧前方,由下向上抬起,至上臂与身体呈45度时,以肘关节为轴,手臂由体侧向体前的左侧摆动,在距离身体20厘米处停住;掌心向上,手指尖指向左方,头部随客人由右方转向左方,面带微笑。

(5) 双臂横摆式。举行重大庆典活动时,酒店从业者接待较多宾客,做"诸位请"或示意方向时采用该手势。表示"请"时,动作幅度可以大一些。其动作要领是:将双手由前抬起到腹部,再向两侧摆到身体的侧前方,这时面向来宾,指向前进方向一侧的臂应抬高一些,伸直一些,另一手稍低一些,弯曲一些。

(三) 运用手势注意事项

(1) 禁用错误手势。大量心理实验结果表明,体态语言比有声语言更为真实,是人内心世界的反映和真实想法的流露,会格外引起交往对象的注意。在掌握了正确的手势语后,酒店员工更应注意纠正在日常生活中不自觉流露的一些错误手势,如端起双臂、双手抱头、摆弄手指、手插口袋、十指交叉、双手叉腰、随意摆手、指指点点、搔首弄姿等。尤其是在餐饮服务中,用手习惯性地抚摸头、鼻子、嘴、眼镜等动作往往会给客人留下不卫生的感觉。此外,在递送或接取客人物品时,双手递接最佳,不方便双手并用时,也要采用右手,以左手递物通常被视为失礼之举。

(2) 不可乱用手势。同一种手势,在不同的国家、地区,往往会有不同的含义,如竖起大拇指,在多数国家表示"好""称赞",而在欧洲则表示"请求搭车",在日本指"老爷子",在澳大利亚却是一种粗野的动作。还有招呼别人、敲额头、搔头发以及"V""OK"等诸多手势在一些国家都存在着与众不同的意义,在接待外宾时,我们应当格外留神,最好事先了解客人所在国家的风俗习惯与禁忌,注意自己的手势,不可乱用,以免产生误会,甚至酿成大错。

(3) 手势适度。手势语在服务中虽然有不可取代的作用,但它毕竟处于辅助位置。换言之,手势语要靠礼貌、得体的服务用语,热忱、微笑的面部表情和身体其他部位姿势的相互配合,才能使宾客感觉到感情投入、表里如一。在酒店服务中,手势语的使用一定要规范和适度。手势过多、过大,手舞足蹈,不仅与服务者的角色不相适应,还有轻浮之嫌,也为社交所不取。只有恰当地运用手势语,我们才能给人以优雅、含蓄、彬彬有礼之感。

【典型应用】

西餐厅的手势暗语

在经营餐厅的过程中,除了优雅的环境和精致的菜品外,彬彬有礼的服务人员周到而细致的服务也很重要。服务生,除了轻声细语地询问客人的要求外,更会用一些手势和暗号与自己的同事交流,保持就餐环境的安静,那么,这些服务员的手势或暗号,究竟代表着什么意思呢?

（1）轻触客人桌上的蜡烛边缘，代表客人不希望被打扰，提醒同事不要重复询问客人是否要酒。

（2）一根手指指向自己另一只手的无名指，代表当天是客人的重要纪念日。

（3）一根手指指向自己正对肚脐的纽扣，代表当天是客人的生日。

（4）双手手指指尖相对，形成尖顶，表示该顾客是老客户或认识厨师长。

（5）双手手指互相交叉，表示该顾客是普通客人。

（6）拨弄自己的领结或者拉扯自己的耳朵，表示客人要结账。

（7）手掌平伸，表示客人要白水。

（8）手指颤动，表示客人要苏打水。

（9）握拳，或在握拳的同时伸出一根手指头，表示客人要蒸馏水。

（10）如果一个经理拂拭自己的肩膀，或者紧握双手，放在腰部位置，那就是在提醒服务员清理桌椅，让座位恢复到待客的状态。

西餐厅服务员的手势和暗号还很多，各家西餐厅的手势也不一定完全相同。手势语不仅能准确表达意思，还能体现酒店员工的专业素养，应当灵活运用在酒店服务中。

三、酒店从业者面部表情规范

面部是人体最能传情达意的部位，表情是通过人的眼睛、嘴巴、鼻子、面部肌肉以及它们的综合运用来表现的，是人的思想感情和内在情绪的外露。人的脸能够做出大约 25 万种不同的表情，"察言观色""看脸色行事"强调了面部表情极富表现力的重要作用。在众多形式的表情中，注视和微笑是最主要的，在酒店服务中，我们应掌握并加以正确运用。

（一）注视

眼睛是心灵的窗户，能够最直接、最丰富地表现人的精神状态和内心思想感情。为了维持一个良好的交际形象，目光应当是坦诚、亲切、友善、炯炯有神的。作为酒店从业者，我们对眼神的运用要符合一定的礼仪规范，具体来说，要注意部位、时间、角度。

1. 注视部位及时间

酒店从业者与客人交谈时，应注视着对方，使目光局限于上至对方额头、下至对方衬衣的第二粒纽扣、左右以两肩为准的方框中。

（1）表示友好。不时地注视对方，注视对方的时间约占全部相处时间的 1/3。

（2）表示重视。常常把目光投向对方，注视对方的时间约占全部相处时间的 2/3。

（3）表示轻视。目光游离，注视对方的时间不到全部相处时间的 1/3。

（4）表示敌意。目光始终盯在对方身上，注视对方的时间占全部相处时间的 2/3 以上。

（5）表示感兴趣。目光始终盯在对方身上，偶尔离开一下，注视对方的时间占全部相处时间的 2/3 以上。

酒店从业者应依据与客人交际的情境，把握好注视时间和范围，为客人营造舒心自在的交往氛围。

2. 注视角度

酒店从业者的目光既要方便服务工作，又不会引起客人的误解，因此，正确的注视角度非常重要。

一是正视对方，即在注视客人的时候，与之正面相向，同时将身体前部朝向对方。正视对方是交往中的一种基本礼貌，表示重视。

二是平视对方，即在注视客人的时候，目光应处于与对方相似的高度。在服务工作中，平视服务对象可以表现出不卑不亢的精神面貌。

三是仰视对方，在注视客人的时候，若本人所处的位置比对方低，就需要抬头向上仰视对方。仰视对方往往可以给对方留下被信任、受重视的感觉。

四是兼顾对方。在工作过程中，为互不相识的多位客人同时服务时，需要按照先来后到的顺序对每个客人加以注视，同时对等候在身旁的客人，还要以略带歉意，用安慰的眼神来环视。灵活地运用这种兼顾多方的眼神，可以向每一位客人给予足够的重视，表现出善解人意的优秀服务水准。

（二）微笑

"微笑待人"是永恒的情感语言，是全世界通用的一种欢迎性"语言"，是最美好的"语言"，也是世界许多著名酒店管理集团（如喜来登、希尔顿、假日）共同的经验。酒店从业者的微笑服务，应是健康的性格、乐观的情绪、良好的修养、坚定的信念等几种心理素质的自然流露，这样才能给予宾客最好的礼遇和尊敬。微笑服务看似简单，但对酒店从业者也有一定的要求。

第一，要笑得自然。微笑是美好心灵的外现，在酒店工作环境中，发自内心才能笑得自然，笑得亲切，笑得美好、得体；切记不能为笑而笑，没笑装笑。

第二，要笑得真诚。人对笑容的辨别力非常强，笑容是否真诚，人的直觉都能敏锐地判断出来。真诚的微笑让客人内心产生温暖，引起客人的共鸣，使之陶醉在欢乐之中，增强双方的感情。

第三，要始终如一。微笑服务应当贯穿综合服务工作的全过程，只有这样，才能最终发挥理想的作用。

第四，要做到"五个一样"：领导在与不在一个样，内宾与外宾一个样，生客与熟客一个样，心境好与坏一个样，领导与员工一个样。

第五，要持之以恒。酒店从业者要善于保持心理平衡，维系一种有助于微笑的良好心态，并通过微笑把尊重传递给对方。微笑服务作为酒店规范化服务的一部分，不容易自发形成，我们需要结合多方努力，才能使之蔚然成风、持之以恒。

最后，要善于运用微笑。微笑是眉、眼、鼻、口、齿以及面部肌肉等多部位协调的表情，要保证"三笑三结合"。眼笑：眼型、眼神——笑眼传神，微笑才能扣人心弦。嘴笑：嘴角、语言——微笑与美好语言有机结合，声情并茂相得益彰。心笑：内心充满温柔、善良、厚爱的情感——感染力。酒店从业者的微笑，总体上应该直率而不鲁莽，活泼而不轻佻，持重而不呆板，热情而不过分，轻松而不懒散，紧张而不失措。

【典型应用】

微笑服务管理

一、加强培训机制

（一）加强新员工的入职培训

要对每一位新员工进行为期3～4天的入职培训，让每一位新加入的员工了解酒店的企业文化和经营理念,让每一位员工在加入酒店之初,就树立企业自豪感和责任感,以"我是酒店主人"的积极心态投入工作。

（二）微笑训练课程

（1）对着镜子训练,对着镜子微笑,首先找出自己最满意的笑容,然后不断地坚持训练此笑容,以此笑容为客人服务。

（2）情绪记忆法,将生活中自己最美好的情绪储存在记忆中,当工作要微笑时,即调动起最好的情绪,这时脸上就会露出笑容。

（3）借助一些字词进行口型训练,微笑的口型为闭型或微启型,两唇角微向上翘,除对着镜子找出最佳口型外,我们还可以借助一些字词进行口型训练,如普通话的"茄子""切切""姐姐""钱"等,默念这些字词所形成的口型正好是微笑的最佳口型。

二、为员工开展有益于心情的文体活动

为了把微笑纳入服务行为规范,酒店可以举办"微笑培训班",开展"微笑服务月"活动,评选"微笑明星"或"微笑大使"等,全体持之以恒,营造微笑服务的氛围。同时,通过举办轻松愉悦的文体活动,让员工参与其中,放松心情,享受快乐,进而把这份开心带入到工作中去,提升微笑的魅力。

三、管理者的微笑很重要

微笑管理不是用微笑代替管理,而是强调:在管理的过程中,管理人员要发自内心地给予员工尊重、信任和关怀,用微笑面对每一位下属员工,让微笑为下属员工增添信心和力量,让下属员工更有决心做好工作;用微笑塑造和谐融洽的氛围,让下属员工消除压抑,消除紧张,更乐意做好工作;用微笑来不断传递对下属员工的尊重、信任、关怀,让下属员工从微笑中获得满足,从而更积极地开展工作。

四、微笑服务应注重细节

老子说:"天下难事必作于易,天下大事必作于细。"在酒店服务中,没有什么"小事""大事"之分,我们为客人提供的服务都体现在微小的细节中,包括服务人员的一言一行、一举一动,哪怕是一个眼神、一个表情。宾客往往会将具体的感受升华为对企业良好形象的认可。

四、酒店从业者的服务与交往距离

酒店从业者的服务工作总是在一定的空间中进行的,要实现与客人的礼貌交往,我们应塑造一个恰当的交往空间,最核心的内容为交往距离。与客人保持适度的服务与交往距离是十分必要的。心理学实验表明,距离过大,容易使人产生疏远之感;距离过小,则又会使人感到压抑或是冒犯。酒店从业者应当根据不同的工作内容、工作场合和服务对象来把握交往距离。交往距离可分为以下几种:

（一）服务距离

服务距离是酒店从业者与客人所保持的一种最常规的距离。它主要适用于酒店从业者应客人的请求,为其直接提供服务之情形。在一般情况下,服务距离以 0.5 米至 1.5 米为宜。

（二）展示距离

展示是指在客人面前进行操作示范,以便使客人对服务项目形成更直观、更充分、更细致的了解。展示距离以 1 米至 3 米为宜。

（三）引导距离

引导距离是酒店从业者在为客人带路时的距离。根据惯例，在引导时，酒店从业者行进在客人左前方 1.5 米左右为宜。

（四）待命距离

待命距离特指酒店从业者在客人尚未传唤自己为之提供服务时，与对方自觉保持的距离。在正常情况下，该距离应大于 3 米，让服务对象可以看到自己即可。

（五）信任距离

信任距离是指酒店从业者为了表示自己对客人的信任，同时也为了使客人在浏览、斟酌、选择或体验时能够更为专心致志而采取的一种距离，服务人员离开对方，渐渐从对方的视线中消失。采取此距离时必须注意：不要躲在附近；不要一去不返，让客人在需要帮助时找不到人。

（六）禁忌距离

禁忌距离主要指酒店从业者在工作岗位上与客人之间应当避免出现的距离。其特点是双方身体相距过近，甚至有可能直接发生接触，即小于 0.5 米。这种距离，一般只出现于关系极为亲密的人之间。

酒店从业者的日常服务一般适用于"社交距离"，这样才能满足接待人员和宾客的心理需要。对于柜台服务而言，服务人员可以与客人保持柜台间的距离，不能太远。对于无柜台服务而言，近段距离可以保持在 1.2 米左右，远段距离可以在 3.6 米左右，太近或太远都是不礼貌的。在宾客用餐时，餐厅值台等应站在客人 1.5 米以外，太近了影响客人的进餐体验和谈话的雅兴。客房服务人员在进入客人的房间铺床、清扫、送茶时，应注意不要离客人太近，以免让人觉得轻浮，甚至产生误解。

【知识拓展】

酒店员工举止常见误区

一、无所顾忌地使用手机

事务繁忙，不得不将手机带到工作场合时，我们至少要做到以下几点：将手机调为静音，不干扰别人；铃响时，找安静、人少的地方接听，控制自己说话的音量，缩短谈话时间；如果你的手机响起且有客人在你旁边，你必须道歉，说："对不起，请原谅！"

二、随意扎堆吵闹

在工作中或工作间隙，两个或几个工作人员凑在一起吵吵闹闹或高声说笑，甚至旁若无人地手舞足蹈、前仰后合，更有甚者，满口粗话，是绝不允许的。前台人员更应注意形象。

三、当众挠头皮

在工作场合，因长期不洗头，头皮发痒难忍而挠头皮，是非常不文明、不卫生的行为，特别是在为宾客点菜或上菜时，头皮屑可能会四散飞扬，必定令客人大感不快。

四、回复宾客时表现得不耐烦

有宾客向服务员咨询问题或寻求帮助时，服务员精神不集中或者露出鄙夷的表情，爱搭不理，不耐烦，这些都是对客人极大的不尊重，非常失礼。

五、当众挖鼻孔或掏耳朵

挖鼻孔或掏耳朵是很不雅的举动,特别是在工作场合,会招致他人的厌恶。尤其是在客人进餐时,这些极其不雅的小动作往往会让看到的人感到恶心。

六、在工作场合抖腿

有些人坐着时会无意地让双腿颤动不停,或是让跷起的腿像钟摆似的来回晃动,这种举动既不文明也不雅观,酒店服务人员必须避免。

七、当众打哈欠

在工作场合,打哈欠给对方的感觉是:你对他不感兴趣,表现出很不耐烦。因此,如果你实在控制不住要打哈欠,一定要马上用手盖住你的嘴,跟着说:"对不起!"防止打哈欠的办法,是深呼吸几口,防止大脑缺氧。

八、当着客人面频频看表

如果没有要事在身,你最好在客人面前不看或少看自己的手表,否则会使客人误认为你急于脱身。最好的解决方法是事先就告诉别人将要离开的时间。这样做不仅可以取得别人的谅解,还会给对方留下遵守时间的印象。

九、在工作场合失声大笑或着急慌忙

这样不仅会让自己陷入尴尬,同时也会让身边的客人无所适从或者引起不必要的恐慌。酒店员工无论听到了什么"惊天动地"的事情,都应保持最基本的礼貌与优雅。

【思考与练习】

1. 以 5 人为 1 小组,开展仪态礼仪规范练习并相互指正。
2. 两人面对面进行微笑训练,互相指正。
3. 思考:如何把握酒店服务工作中的服务距离与交往距离?

任务四 酒店交际礼仪实务

【学习目标】

1. 掌握见面称呼礼仪。
2. 掌握应答与问候礼仪。
3. 掌握介绍、握手和递接名片礼仪。
4. 掌握迎送礼仪。
5. 掌握馈赠与拜访礼仪。
6. 掌握用语礼仪。

【情景导入】

有一位先生为外国朋友订做生日蛋糕。他来到一家酒店的餐厅,对服务员说:"小姐,您好,我要为一位外国朋友订一份生日蛋糕,同时打印一份贺卡,可以吗?"小姐接过订单一看,忙说:"对不起,请问先生,您的朋友结婚了没?"这位先生也不清楚这位外国朋友结婚没有,从来没有打听过,他为难地抓了抓后脑勺,说:"一大把岁数了,太太。"生日蛋糕做好后,服务员小姐按房号到酒店客房送生日蛋糕。敲门后,一女子开门,服务员有礼貌地说:"请问,您是怀特太太吗?"女子愣了愣,不高兴地说:"错了!"服务员小姐丈二和尚摸不着头脑,抬头看看门牌号,再回头打个电话问那位先生,没错,房间号码没错。再敲一遍,开门,"没错,怀特太太,这是您的蛋糕"。那女子大声说:"告诉你错了,这里只有怀特小姐,没有怀特太太!"啪一声,门被关上了。

情景解析:服务员在没有搞清客人是否结婚的前提下,不能凭推测去称呼客人"太太"。在西方,"女士"是对成年女性的通称,一般冠以她自己而非丈夫的姓名;"夫人""太太"用于称呼已婚女性,冠以丈夫的姓名或丈夫的姓以及她自己的名;已离婚的妇女可冠以她自己的姓名或前夫的姓以及她自己的名,而不能仅用前夫的姓;成年而未婚的女子称"小姐",冠以自己的姓名;对于不了解其婚姻状况的女子,可泛称"小姐"或"女士",已婚的女性被别人称作"小姐"时,会愉快地接受这一"误称"。这些称呼之前也可冠以职称、头衔。

酒店从业者为了维护自己成功的交际形象,就应正确地、合乎规范地掌握和运用好日常交际中常用的礼仪,如称呼、问候、介绍、握手、递接名片、拜访与接待、馈赠用语礼仪,这有助于顺利开展与客人的交往,实现客人与酒店的进一步合作。

一、称呼礼仪规范

所谓称呼,通常是指在日常交往应酬中人们对彼此所使用的称谓语。酒店的称呼礼仪是酒店从业者在酒店服务过程中向客人表示尊重的一种礼仪。在为客人提供服务时,正确地使用称呼,既能体现出酒店从业者的个人教养,又能体现出对客人的尊重程度,进而拉近与客人的心理距离。接待客人时,正确而得体的称呼会令客人感到宾至如归,从而心生温暖。因此,在酒店服务中,我们一定要重视称呼礼仪。

(一)称呼礼仪的类别

1. 性别称呼

酒店服务中常用的称呼方式,一般是在客人姓氏后面加上先生、女士等尊称,比如王先生、王女士、王太太等。此外,我们还可以直接称呼客人的性别,按性别的不同分别称呼"小姐""女士""先生"等。其中,"小姐""女士"两者的区别在于:未婚者称"小姐",不明确婚否者则可称"女士"。

2. 职务称呼

以客人所担任的行政职务相称,强调身份有别并表达敬意,常见形式为客人的姓氏加上职务,如"刘董事""汪经理"等,一般用于接待熟客,因对客人有所了解,以客人姓氏加上客人职务的方式来称呼显得比较亲切。

3. 职称称呼

对于拥有中、高级技术职称者,我们可在工作中直接用客人姓氏加上客人的职称相称。在有必要强调对方的技术水准或知识含量的场合,这么做尤其重要,如"高教授""侯工"等。这种称呼在酒店服务中不常使用,只有在对客人比较了解的基础上才会使用。

4. 职业称呼

在酒店服务中,职业称呼同样不常用,但与客人相互熟悉后,我们可直接用客人姓氏加上客人职业来进行称呼,如"张老师""王大夫"等。

5. 对客人亲属的称呼

(1) 对客人亲属的称呼方式包括:对客人的妻子称"您夫人""尊夫人",不直呼其名;对客人的父母应该尊称令尊(父亲)、令堂(母亲)、您母亲、您父亲;对客人的子女应尊称令郎、令爱,或您儿子、您女儿。

(2) 请教客人的姓名,要用"贵姓"或"尊姓大名";对客人的作品可称"大作";对客人的观点可称"高见";询问年老客人的年龄要称"高寿""贵庚";对客人的公司称"贵公司"。

6. 国际通用称呼礼仪

酒店客人来自世界各地,礼仪习俗千差万别,因此,酒店服务人员要掌握国际通用称呼礼仪。在国际上,男士的通用尊称一般是先生(Mister,简写为 Mr 或 Mr.),但在英语中,Mister 不能单独使用,而要与对方的姓氏或职务连用,如部长先生(Mr. Minister)、约翰先生(Mr. Jhon)、法官先生(Mr. Justice)。如果不知对方姓名、职务,需单独使用"先生"一词,只能用 Sir。女士的称呼相对来说更复杂,在中国和日本,有地位、有名望的年长女士也可称"先生",而在其他国家则不可。称呼已婚妇女一般用夫人,在英语中简写为 Mrs.,并且常与丈夫的姓氏连用,比如怀特夫人(Mrs.White);英语常用 Madam 称呼尊贵的女士,在接待女客人时使用,显得尊重对方,而在汉语中"女士"可作为对所有女性的统称,特别是婚姻状况不明时。英语中,称呼一般的女子也可用 Ms(Miss,小姐),不明婚姻状况时,不要随便使用 Mrs.,而应当用 Ms,且与其姓氏连用,如 Ms Lee;未婚的女子在英语中称 Miss(小姐),与其家族的姓氏连用。在中国现代礼仪中"小姐"一词几乎已经不再使用。

(二) 称呼的不当用法

1. 错误的称呼

酒店员工粗心大意、用心不专,往往会产生错误。常见的情况有两种:

一是误读。其原因在于不认识客人的姓名,或者念错了对方的姓名。中国人名中的一些姓氏,例如翟、江等,就很容易被人误读。

二是误会。是指对客人的职务、职称、学衔、辈分、婚否作出了错误的判断,例如,把一名未婚女子称作夫人,显然就属于重大的失误。

2. 不适当的称呼

有一些称呼如果在工作场合使用,会变为不适当的称呼。此类称呼主要有以下几种:

一是替代性的称呼。在工作场合,以"下一个""第3个"等替代性称呼去称呼客人,是不合宜的。

二是跨行业的称呼。学生喜欢互称同学,军人往往互称战友,工人可以互称师傅,专业造诣高者可称为大师。但此种行业性极强的称呼在酒店这种特定环境中则显得不伦不类。

3. 不通行的称呼

有一些称呼,仅仅适用于某一地区,或者仅仅适用于国内。超出范围使用,就有可能产生歧义。此类非通行称呼主要有两种:

一是仅适用于某一地区的称呼。北京人习惯称别人为师傅,山东人则习惯于称别人为伙计,这类地区称呼在其他地区使用时,客人并不都能正确理解。

二是仅仅适用于国内的称呼。一些中国人常用的称呼,例如同志、爱人等,绝对不宜用于称呼一般的外国人。

4. 庸俗的称呼

在酒店对客服务过程中,一些庸俗的、档次不高的称呼,绝对不宜使用。兄弟、死党、哥们儿、姐们儿,往往显得庸俗低级,令客人厌恶,影响酒店形象。

5. 绰号性的称呼

在一般情况下,一名有教养的酒店员工绝对不可擅自以绰号性称呼去称呼别人。无论是自己为别人起的绰号,还是道听途说来的绰号,都不宜使用。

二、应答与问候礼仪规范

在酒店服务过程中,服务人员与客人的交往离不开应答与问候礼仪的运用。应答礼仪是接待客人时,使用礼貌规范的用语回应客人的召唤,或答复客人问话的一种礼节形式。例如,"好的,我会通知厨房,按您的要求去做""是的,我是餐厅服务员,非常乐意为您服务""谢谢您的好意,我们是不收小费的""我明白了",等等。问候礼仪是工作人员在与客人相遇或为客人提供服务时,出于礼貌而主动向客人表达问候、尊重和关心的一种礼仪形式。恰当地运用应答语和问候语能使宾客在酒店中感到很温馨、亲切,为双方的进一步接触打下良好的感情基础。

(一) 应答礼仪

在酒店服务中,酒店从业者与客人交谈的情形十分复杂,能否正确地运用应答礼节,主要取决于酒店从业者所掌握的礼仪知识、语言技巧和随机应变能力。在使用应答语时,我们需注意以下几个细节:

(1) 应答客人询问要站立,站立姿势要好,背不能倚靠他物;思想集中,全神贯注地倾听;不能侧身或东张西望,更不能心不在焉,说话有气无力;提倡边听边记录。

(2) 应答客人提问或征询有关事项时,语言应简洁、准确,语气应婉转、声音适中,不能随心所欲地谈天说地,或声音过大、词不达意。

(3) 客人讲话含糊不清或语速过快时,我们可以委婉地请客人复述,不能听之任之,凭主观臆想,随意回答。

(4) 回答多位客人的询问时,应从容不迫,按先后次序、轻重缓急,一一作答,不能只顾一位客人而冷落了其他客人。

(5) 对于客人提出的无理要求,须沉住气,或婉言拒绝,或委婉地回答"可能不会吧""很抱歉,我确实无法满足您的这种要求",表现得有教养,体现风度而不失礼。

(6) 客人直率的批评指责,如果确实属员工操作不当或失职所致,应首先向客人道歉,对客人的关注表示感谢,立即报告或妥善处理。

(7) 如果客人提出的要求及某些问题超越了自己的权限,应及时请示上级及有关部门,禁止说否定性的言语。

(二) 问候礼仪

酒店服务中的常用问候语有"您好""早上好""早餐还可口吗""晚上休息得好吗""客房环境还适应吗",表示对客人的尊重和关心。实际上,酒店服务人员与客人见面的具体情况是十分复杂的,因此,问候礼节要根据时间、地点、场合以及客人的身份特征和风俗习惯的不

同而灵活运用,一般需注意以下几点:

(1) 问候客人时,一定要真心实意,眼神要专注、心态要平和,还要注意配合微笑的表情,用真诚的态度、和善的方式让客人感受到诚意。

(2) 在问候两个及以上的对象时,应先问候身份较高者,再问候身份较低者;客人较多时,应遵循由近及远的原则,先问候距离自己最近的人,再依次问候他人;对于熟悉的客人和不熟悉的客人要一视同仁。

(3) 若多次遇见同一位客人,应尽量不重复使用问候语。

三、介绍礼仪规范

介绍礼仪是人与人进行沟通的出发点,也是酒店服务日常接待工作中必不可少的环节,是酒店员工在交际和接待过程中相互认识和了解的基本方式之一。无论是给客人做介绍,还是自我介绍,被介绍双方的态度都应谦和、友好、不卑不亢,切忌忸怩作态或傲慢无礼。

(一) 自我介绍

酒店从业者在向客人进行自我介绍时,应遵循相应的礼仪规范。自我介绍的内容应包括姓名、具体部门、担任的职务和具体的工作范围,为了节省时间,还可以使用名片作为辅助工具。

自我介绍时,态度一定要自然、友善、亲切、随和、大方,先向对方点头致意,得到回应后再向对方介绍自己,一般以半分钟为宜,如无特殊情况,最好不要长于1分钟;保持语音清晰、语速正常、语气温和、语调自然,一般可以说"先生,您好,我是本酒店为您提供服务的孙某某,请直接叫我小孙……"表示对客人的热情和真诚。

(二) 为客人介绍

酒店从业者在客人之间进行相互介绍时,应注重以下几点:

1. 介绍者的姿势

以标准姿势站立:右臂肘关节略屈并前伸,手心向上,五指并拢,指向被介绍者;眼睛注视被介绍者的对方。

2. 为他人介绍的内容

为客人介绍时,最好先说"您好,请让我来介绍一下""请允许我为您介绍",显示出礼貌、谦恭的态度;在介绍时,可以称呼客人的全名,并对客人的职称、职务、单位等信息进行简单介绍,使双方能有进一步了解。

3. 介绍时注意事项

(1) 酒店从业者在为客人进行介绍前最好先征得被介绍客人的同意,如"方女士,请允许我把张先生介绍给您,好吗",对方同意后才能继续进行介绍。

(2) 在为客人作介绍时,奉行"谁尊贵,谁优先"的原则,但在酒店服务中,服务人员与客人之间、客人与客人之间存在着复杂的关系,因此,服务人员在介绍时要根据客人的具体情况见机行事。

(3) 服务人员为客人介绍时,不要故意抬高某一方,应客观、公平地对待双方客人,毕竟他们对于酒店来说都是很重要的。

四、握手礼仪规范

握手礼仪在人际交往中适用范围最广、使用频率最高,也是酒店从业者接待客人时常用的礼貌礼节,与客人见面或告别时,常用握手礼仪。酒店从业者要把握好握手的顺序、时间和力度、忌讳等方面的要点,给客人留下良好的感觉。

(一) 握手的姿态

行至距握手对象 1 米处,双腿立正,上身略向前倾,伸出右手,四指并拢,拇指张开与对方相握,握手时用力适度,上下稍晃动 3～4 次,随即松开手,恢复原状;与人握手时,神态要专注、热情、友好、自然,面含笑容,目视对方双眼,同时向对方问候。

(二) 握手的先后顺序

在客人主动伸出手后,酒店从业者才能伸手与客人相握,即便是多次见面的回头客,也不能不分场合主动与其握手,否则会使客人产生误会。

(三) 握手的力度

握手时,为了表示热情友好,应当稍许用力,力度以不握痛对方的手为限。在一般情况下,握手不必用力,握一下即可。男士与男士握手时,应虎口相对,握手掌;女士与女士握手时,可手指相握;男士应握女士的手指或以手掌三分之一处为限。

(四) 握手时间

握手时间的长短可根据双方的亲密程度灵活掌握。初次见面,一般应控制在 3 秒钟以内,切忌握住异性的手久久不松开。即使握同性的手,时间也不宜过长,以免尴尬。但时间也不能过短,否则会被人认为傲慢冷淡、敷衍了事。

(五) 握手的注意事项

握手时,不要看着第三者,更不能东张西望,这都是不尊重对方的表现;不要在握手时戴着手套或墨镜,另一只手也不能放在口袋里;握手时不宜长篇大论、点头哈腰、过分客套,这只会让对方不自在、不舒服;坐着与人握手是不礼貌的,只要有可能,都要起身站立。

五、递接名片礼仪规范

名片被称为"交际大使",酒店服务人员的名片除了能够为客人提供个人姓名、职务、联系方式等基本信息外,还可以呈现酒店服务宗旨、礼仪文化等内容,服务人员正确地使用名片能帮助客人很快地熟悉自己、熟悉酒店。一般情况下,只有具有一定职务的酒店从业者在与客人接触时才会递出自己的名片,名片常在自我介绍或为客人相互介绍完以后呈送,目的是方便为客人提供更加快捷的服务,同时,还有助于使客人对酒店的企业文化有进一步的了解。

(一) 准备工作

自己的名片应放于容易拿出的地方,建议用名片夹保存,不与杂物混在一起,不将别人的名片与自己的放在一起,名片夹应放在随身携带的手提包内。

(二) 递送名片

起立或欠身用双手递送名片时,面带微笑,注视对方,双臂自然伸出,四指并拢,用双手的拇指和食指分别持握名片上端的两角送给对方,名片正面朝上,文字内容正对对方;递送时可以说"我叫××,这是我的名片,以后有需要可以直接联系我""这是我的名片,下次预订酒店可以给我打电话"之类的客气话。自己的名字若有难读或读法特别的文字,在递送名片时不妨加以说明,切忌目光游移或漫不经心。酒店从业者最好不要直接向客人索要名片,可以委婉地询问客人的相关个人信息,暗示客人希望可以得到他的名片。

(三)接收名片

若客人愿意交换名片,酒店从业者应立即放下手中的事,起身或欠身,面带微笑,用双手接住名片的下方两角。接过名片后应致谢,认真地看一遍表示对对方的重视,可将对方的姓名、职衔念出声来,并抬头看看对方的脸,使对方产生一种受重视的满足感,若有不会读的字,应当场请教。

如果交换名片后需要坐下来交谈,我们则应将名片放在桌子上最显眼的位置,十几分钟后自然地放进名片夹,切忌用别的物品压住名片或在名片上做谈话笔记,离开时勿漏带。

六、迎送礼仪规范

在接待客人的过程中,迎客和送客也是非常重要的环节,关乎客人的第一感觉和最后感觉,因此,我们应加以重视,掌握一定的礼仪规范。

(一)迎客礼仪

在客人进入视线时,酒店员工就应主动开口向客人礼貌地打招呼,应具体注意把握以下三个要点:

1. 体现对客人的欢迎和尊重

迎客时用礼貌用语,如"欢迎光临""欢迎您的到来""见到您很高兴"等,接待回头客时,最好在欢迎语前加上对方的姓氏尊称,要让客人知道自己还被记着,体现出对客人的礼遇和尊重。迎客语要配合问候语使用,必要时应用注视礼、致意礼、微笑礼、鞠躬礼、握手礼等,使客人感受到宾至如归。

2. 讲究礼仪顺序

迎接客人时,还应注意礼仪顺序,坚持"先女宾后男宾、先主宾后随员"的顺序,此外,还要坚持"老弱病残优先"的原则。

3. 给予客人必要的关照

在迎客过程中,要适时给予客人必要的帮助,在门口迎接客人时,要主动为客人拉车门,客人进入酒店后,主动帮客人提行李,乘坐电梯时,要主动为客人报楼层,主动为客人开门。

(二)送客礼仪

酒店从业者与客人告别时也要讲究一定的礼仪规范,这对提高酒店服务质量往往有着举足轻重的作用。根据场合的不同,送客礼仪也应有所不同。

将客人送至电梯前时,酒店从业者应为客人按下按钮,侧身手挡电梯门,请客人乘坐,在关门后微微鞠躬致意,电梯门完全闭合后方可转身离开。

随客人一起乘电梯时,应先按电梯呼叫按钮。轿厢到达,厅门打开时,可先行进入电梯,一手按开门按钮,另一手按住电梯侧门,礼貌地请客人们进入电梯轿厢。到达目的楼层后,一手按住开门按钮,另一手做出请出的动作,可说:"到了,您先请!"客人走出电梯后,自己立刻走出电梯,热忱地引导行进的方向。

将客人送到酒店门口后,工作人员应走在客人的左前方引导客人,视情况边走边与客人寒暄,在门口应用礼貌语与客人告别,一定要目送客人离开,客人离开后,自己方可转身离开。

客人上车前,应再次寒暄或致意,待客人乘车走远后,方可离开。若随客人一同乘车离开,应注意顺序,由尊而卑依次为:后排右座、后排左座、后排中座、副驾驶座,选择恰当的位置就座。

七、馈赠与拜访礼仪规范

在酒店服务中,为了达到进一步了解客人和联络感情的目的,工作人员有时需要专门拜访客人,从而更准确地了解客人的需求,为优化酒店服务程序提供依据。拜访客人时,得体的馈赠能够向客人传递酒店的情感和善意,促进双方建立和谐的交际关系,激发客人的消费欲望。

(一) 馈赠礼仪

1. 馈赠的原则

(1) 轻重得当。通常情况下,礼品的贵贱厚薄,往往是衡量交往人的诚意和情感浓烈程度的重要标志。然而,礼品的贵贱厚薄与其物质价值含量并不总是成正比的。送得贵重不如送得有特色、有意义,礼品最好能与一定的人、事、境产生关联,产生一定的寓意,争取给客人留下深刻的印象,使客人感到愉悦、满意。

(2) 选好时机。就馈赠的时机而言,及时、适宜是最重要的。在迎送场合选择送礼是较为常见的;节假日送祝贺,有助于使客人对酒店服务产生美好的印象;如果客人的下榻时间正好是其生日,我们则可以为客人精心准备一份生日礼物,为酒店服务锦上添花;当酒店发生随机性事件,如火灾、停电、停水,给客人造成精神上、财产上或者身体上的伤害时,我们可选择为客人赠送礼品,缓解客人对酒店服务的不满情绪;另外,还可在客人身体抱恙或答谢客人时赠送礼品。

(3) 注重效用。就礼品本身的实用价值而言,顾客的经济状况不同,文化程度不同,追求不同,对于礼品的实用性的要求也就不同。因此,我们应视客人的物质生活水平,有针对性地选择礼品。

(4) 投好避忌。就礼品本身所引发的直接后果而言,由于民族、生活习惯、生活经历、宗教信仰以及性格、爱好的不同,不同的人对同一礼品的态度是不同的,或喜爱,或忌讳,或厌恶,因此,我们要投其所好、避其禁忌。

2. 馈赠的技巧

(1) 注意礼品的包装。精美的包装不仅使礼品的外观更具艺术性和高雅的情调,显现出赠礼人的文化和艺术品位,而且还可以使礼品产生和保持一种神秘感,既有利于交往,又能引起受礼人的兴趣和好奇心,令双方都愉快。

包装时的注意事项:包装的材料、容器、图案造型、商标、文字、色彩,应符合政策法规和习俗惯例,不要触犯受赠方的宗教、民族禁忌。

(2) 注意赠礼的场合。一般来说,在大庭广众之下,大方、得体的书籍、鲜花是较为理想的。与衣食住行有关的生活用品不宜在公开场合相赠,否则会产生行贿的嫌疑。当众只给一群客人中的某一个人赠礼是不合适的。

（3）注意赠礼时的态度、动作和言语表达。赠礼时，平和友善的态度和落落大方的动作，伴以礼节性的语言表达，才是令赠受礼双方所能共同接受的美好形象。

（二）拜访礼仪

（1）要有约在先。酒店从业者拜访客人前应提前预约。未经预约而贸然登门拜访，常会打乱客人的日程安排，还可能引起反感，或者"游园不值""英雄白跑路"。预约的主要目的是与客人约定好时间、地点、人数、主题，要保证如约而至，确因特殊原因不能赴约，应尽早通知对方并且说明理由，否则会显得很失礼。

（2）要登门有礼。快要到达预约地点时，先打个电话告诉一声；进门前应先整理自己的着装，以最佳的形象、最从容的姿态进行拜访，在得到对方允许后方可就座，当客人奉茶时，应立即欠身双手相接并致谢；如果主人没有主动请抽烟，客人不宜主动提出要求，主人不抽，即使请你抽，你也不应抽。

（3）要为客有方。要做到"两个限定"，首先要限定交谈的内容，拜访过程中，一定不要谈论无关的话题，要尽快切入重点，为了提高拜访效率，酒店人员应把沟通的主要精力放在地位较高、辈分较高的关键客人身上，交谈时要尽量站在客人的角度，把"我"换成"咱们"或"我们"，并随身携带笔记本，记下客人的需求和建议。其次，要限定交际的时间，事先说好双方要谈多长时间，遵守约定，拜访的时间控制在一刻钟至半小时之间为佳。谈完事情后，就应及时起身告辞；有其他人来访时也应尽快告辞。

（4）要妥当告辞。告辞时要表达感谢，适时告退。告别前，应该对主人的友好、热情等给予适当的肯定，并说一些"打扰了""添麻烦了""谢谢了"之类的客套话，如果必要，还可以说些诸如"这一个小时过得真快""请您以后多指教""希望我们以后能多多合作"之类的客气话；告辞前不应有打呵欠、伸懒腰等举止。起身告退的时候，如果还有其他客人，即使不熟悉，也要遵守"前客让后客"的原则，礼貌地向他们打招呼。

八、用语礼仪规范

在酒店工作中，礼貌得体的用语是酒店从业者赖以与客人顺利进行交际的协调因素，是自身修养及素质的体现，更代表着酒店的服务质量与形象。酒店从业者的用语有很多细节规范，需要十分细致小心。

（一）酒店服务用语的基本原则

在酒店服务过程中，不同的话语内容、不同的参与者、不同的情境适合不同的礼仪表达，但我们都应遵循以下几个核心原则：

1. 礼貌得体

此原则要求酒店从业者在接待客人时讲究文明礼貌，注意自己说话的方式和内容，从言语中体现出对客人的尊重，使客人在心理上感到舒适与满足。礼貌用语非常丰富，如"谢谢""对不起""抱歉"等，是约定俗成的言行准则和道德规范。在使用礼貌用语时，我们应当根据具体的语境和客人的国籍、民族、职业、年龄、性别、文化水平等身份特征灵活抉择。

2. 准确规范

酒店从业者在服务过程中的语言表达应当吐字清晰、清楚准确、亲切自然。酒店从业者应当做到以下几点：一是发音清晰准确，符合普通话的语音、词汇和语法表达习惯，切勿使用方言接待客人。同时，还要措辞严谨、用语得当，避免使用容易产生歧义的词语或含糊不清、模棱两可的词语，回答客人的问题时，不能随意说"不知道""不清楚"，遇到自己不清楚的事，要及时巧妙地引导宾客向主管负责人询问，如告诉宾客"关于这个问题，您可以向我们的某某询问，他会给您满意的答复"。二是语言简练，通俗易懂。酒店从业者在与客人交流时，使用的语言应当简练，不啰唆不重复，以简洁、通俗为主要特征，不咬文嚼字，不使用复杂的句式。三是语气得当，语调柔和。酒店从业者在讲话时应把握好重音和轻声，语速适中，声调要愉悦、轻松，切忌让客人感到被质问或被轻视，还要熟悉常用语气词的表意范畴，避免造成误会。

3. 主动热情

酒店从业者在与客人接触时应保持主动热情，一视同仁。具体要求是必须在客人开口提出要求之前先主动开口询问，如客人入店时热情主动地上前打招呼；发现客人有困惑，要主动上前询问并积极提供帮助；客人退房离开时，要主动与之告别，等等。这些都能够充分体现酒店从业者对待工作的态度和责任心。

4. 亲切温暖

酒店从业者在为客人提供服务时，要以客人满意为中心，对客人说的话要具有亲和力，实现与客人情感上的交融，营造出轻松、和谐的氛围。同时，语言要真诚，对于涉及客人切身利益的事情，一定要体现出尊敬、真诚、谦虚、优雅、温暖的语言风格，让客人感到踏实、可靠。

5. 特殊化服务

酒店从业者对客人的用语应充分考虑到客人的民族、国籍、性别、年龄、职业、文化水平、风俗习惯等身份特征，要根据不同的服务对象有针对性地使用不同的服务语言，如"老"字在中国一般是对年长者的称谓，或对资格较老、地位较高者的尊称，而在西方"老"意味着衰老、时日不多，因此，酒店从业者在与西方人士交谈时就要忌用"老"字；对急躁的宾客，酒店从业者应当行动迅速、语言简练、言而有信。服务语言还必须适应不同语言环境的特殊性，在不同的时间、场合和地点，我们应使用不同特点的语言。

（二）酒店服务用语的表达技巧

1. 用语要文雅温和

酒店从业者在服务过程中应多用文雅的语言，如在接待客人时多用"请"字。用语文雅首先要保证语气温和，多用商量和征询的语气，如与"请休息一下"相比，"请您先休息一下吧"显然语气要更加温和，带有商量和建议的意味，而"请休息一下"则带有命令的语气。此外，语调还要轻柔，让客人觉得舒心、愉悦，这也体现出工作人员的友好和善意，从而给客人带来温暖的感受。

2. 用语要巧妙委婉

酒店从业者的用语要讲究艺术性，在与客人交流时，要保持委婉，尽量采用商量的口气，同时，保持谦虚，必要时还可以对客人稍加称颂、赞美，根据不同的接待对象，用好敬语、问候语、称呼语等，例如，酒店从业者查房时发现少了一件东西，此时不宜直接询问客人，以免产生尴尬，引起不满，而应首先向客人说"对不起"，请他原谅自己的询问，然后委婉地向客人提问："对不起，先生，刚才查房时没有找到……麻烦您想一想是不是放在什么别的地方了？"这样可以"给客人一个台阶",使客人更容易接受。同样一个意思,运用不同的表达方式,使人产生的感觉也大不一样,酒店从业者在日常工作中要多注意说话的技巧,学会委婉、巧妙地与客人交流。此外,在遇到自己力所不能及的事情时,我们要注意不要直接拒绝客人的要求,应当运用委婉的语言表达拒绝的本意,并为此向客人道歉,减少客人的失望感。酒店从业者需要在工作实践中不断总结积累,提高自己的语言应变能力。

3. 用语要幽默风趣

恰到好处,运用得当的幽默感,不仅可以表达酒店从业者真诚、善良、亲切的情感,还可以在愉悦中拉近与客人的距离。在运用幽默技巧时,要注意分寸,点到为止。不同国家、地区、民族都有特有的风俗习惯,注意不要触犯忌讳。此外,不要为了幽默而幽默,没有掌握幽默的技巧,没有组织幽默语言的能力,就不要故作幽默,以免弄巧成拙。

4. 用语要掌握分寸

酒店从业者在说话时要摆正自己的身份,注意分寸,适当考虑措辞,尽量不要使用太过生硬的字眼,如"必须""马上""不能""没有"等,酒店服务中,忌讳说"因为这是规矩",这是对客人的搪塞,会让客人反感。在服务过程中,我们应当多用敬语、谦语,不对客人大呼小叫,不说尖酸刻薄、挖苦客人的话,表现自己的个人素质和礼仪修养,使客人满意。

（三）酒店服务用语的基本应用

1. 征询语

征询语就是征求意见的询问语,例如:"先生,您看现在可以上菜了吗?""先生,您的酒可以开了吗?""先生,如果您不介意,我把您的座位调整一下好吗?"使用征询语时,要注意客人的形体语言,客人东张西望,或从座位上站起来,或招手,都是在用自己的形体语言表示他有想法或者要求。这时,服务员应该立即走过去说:"先生,请问我能帮助您做点什么吗?"同时,我们应该把征询当作服务的一个程序,先征询意见,得到客人同意后再行动,不要自作主张,否则会让客人感到服务人员行为鲁莽、服务不周。

2. 指示语

指示语是指酒店从业者在接待客人,为客人提供建议时使用的语言,例如:"先生,请一直往前走!""先生,请随我来!""先生,请您稍坐一会,马上就给您上菜。"使用指示语时应避免命令式的口吻,例如,客人等不及了走进厨房去催菜,如果采用"先生请你出去,厨房是不能进入的"这种命令式的语言,就会让客人感到很尴尬,很不高兴,甚至会与服务员吵起来;如果服务员说:"先生您有什么事让我来帮您,您在座位上稍坐,我马上就来好吗?"效果可能就会好得多。此外,不仅要注意指示语的说法,还要保证语气软、眼光柔、手势配合得当。有些服务人员在遇到客人时,仅用简单的语言沟通,甚至挥挥手、努努嘴,这是很不礼貌的行为。酒店从业者应运用明确和客气的指示语,辅以得当的手势来为客人服务,如果条件允许,还应主动给客人带路。

3. 拒绝语

拒绝语是指酒店从业者在无法满足客人需求时委婉地向客人表示拒绝所使用的语言,例如:"您好,谢谢您的好意,不过⋯⋯""承蒙您的好意,但恐怕这样会违反酒店的规定,希望您理解。"婉拒客人时,注意不要直接否定,应首先表达自己的歉意,向客人表明情况后,再加以否定,这样不至于使客人因遭到拒绝而感到尴尬。

4. 答谢语

在客人表扬、帮忙或者提意见的时候,我们都要使用答谢语,例如:"谢谢您的好意!""谢谢您的合作!""谢谢您的鼓励!""谢谢您的夸奖!""谢谢您的帮助!""谢谢您的提醒!"酒店从业者在向客人致谢时,应注意以下几点:一是客人的帮助或建议即使不被采纳,也应对客人表示感谢,如就餐客人提出一些菜品和服务方面的意见,有的意见不一定提得对,这时有的服务人员就喜欢去争辩,这是不好的。正确的做法是:无论他提得对不对,都要向客人表达谢意。二是致谢要及时,接受客人的表扬或帮助时,应该马上用答谢语给予回馈。

5. 提醒道歉语

提醒道歉语是酒店从业者在为客人服务时,由于某些原因给客人带来不便,或对客人造成影响、打扰到客人时,向客人表达歉意的用语,例如:"对不起,打搅一下!""对不起,让您久等了!""请原谅,这是我的错。"提醒道歉语是服务语言的重要组成部分,使用得好,会使客人随时都能感受到尊重。同时,提醒道歉语的使用又是一个必要的服务程序,酒店从业者应把提醒道歉语当作口头禅,但一定要保持诚恳主动的态度。

6. 推介语

推介语是酒店从业者在向客人推介本酒店产品或服务时使用的礼貌语言,例如:"先生,来点红酒还是白酒?""女士,是来只螃蟹还是来点基围虾?""先生,是上一个鱼头还是两个鱼头?"推介语是一门语言艺术,运用得当,既可以使客人体会到酒店服务的周到,还可以激发客人的消费心理。推介语要用得巧妙而真诚,酒店人员需要长期学习,不断琢磨。一般而言,酒店从业者在向客人推介产品时,应多用选择疑问句,少用特殊疑问句,例如:"女士,是用现金还是刷卡?"这样既拓展了酒店服务的内容,又给予了客人选择的余地,增加了一些有趣味的话题,推介成功率相对较高。此外,酒店从业者还应擅于将客人的单一追求引导到多元化的选择上去,当客人询问单项服务时,酒店从业者应抓住机会,向客人介绍与所选服务相关的其他服务项目,在避免客人失望的同时,也可以激发客人其他的消费欲望。在为客人推介产品时,还可以适当地使用趣味性的推介语,如顺口溜、打油诗等,引起客人的注意,当客人被吸引而进行询问时再作深入细致的介绍,可以使服务工作更加顺利。

7. 告别语

告别语是酒店从业者在与客人告别或送客时所使用的语言,例如:"先生,再见!""先生一路平安!""希望在酒店再次见到您!"告别语要求声音响亮有余韵,还要配合点头、鞠躬、微笑等体态语,给客人留下美好的回忆。此外,我们要注意不乱用告别语,比如在客人将要赶往机场乘飞机离开时,应说"一路平安",而不能说"一路顺风",否则会使客人感到不愉快。

8. 电话语

电话是酒店从业者与客人相互沟通信息、交流感情或联系业务的重要工具,合乎礼仪、恰当地接打电话,有助于为客人提供贴心周到的服务。酒店员工接打电话时应注意以下内容:

(1)及时、礼貌地接听电话,铃响三声即接通,在电话接通后先简单地问候对方,然后立即报出本部门的名称和自己的姓名,例如,"您好,我是××酒店的×××,请讲!"这样既能让对方感觉到礼貌亲切,又方便对方确认是否拨对了号码。对客人的询问要认真倾听、积极作答,回话时,发声自然、发音准确、吐字清晰。

(2)正确地称呼对方,注意使用敬语,及时、礼貌地给予对方反馈。

（3）接听电话时，若听不清楚对方的讲话内容，应礼貌地向对方询问确认，请对方再讲一遍，如"对不起，请您再说一遍，好吗"，做好电话记录；结束通话，与对方告别时，一般说"欢迎您的来电"，最好让对方先挂断。

（4）接打电话用语应简洁清楚，使客人了解事情原委，最好在重要的地方重复一遍，对于号码、数字、日期、时间等，应再次确认，以免出错。

【典型应用】

提高酒店服务中语言艺术的方法

一、招聘时提高对个人素养的要求

在招聘中，许多人力资源经理往往只注重应聘者的学历、技能和经验这些硬性的东西，却忽视了一个人的素养和品质。不得不说这是个致命的错误，一个业务技能优秀而品质不过关的员工，往往在不经意间给酒店造成致命的伤害。业务技能可以从岗位历练和培训中获得提升和改进，可是一个人的素养和品质在一定时间内是很难有所改变的。为了保证对客服务能有良好的效果，保证招到的人员能够符合酒店的要求，在招聘中，我们应当进行适当的筛选，尽可能地寻找和吸收符合酒店定位和服务品质要求的员工。

二、加强员工素养培训

提升服务水平的核心在于提升服务人员的素质，服务语言则是服务人员素质的最直接体现。语言是人们用来表达思想、交流感情的交际工具。为了抓好服务，特别是抓好服务语言，酒店要制订好相应的培训计划，在制订一整套培训标准后，对表现优秀的员工实行正向激励，按照程序和标准对服务员实施培训，并按照这套程序和标准，不断地去检查、纠正服务过程中出现的问题，从而有效地提高从业人员的素质与服务质量。

三、营造良好的工作环境和语言环境

被誉为亚洲最佳雇主的联合包裹（UPS）认为："公司照顾好员工，员工就会照顾好客户，进而照顾好公司的利润。"可见，给员工营造一个良好的环境是多么的重要。首先，酒店管理者必须端正认识，尽量为员工营造一个舒适的工作环境，尽量满足员工合理可行的要求，打造真正忠诚于酒店的雇员。如果酒店让员工感觉到付出与收获形成强烈的反差，觉得在酒店中不受重视，或者酒店中总是存在着钩心斗角和明争暗斗，那么酒店员工就不可能真心地付出和服务。同样是服务，同样是微笑，可是诚心诚意跟敷衍应付之间存在着巨大的差距。

其次，要营造良好的语言环境。酒店既可以通过设置最佳礼仪礼貌员工、最佳服务语言艺术奖等方式激励员工；也可以通过最佳服务语言日、最佳服务语言周、最佳服务语言月等方式让员工学习并认识到服务语言艺术的重要性；还可以通过演讲、表演等方式向员工传授服务语言的技巧。

只有人人认识到服务语言艺术的重要性，形成人人讲究语言艺术的氛围，酒店才能在对客服务中体现专业和水准，给客人提供"满意加惊喜"的服务。

四、串点成线，以线辅面

要形成良好的氛围，提供优质的服务，酒店首先得抓好中上层领导的管理能力和服务语言技巧。中国有句古话叫"上梁不正下梁歪"，如果中上层领导者都不能很好地履行和运用，那么在细化和执行中肯定会存在不到位和执行不力等问题。因此，只有在中上层领导树立良好的榜样时,良好的氛围才能逐渐向基层管理者拓展,以点的形式突破,然后在管理层次"串点成线",形成标准和规范的指导,最后向员工层次渗透,"以线辅面",使得酒店全体员工都认同并讲究个人素养,恰当地运用语言艺术。

【知识拓展】

酒店员工的致意礼仪

一、鞠躬致意礼

(1) 鞠躬致意礼分 15 度鞠躬致意、45 度鞠躬致意、90 度鞠躬致意三种,分别在不同服务场景中使用。

(2) 鞠躬时一般应站在距客人 2～3 米处,在与客人目光交流时行礼,面带微笑。

(3) 鞠躬时应双脚并拢,双手紧贴裤线或相握并垂放于身前,自然弯腰,态度诚恳,使用礼貌用语。

二、注目致意礼

(1) 整理仪容,规范站姿,调整心情,保持微笑,做好行礼前的准备。

(2) 客人进入视线时,对客人予以目光关注;对外貌奇特、身体有缺陷的客人,应避免目光直视。

(3) 客人目光移向服务人员时,点头致意,迅速与客人进行目光交流,并使用问候语或迎送语。

(4) 客人目光在服务人员身上停留时,主动上前询问客人有无服务需求。

(5) 客人目光与服务人员接触后即移开时,改为余光照顾。

(6) 与客人面对面交流时,注视客人唇和双眼构成的三角区域。

(7) 送别客人时,注视客人、挥手致意并使用欢送语,直到客人不再注视服务人员,再将目光移开。

(8) 服务中,对后续客人应在 30 秒之内以目光接触致意或示意客人稍候。

三、欠身致意礼仪

(1) 在工作岗位及电梯口、电梯间遇到客人时,应主动问候并行欠身礼。

(2) 行礼时,头、颈、背应呈一条直线,目光注视对方,身体稍向前倾。

四、避让致意礼

(1) 行进中遇到客人,侧向客人站立,并微笑致意。

(2) 与客人同行时,放慢速度,靠右行走,示意客人先行。

(3) 非急事不可超越客人;确需超越时,先致歉,后致谢。

五、引领致意礼

(1) 使用礼貌用语,并作"请"的手势(五指伸直并拢,掌心斜向上方,手掌与地面成 45 度)。

(2) 走在客人前方左侧 1～1.5 米处,避免背部挡住客人的视线,不时回头关注客人的跟进情况。

(3) 遇转弯、阶梯和地面障碍物时,放慢脚步或停下,提醒客人注意安全。

(4) 上楼时停下,请客人先行;上楼后,从客人左侧绕回,仍在前方引路。男性引领女士时,上楼时先行,以免女士在高处有所不便;下楼时先下,提升对方的安全感。对行动不便者,应主动出手搀扶。

（5）出、入电梯时，请客人先行；遇其他客人时，及时点头致意。

六、道歉致意礼

（1）需要客人等候或不能及时提供服务时，使用"请稍候""对不起，让您久等"等礼貌用语。

（2）无法满足客人的需求或出现服务失误时，应使用礼貌用语诚恳道歉，必要时行90度鞠躬礼。

【思考与练习】

1. 称呼礼仪的要点有哪些？

2. 应答客人时，应注意哪些问题？

3. 与客人握手时，应注意哪些礼仪规范？

4. 酒店人员礼貌用语的基本原则有哪些内容？

任务五　酒店对客服务礼仪实务

【学习目标】

1. 了解酒店对客服务的基本原则。

2. 掌握老宾客的服务规范。

3. 掌握酒店其他特定宾客的服务规范。

【情景导入】

5

一位常住的外国客人回到酒店，当他走到服务台时，还没有等他开口，问讯员就微笑示意，并主动把钥匙递上，轻声称呼他的名字，这位客人大为吃惊。酒店对他留有印象，使他产生一种强烈的亲切感，故地重游如回家一样。还有一位客人在服务高峰时进店，问讯小姐突然准确地叫出："××先生，服务台有您一个电话。"这位客人又惊又喜，感到自己受到了重视，受到了特殊的待遇，不禁添了一份自豪感。另外一位外国客人第一次前往住店，前台接待员从登记卡上看到客人的名字，迅速称呼他以表欢迎，客人先是一惊，作客他乡的陌生感顿时消失，非常高兴。一声称呼迅速缩短了彼此的距离。此外，一位贵宾随带陪同人员来到前台登记，服务人员通过接机人员的暗示，得悉其身份，马上称呼客人的名字，并递上打印好的登记卡请他签字，使客人感到自己的地位与众不同，由于受到特别的尊重而感到格外的开心。

情景解析：为老宾客提供超出顾客期望值的服务是赢得客人对酒店的持续肯定和认可的有效方法。酒店对客服务要把握一定的原则，遵循服务规范。同时，针对不同的客人，我们还要注重个性化服务艺术，从而使客人获得超水准、高档次的优质服务。

酒店的命脉不是产品，而是服务，对客服务的质量直接决定了酒店的命运，这几乎已是酒店界的公论。为五湖四海的宾客提供舒适、安全、细致、周到的服务，关键是增强酒店每一位员工的对客服务技能,完善他们的对客服务礼仪。酒店对客服务是指酒店员工以设施设备为基础,以一定的操作活动为内容,以客人的需求为目标,倾注员工的感情投入而形成的行为效用的总和,酒店对客服务礼仪则是酒店员工在这一过程中体现出的礼仪操守与个人风貌。凡是服务皆有标准,酒店从业者在提供对客服务过程中也要遵守相应的礼仪规范,如此,才能为客人提供满意的服务,赢得客人的拥护和赞扬。

一、酒店对客服务基本原则

酒店客人对所享受服务的基本期望是彬彬有礼、迅捷、友好、完整、周到、乐于提供有效帮助,围绕这六项期望,酒店对客服务有应注重以下几点原则:

(一)微笑、问候、礼貌

每一位入住酒店的客人,在踏入酒店大门时,都希望见到酒店员工亲切的微笑、听到热情真诚的问候,这是酒店留给客人的第一印象。微笑,是人们共同期待的行为语言。微笑能拉近服务人员与客人的距离,是客人得到尊重的第一感受和情感需求。

(二)高效、主动、准确

无论是前台登记入住,还是餐厅用餐、客房服务,过久地让客人等待,都将使我们的服务质量才打折扣,甚至会被客人投诉。客人外出探亲、旅游、开会、经商,时间往往是很宝贵的,当然希望酒店提供的一切服务是快捷的、标准的、准确无误的。同时,员工要树立主动服务意识,用心关注宾客,认真发现需求,及时有效地解决问题。

(三)尊敬、关心、体贴

对酒店来说,客人是朋友、亲人,是衣食父母,其重要性是不言而喻的。酒店强调"关爱,惊喜,体贴入微"的服务,遵循"不冷落客人、不敷衍客人、不回绝客人和不反驳客人"的"四不准则",这是酒店留住老顾客、吸引新顾客的有效措施,是提高服务质量、与客人建立良好关系的基础。

(四)诚实、守信、忠诚

酒店提倡诚意服务、诚信经营,保证明码标价,替客人着想,信守服务承诺,规范操作;诚实可靠、认真地为客人提供服务。诚实、守信和忠诚是酒店吸引客人、打造服务品牌的保证,也是决定客人对酒店信任与否、忠诚与否的心理依据。

(五)安全、舒适、方便

为客人提供安全舒适的环境,是酒店经营和管理工作的基本出发点。没有安全,就没有客人,更谈不上酒店的发展。客人出门在外,都希望一路平安、顺利。客人需要酒店有良好的安全环境,保证人身、财产安全,以及设备设施的使用安全、食品卫生安全。"安全、舒适、方便"是宾客对星级酒店服务的基本期待。

(六)特色、文化、创新

客人希望入住的酒店有特色、有文化,故经营服务应有创新,而不是千篇一律的。以往客人入住的房间都设有西式床铺,当下榻于一家中式装修、有中式床铺的房间时,他会感到很亲切。不断创新的服务、经营特色,浓郁的文化氛围,是宾客普遍的心理和精神需求。

(七) 绿色、环保、洁净

客人就餐的餐厅提供的美味佳肴应当是安全营养的绿色食品,酒店的内部装饰物、空气环境都应当符合环境管理体系认证的要求,保障环境优雅,具有文化氛围,空气清新,设施设备洁净。

(八) 交通、购物、旅游

地理位置和区域优势,是酒店生存和发展的重要外部环境。客人当然希望下榻于交通便捷、环境优美、治安良好、紧邻繁华商业街区的酒店。因此,我们应该根据酒店的实际情况,努力为客人提供使之在这些方面能够感到满意的服务。

二、酒店老宾客服务规范

老宾客即酒店的常客,这类客人对酒店有一定的好感,且对酒店的经营管理、服务水平都有一定的了解,因此,在对这些宾客提供服务时,我们需要特别注意对客服务规范。

(一) 服务语言亲近、热情

遇到老宾客时,直接称呼其姓氏,如"郭先生""王女士",会让其感到工作人员对他的重视。老宾客经常光顾本酒店,工作人员在接待时可以稍微放松一点,不要谨小慎微,而应表现出愿意亲近宾客,像家人般地照顾宾客,工作人员可以这样说:"××,您来啦!"如此,客人就会感觉酒店人员就如同他熟悉的朋友,甚至像亲密的家人,进而产生宾至如归的感觉,更加赞赏和偏爱本酒店。

(二) 服务过程融入亲情

酒店在提供服务的过程中要设法融入亲情,让宾客时刻感受到酒店的诚意和爱心,根据老宾客的喜好来安排客房、布置客房,努力营造贴心的服务就是重要的途径。亲情式的服务特别需要体现在对细节的把握上,酒店要把服务过程当作亲情传递的过程,应当鼓励员工与客人多交流,主动向客人介绍周边的景点、好吃的东西,与客人结成一种亲切、友好的关系,让客人信任与他接触的服务人员,同时,激励员工发自内心地为客人着想、急客人之所急、帮客人之所需,融"亲情"于服务,让客人时刻感受到亲情,感受愉悦和惊喜。

(三) 服务方式个性化

酒店要注重收集宾客信息,建立良好的客户管理系统,从而掌握宾客的个性需求,尤其是个人偏好,从而为宾客提供高水准的个性化服务。试想,当宾客再次光临某酒店时,服务员把宾客带到他喜欢的座位,送上他喜欢的饮料,他在惊喜之余必定会对这家酒店的服务感到非常满意。酒店还可以构思具有吸引力的增值服务,从而牢牢地锁定老宾客。

【典型应用】

CRM 系统为酒店赢得回头客

酒店如何才能保持、增加良好的销售额?这可能是很多酒店经营者考虑的最重要的问题,生意不好的酒店更是如此。现在,消费者是很善变的,酒店行业的市场竞争也愈发激烈,是不是只要有可口的菜肴、良好的就餐环境就可以提高酒店利润了呢?根据知名酒店的成功经验,把握客户消费心理,重视培养忠实的客户,提供满足客户需求的对客服务,已经成为酒店提高客户回头率、增加销售额的法宝。

许多国际知名酒店早已将视角焦点落在了客户关系管理(以下简称 CRM)上。CRM 是一种旨在改善企业与客户关系的新型管理机制,目标是通过提供快速和周到的优质服务,吸引和保持更多的客户,提高客户忠诚度,使这些客户在任何时候、任何地方都会选择在同一家酒店进行消费,最终为酒店带来利润。这一策略的执行涉及关系型营销、CRM 信息技术的创新性使用以及经营运作的卓越表现。

一、创建完善的客户信息数据库

酒店行业作为服务业的典型,每天要接待来自四面八方的顾客,发现并留住具有消费能力的回头客,就能为酒店创造稳定收入。这种行业的固有特性决定了在酒店业的 CRM 实施有别于其他行业,对顾客服务的关注比市场营销更为重要。

卓越的客户服务是建立在对客户认知的基础上的。酒店一线员工通过 CRM 系统提供的资料,可以对顾客加以特别关注,使顾客觉得被厚待。酒店管理者从宏观角度加强对顾客的认知有助于对酒店经营方针作出更好的决策。

国际知名的希尔顿酒店具有丰富的定制顾客体验,通过建立顾客档案,记录顾客的偏好,为顾客提供量身订作的服务。例如,一个总是预订拥有双人床的无烟房间的顾客,他的信息会被存储在顾客记录里,当该顾客下次预订房间时,无论身处何处,即使他不提出相关要求,他也能得到他想要的房间。用业内俗成的话说,"只要每年有十分之一的老顾客光顾,饭店就会永远客满。"

为了建立完善的客户信息数据库,酒店需要对信息技术进行必要的投资。目的是从不同的信息渠道中搜集客户数据资料,对数据进行综合,并存储起来,供以后分析之用。部分数据可以来自中央预订系统和酒店信息管理系统,但更多的要依靠酒店员工在关注顾客需求的过程中获得。客户数据库里面的资料包括顾客的基本资料、联络途径、过往的消费记录、每次入住离店的日期、酒店名称、房间类型、订房渠道、特别服务、个人喜好和取消预订的记录、投诉和处理记录、累积消费积分、奖励记录、忠诚度评估等内容。

二、多层次的客户智能分析

许多人都知晓"巧妇难为无米之炊"的道理,却又可能忽视了"即使有米,也未必人人都能煮出好吃的饭"的现实。CRM 也是如此,酒店在收集顾客的消费习惯时,不能只限于简单的资料堆积,忽视了对已有的顾客信息进行细分以及客户生命周期管理。

酒店需要关注客户,但同时更要明确:各个客户的价值贡献率是不一样的,根据对客户特征、购买行为和价值取向实现对客户进行分层管理,就是要分离出那些对于酒店具有高价值贡献率的客户,使酒店能将精力集中于大客户和有潜力的客户,提高客户价值贡献率和公司收益,为酒店创造潜在的机会。

CRM 系统充分考虑到了酒店营销的需求及特点,为酒店销售人员,特别是酒店营销管理人员的管理及决策提供了强有力的帮助。系统自动进行经营统计分析、趋势预测、客源结构分析、竞争对手分析、销售费用分析、客户及销售人员业绩分析,为管理者进行市场定位、制定销售预算及营销策略、掌控核心客户并进行内部管理等诸多工作提供有利的依据。

三、一对一的营销与服务

酒店业是与"情感"有密切联系的行业,实施 CRM 的意义更加深远。被誉为"美国酒店大王"的斯坦特就说过"酒店业就是凭借酒店来出售服务的行业",这是颇有见地的见解。优质服务是酒店生存的基础,CRM 系统就是提供这种服务的有力武器。通俗地说,CRM 系统让企业知道目标顾客的最主要需求是什么,然后针对顾客差异制订出和顾客需求相一致的营销与服务计划。客人感到自己不再是千人一面的无名氏,而是有价值的顾客。顾客的满意和忠诚,带来了消费额和消费次数的增长,酒店最终是最大的得益者。

三、酒店其他特定宾客服务规范

众所周知,酒店每天迎接来自四面八方的宾客,他们在年龄、职业、性别、国籍、文化水平等方面千差万别,对酒店提供服务的要求也不尽相同。这就要求酒店人员要善于观察、判断宾客的身份,体察宾客的情绪,洞察宾客的心理状态,捕捉宾客的服务需求,为特定的宾客提供特定的服务,而"VIP"客人和银发客人是酒店日常经营中经常面对的特定宾客。

(一)"VIP"客人

"VIP"是英文"Very Important Person"的简称,意为"非常重要的客人",一般称为"贵宾"。对"VIP"客人的接待服务是酒店给予在政治、经济以及社会各领域有一定成就、影响和号召力人士的一种荣誉。"VIP"接待服务是酒店优质服务的集中体现,也代表着酒店接待服务的最高水准。因此,"VIP"客人的接待流程及标准应严加制订,明确对客服务规范,并严格执行。

1. 接待方案要完备

接待方案要依据"VIP"客户的特点,在接待礼仪、个人喜好、追求细节、私密性、生活习惯等方面做好针对性的制订。同时,接待过程涉及的部门,应确保服务的连贯性和紧密性,我们还要做好接待服务的善后工作,认真听取客户的意见,并在适当的时间内进行电话回访或登门拜访。

2. 注重礼仪要点

(1)贵宾房号必须保密。

(2)贵宾的信件、传真等必须严格登记并由专人收发。

(3)贵宾在风俗习惯或宗教信仰方面的特殊要求应尽量予以满足。

(4)客人宗教信仰上忌讳的用品,要从房间撤出来,以示尊重。

(5)如果客人分住在几个房间中,则应在欢迎房卡或欢迎信上注明每位客人的房间号码及电话。

(6)级别高的重要客人到达时,服务员要到门口列队欢迎,服装要整齐,精神要饱满,客人到达时要鼓掌。必要时,总经理要组织部门经理列队迎接,在客人没有全部进店前不得解散队伍。

(7)需用鲜花或由鲜花扎成的花束献花,花束要整洁、鲜艳,忌用菊花、杜鹃花、石竹花和黄颜色的花朵,也可以送一两枝名贵的兰花、玫瑰花。

(8)迎宾时,确保主人在前、客人在后;送客时,确保客人在前、主人在后。

(二)银发客人

银发客人是酒店比较特殊的服务对象,酒店人员对待银发客人不能冷淡、不能抵触,更不能拒绝,要把握恰当的服务规范。

1. 服务要细致

中国是尊老的国度,银发客人一般不介意人们对他们的特殊照顾,酒店员工在接待银发客人时,要保证服务的细致入微,如向他们推介符合其生理需求的菜单,在住宿设施设备中加入一些个性化的适老服务,使房间内的各种设备都更方便使用。同时,安全性要高,如在卫生间加强防滑措施,使得银发客人在"银发客房"既能住得安心、舒适,又会对酒店的细心服务感到惊喜,增加满意度。

2.说话要耐心

有的银发客人听力不太好,工作人员的声音就要适当高一点;与银发客人交流时,要耐心回答他们的询问,认真倾听他们的需求,给他们留下更多的美好回忆。

【知识拓展】

酒店对客服务艺术的优化策略

现代酒店业非常重视酒店服务艺术,因为这直接影响到宾客对产品质量的评价。因此,掌握好对客服务的艺术对酒店发展来说是至关重要的。

一、树立正确的服务意识

服务意识是酒店服务人员对职责、义务、规范、标准等要求的认识。服务人员要充分认识到服务正向着多元化、细微化的方向迈进,时刻保持"客人在我心中"的真诚感,培养积极的对客服务态度,不仅要保证规范化,更要做个有心人。

二、有效地预防和减少服务过度现象

一名优秀的酒店员工,首先要弄懂服务工作的意义,要理解"为什么做某项服务"的真正含义,还要在工作中灵活运用。酒店员工在酒店中扮演多种角色:酒店代表、个人利益的追求者、客人需求的关注者、服务的提供者等。服务人员若未能对自己的角色进行正确定位,只将自己作为酒店的代表和个人利益的代表,就容易导致服务上的欠缺。只将自己作为客人服务的提供者,一味讨好,就会造成服务过度。预防服务过度的发生,首先要树立正确的服务理念和服务观,酒店的管理者应积极借鉴国际酒店业先进的服务理念和服务文化,使之与我国传统文化之精髓相互融合,从而形成自己的服务文化,并在酒店自身定位的基础上,确立正确的服务理念和服务观。其次,在日益激烈的竞争中,客人的需求日益多样化、个性化,酒店要结合国际服务标准,制定个性化的服务流程,从而增加酒店服务流程的弹性,有效地防止服务过度现象的发生。酒店要给予员工明确的自由决策权,授予员工一定人事、资金等资源的调配权,允许员工按自己认为最好的方式去服务、去行使权力,把服务人员从细枝末节的严格规定和制度之中解放出来,根据客人的真实需求或自己对客人的真实判断开展工作。

三、重视服务补救

建立服务补救预警系统,对服务进行跟踪识别,是进行服务补救的重要手段。根据酒店服务流程和服务质量标准,预测服务事故发生的可能性,有助于有效地实施补救策略,使其成为挽救和保持宾客和酒店关系的手段。通过听取宾客意见,确定失误所在,才能查找出潜在的失误源。在建立服务补救预警系统的同时,员工还要预测服务补救的需求,在问题出现之前预料到问题发生的可能性。而服务补救不只是补救服务的裂缝,更是增加与宾客联系的良机。通过对服务补救的全程跟踪,管理者可以发现服务系统中有待解决的问题,从而制定服务补救方案。

四、提高服务境界

酒店员工都应该是酒店质量的管理者,服务工作无小事,酒店必须在每一个环节加强质量管理,管理人员必须高度重视服务细节,无微不至地关心宾客,将本企业和竞争企业区别开来,增加竞争优势。酒店是一个情感密集型企业,关系质量是服务整体质量的重要组成部分,也是宾客对酒店企业的信任感和忠诚度的体现,我们要保证"用手去做,让宾客满意;用心去做,让客人惊喜;用情去做,让客人感动"。

【思考与练习】

1. 酒店对客服务的基本原则有哪些?

2. 在接待、服务银发客人时有哪些礼仪规范需加以注意?

【微视频】

酒店服务仪态礼仪

5

项目六　酒店岗位礼仪实务

任务一　前厅服务礼仪实务

【学习目标】

1. 掌握礼宾部服务礼仪。
2. 掌握前台接待服务礼仪。
3. 掌握总机电话礼仪。
4. 掌握大堂副理服务礼仪。

【情景导入】

当一名客人提出付款结账并出示信用卡时,前台收银员接过客人的卡一看,发现卡面编号上的最后一位数字像是被什么东西刮过,已模糊不清。收银员向客人询问是怎么回事,客人解释说是前几天掉在地上,不小心踩了一下,捡起来时,已经磨损。针对这种情况,收银员完全可以说,卡号已看不清,无法使用,请改用现金付款。但他从客人的神色中看出客人可能没有携带足够的现金,如果拒绝刷卡,客人虽然可以请他同来的朋友结账,但这会使其感到尴尬,而这次消费也将会成为他很不愉快的经历。于是,这位收银员帮客人仔细查询、辨别,还打电话到银行核对,终于查出了最后一位数字,顺利地为客人办好了所有的手续。客人脸上露出了赞许、满意的笑容。

情景解析:案例中前台收银员对待客人的做法,是站在客人的立场上,把客人当作照料对象的出色表现。前台员工能够在工作中设身处地地仔细揣摩客人的心理状态,急客人所急,认真、耐心地帮助客人处理好账务的问题,并给予客人尊重,是酒店管理者和服务人员应该具备的服务礼仪规范。

为宾客提供的优质服务是酒店产品的核心,而合乎规范的服务礼仪是酒店优质服务的内容和基础。前厅是酒店最先迎接客人以及最后恭送客人的窗口,是酒店的门面,前厅服务贯穿客人在酒店居留的全过程,其接待服务的水平会直接影响酒店的企业形象和经营业绩。

一、酒店前厅部概述

前厅,是指酒店大门与酒店客房、餐厅之间的公共区域。前厅部负责招徕并接待宾客、销售酒店产品、组织和协调对客服务、调度业务经营,即为客人提供各种综合服务。前厅部的工作位于酒店接待工作的最前列,是客人对酒店形成第一印象和最后印象之处,因此对员工的素质和礼仪服务有较高的要求。前厅部服务主要由礼宾服务、前台接待服务、总机接听服务和大堂副理服务等内容组成。

二、礼宾部服务礼仪规范

礼宾部是酒店直接接待宾客的窗口,负责为客人迎送、代办、收拾行李和接机等相关服务,其工作效率、服务质量会直接给客人留下深刻的第一印象。

(一)迎送服务礼仪

(1)车停稳后,门童应站在车辆朝向大门一侧的前、后门中间,准备开门。若为出租车,门童则应等客人付完车费再拉开车门。

(2)开门时,用左手拉开车门,角度约为70度。

(3)打开车门的同时,应面带微笑,主动表示热情欢迎,问候客人:"您好,欢迎光临!"并致15度鞠躬礼。

(4)对常住客人,应称呼他(她)的姓氏以表达对客人的礼貌和重视。

(5)当宾客集中到达时,要尽可能让每一位宾客都能看到热情的笑容,听到亲切的问候。但要注意,重复问候不是表情语言单一的简单重复,而是发自内心地欢迎每一位客人的到来。

(6)如果宾客乘坐的是小轿车,门童则应当用右手挡住车门框的上沿,以免客人碰头。但对于信仰佛教或伊斯兰教的宾客,因教规习俗,不能为其护顶。

(7)如遇下雨天,要撑伞迎接,以防宾客被淋湿。若宾客带伞,应为宾客提供保管服务,将雨伞放在专设的伞架上。

(8)对老人、儿童、残疾客人,应先问候,征得同意后予以必要的扶助以示关心、照顾。如果客人不愿接受特殊关照,则不必勉强。

(9)宾客下车后,要注意车座上是否有遗落的物品,如发现,要及时提醒宾客或帮助取出。

(10)客人若有随车行李,门童应当主动帮助客人取拿,请客人当面清点数量,确认行李完好无损。

(11)门童应当用恰当的形体语言通知行李员及时提拿行李,不能高声呼喊,以免破坏大堂安宁的氛围,然后用规范的手势引导车辆离开。

(12)客人离店时,要把车子引导到客人容易上车的位置并为客人拉车门,请客上车。看清客人已坐好后,再轻关车门,微笑道别:"谢谢光临,欢迎下次再来,再见!"

(13)门童应站在靠近大门一侧汽车斜前方1米左右处,挥手向客人告别,目送客人离开,待客人走出视线后再转身离开。

(14)主动、热情、认真地做好日常值勤工作,尽量当着客人的面主动引导其联系出租车,礼貌地按规定接待来访者,做到热情接待,乐于助人,认真负责,不能置之不理。

(二)行李服务礼仪

(1)客人抵达时,行李员应热情相迎,微笑问候,帮助提携行李。当有客人坚持亲自提携物品时,应尊重客人意愿,不要强行接过来。

(2) 行李卸下时,要清点行李件数并记下客人所坐车辆的号码、所属单位及特征。在推车装运行李时,要轻拿轻放,切忌随地乱丢、叠放或重压。

(3) 引领客人时,要走在客人左前方二三步处,随着客人的步子徐徐前进。遇拐弯处,要微笑向客人示意。

(4) 陪同客人到总服务台办理住宿手续时,应侍立在客人身后约1米处等候,看管好客人的行李并且随时接受宾客的吩咐。待客人办妥入住手续后,应主动上前,从接待员手中领取房间钥匙,与宾客一起将行李送进客房。

(5) 乘电梯时,行李员应主动为客人按电梯按钮,然后以手挡住电梯门框请客人先行进入电梯。在电梯内,行李员及行李的放置都应该靠近边侧,以免妨碍客人通行。到达楼层时,应礼让客人先步出电梯。如果有大件行李挡住出路,则先运出行李,然后用手挡住电梯门,再请客人出电梯。

(6) 引领客人进房时,先按门铃或敲门,停顿三秒钟后再开门。开门时,先打开过道灯,扫视一下房间,确认无问题后,再请客人进房。

(7) 进入客房,将行李物品按规程轻放在行李架上或按客人的吩咐将行李放好。箱子的正面要朝上,把手朝外,便于客人取用。与客人核对行李,确认无差错后,可简单介绍房内设施和使用方法。询问客人是否有其他要求,如客人无要求,应礼貌告别,及时离开客房。

(8) 离房前应向客人微笑地说:"先生(或女士,夫人等)请好好休息,再见!"随后目视客人,后退一步,再转身退出房间,将门轻轻拉上。

(9) 宾客离开酒店时,行李员进入客房前必须按门铃或敲门通报,得到客人允许后方可进入房间。

(10) 客人离店时,应询问宾客行李物品件数并认真清点,及时稳妥地将其安放到车上。

(11) 行李放好后,应与门厅应接员一起向客人热情告别:"欢迎再次光临!""祝您旅途愉快!"并将车门关好,挥手目送车辆离去。

三、前台接待服务礼仪规范

(一)接待服务礼仪

(1) 客人离总台3米远时,应予以目光的注视。客人来到台前,应面带微笑热情问候,然后询问客人是否有需要,并主动为客人提供帮助。如客人需要住宿,应礼貌询问客人有无预订。

(2) 接待高峰时段,客人较多时,要按顺序依次办理,注意"接一顾二招呼三",即手里接待一个,嘴里招呼一个,通过眼神、表情等向第三个传递信息,使顾客感受到尊重,不被冷落。

(3) 验看、核对客人的证件与登记单时要注意礼貌,"请"字当头。确认无误后,要迅速交还证件并表示感谢:"谢谢,请收好!"当知道客人的姓氏后,应尽早称呼姓氏,让客人感受到尊重。

(4) 给客人递送单据、证件时,应上身前倾,将单据、证件文字正对着客人双手递上;若客人签单,应把笔套打开,笔尖对着自己,右手递单,左手送笔。

(5) 敬请客人填写住宿登记单后,应尽可能按客人要求安排好房间。把客房钥匙交给客人时,应有礼貌地介绍房间情况,并祝客人住店愉快。

(6) 如果已客满,要耐心解释,请客人稍等,看是否还有机会。此外,还可为客人推荐其他酒店,主动打电话联系,以热忱的帮助欢迎客人下次再来,可以说:"下次光临,请先预订,我们一定为您保留。"

(7) 重要客人进房后,要及时用电话询问客人:"这个房间您觉得满意吗?""您还有什么事情,请尽管吩咐,我们乐意为您效劳。"以体现对客人的尊重。

(8) 客人对酒店有意见,前往总台陈述时,要微笑接待,以真诚的态度表示欢迎,在客人说话时应凝神倾听,绝不能与客人争辩或反驳,要以真挚的歉意和热忱的态度妥善处理。

(9) 及时做好宾客资料的存档工作,以便在下次接待时能有针对性地提供服务。

(二) 预订服务礼仪

(1) 客人到柜台预订,要热情接待,主动询问需求及细节并及时予以答复。若有客人要求的房间,要主动介绍设施、价格并帮助客人填写订房单;若没有客人要求的房间,应表示歉意并推荐其他房间;若因客满无法接受预订,应表示歉意并热心地为客人介绍其他酒店。

(2) 客人电话预订时,要及时、礼貌接听,主动询问客人的需求,帮助落实订房。订房信息必须认真记录并向客人复述一遍,以免出现差错。因各种原因无法接受预订时,应表示歉意并热心为客人介绍其他酒店。

(3) 推销客房时,讲话不仅要有礼貌,而且要讲究艺术性。当客人犹豫不决时,要懂得察言观色,正确分析客人的心理活动,想方设法消除客人的疑虑,留住客人。

(4) 受理预订时应保证报价准确、记录清楚、手续完善、处理快速、信息资料准确。

(5) 接受预订后应信守订房承诺,切实做好客人来店前的核对工作和接待安排,以免出现差错。

(三) 问讯服务礼仪

(1) 客人前来问讯,应面带微笑,注视客人,主动迎接问好。

(2) 认真倾听客人问讯的内容,耐心回答问题,做到百问不厌、有问必答、用词恰当、简明扼要。

(3) 服务中不能推托、怠慢、不理睬客人或简单地回答"不行""不知道"。遇到自己不清楚的问题,应请客人稍候,请教有关部门或人员后再回答,忌用"也许""大概""可能"等模糊语言应付客人。

(4) 对于带有敏感性政治问题或超出业务范围、不便回答的问题,应表示歉意。

(5) 客人较多时,要做到忙而不乱、井然有序,原则是"先问先答、急问快答",使不同的客人都能得到适当的接待和满意的答复。

(6) 接受客人的留言时,要记录好留言内容或请客人填写留言条,认真负责,按时按要求将留言转交给接收人。

(7) 接听电话时,看到客人来临,要点头示意,请客人稍候并尽快结束通话,以免客人久等。放下听筒后,应向客人表示歉意。

（8）服务中要多使用"您""请""谢谢""对不起""再见"等文明用语。

（四）结账服务礼仪

（1）客人来总台付款结账时，应微笑问候，为客人提供高效、快捷而准确的服务；切忌漫不经心，造成客人久等的难堪局面。

（2）确认客人的姓名和房号，当场核对住店日期和收款项目，以免客人有被多收费的猜疑。

（3）递送账单给客人时，应将账单文字正对着客人；若客人签单，应把笔套打开，笔尖对着自己，右手递单，左手送笔。

（4）当客人提出酒店无法满足的要求时，不要生硬拒绝，应予以委婉的解释。

（5）若结账客人较多，要礼貌示意客人排队等候，依次进行，避免客人一拥而上，造成收银处混乱，引起结算的差错并造成不良影响。

（6）结账完毕，要向客人礼貌致谢并欢迎客人再次光临。

【典型应用】

满意的入住体验

徐先生和他的朋友乘坐的出租车刚刚停在某五星级大酒店门口，酒店的行李员就立刻面带微笑地迎上前来，躬身拉门热情地问候："欢迎光临！"徐先生和他的朋友向行李员点头致意，然后谈笑风生地走下了出租车，行李员正准备关门时，忽然发现前座上遗留了一部精致的手机，于是急忙扭头对正准备进酒店的徐先生说："先生，您是否遗忘了手机？"徐先生这才发现自己把手机落在出租车上了，忙说："哎哟，是我的手机，谢谢，谢谢！"行李员恭敬地将手机递还给宾客，同时又写了一张小条子递给了徐先生，小条子写着出租车的车牌号码。接着，行李员便迅速引领宾客到了酒店大堂。

徐先生来到前台接待处，接待人员礼貌地问候："你们好，欢迎光临国际大酒店，请问有没有预订？"徐先生说："我们早在十天前已经预订了一个双人间。"接待员随即请徐先生出示证件并熟练地查阅预订，立即为宾客填写了入住登记表上的相关内容，并请徐先生预付押金并签名，最后说："徐先生，你们住在542房，这是你们的房卡与钥匙，祝你们入住愉快！"

在徐先生办理入住登记手续的时候，行李员一直恭敬地侍立在他们身后，为宾客看护着行李箱。行李员引领着宾客刚到542房间的门口，客房服务员便迅速走了过来，笑容可掬地躬身说："你们好，欢迎光临，请出示房卡！""请这边走！"服务员来到542房门口敲门，报："您好，客房服务员。"徐先生诧异地向旁边的行李员问道："不是没有人吗？"行李员忙向宾客解释："这是我们的服务规范。"客房服务员打开房门后，开始介绍客房设施与服务，行李员将宾客的行李放到了行李架上，同时发现宾客将西装脱下随手扔在了床上，便走过去将宾客的西装挂进了壁橱。随后行李员询问："徐先生，还有什么需要帮助？"徐先生高兴地说："不用了。谢谢你！""祝你们在本酒店入住愉快！"行李员和客房服务员恭敬地退出了房间。

事实上，徐先生和他的朋友经过这么多天的旅行，已经非常疲惫了。但他们躺在柔软的床上，听着悠扬的音乐，欣赏着舒适豪华的室内装潢，回忆着入住酒店的整个过程时，徐先生满意地对朋友说："这真是星级酒店的服务啊！我们要的不就是这种感觉吗？"

四、总机接听服务礼仪规范

（1）坚守岗位，集中精神，在接待服务中坚持使用礼貌用语，避免使用"喂""我不知道""我现在很忙""什么"等语句。发音要准确、清晰，保证客人听得懂、听得清。

（2）接听电话动作要迅速，不让电话铃响超过三声；主动问候对方"您好"，自报酒店名称和岗位，热忱提供帮助。如果业务繁忙，在铃响三声后接听，应向宾客致以歉意："对不起，让您久等了！"

（3）用电话沟通时，嘴唇与话筒宜保持约3厘米的距离，若靠得太近，声音效果不好；使用左手接听电话，方便右手加以必要的记录。

（4）要面带微笑，使语言热忱亲切、柔和悦耳，语调不宜太高，语速不宜太快，用词要简练得当。

（5）熟悉常用号码，按客人的要求迅速准确地转接电话。若转接的电话无人接听，忌用"不在"打发客人，应主动询问是否需要留言。

（6）在电话旁准备好便条纸和笔，当客人留言时，要认真地倾听并记录，留言要重复一遍确认，跟进、履行对客人的承诺，做到热心、耐心和细心。

（7）为客人接转电话和查找资料时，对方的等候时间不得超过15秒钟。要求对方等候电话时，应向其表示歉意："对不起，请您稍候！"如果一时未能查清，应及时向对方说："正在查找，请您再稍等一会。"

（8）话务员要了解酒店常用的内外信息资料，尤其是酒店各部门及当地有关机构的电话号码，以便正确、快速地回答客人的问讯。

（9）讲究职业道德，不外泄酒店的内部信息，尊重客人隐私，不偷听他人电话。

（10）接到打错的电话，不能态度生硬、讽刺挖苦，也不要等对方说出实质性的内容，然后再告诉对方打错了，应该态度亲切地告诉对方："对不起，这里是××酒店，可能您拨错了号码。"

（11）接受投诉要虚心。当通话人对酒店服务质量有意见，进行电话投诉时，要以虚心的态度仔细倾听并安慰客人，向客人致歉，向客人保证会将其意见及时转告有关部门，不可中途挂断电话。

（12）通话结束后，应热情道谢告别，待对方挂断电话后，方可挂断。

（13）叫醒服务要及时。住店客人来电要求提供叫醒服务，应当即准确记录；到了时间，应通过电话叫醒客人；在拨打时，注意不要为图省事而按个不停，频率最好为五分钟左右一次；多次提醒仍无人接听，就应通知客房服务员实地察看，搞清原因；切忌不能大意误事，耽误了客人的行程。

五、大堂副理服务礼仪规范

大堂副理也称"大堂值班经理"，是保证酒店与客人之密切联络的纽带，主要负责协调酒店各部门的工作，代表酒店处理日常发生的事件，帮助客人排忧解难，监督问题的处理。在工作过程中，大堂副理应注意以下礼仪规范：

（1）保持精神饱满，思想集中，面带微笑，体态自然得体；在任何情况下都不与客人争辩，谦逊有礼。

（2）接待客人要积极主动，热忱有礼，以谦和、富有同情心的态度认真倾听，让客人把话讲完。

（3）对于客人的问询，要百问不厌，口齿清楚，简洁明了地给予全面详细的答复，对于客人投诉所反映的问题，要详细询问，并当面记录，以示郑重。

（4）设身处地为客人考虑，以积极负责的态度处理客人的问题和投诉；在不违反规章制度的前提下，最大限度地满足客人的要求。

（5）当客人发脾气时，要保持冷静，善于察言观色，待客人平静后再婉言解释并道歉；要宽容、忍耐，绝对不能与客人发生争执。

（6）尽量维护客人的自尊，同时也要维护好酒店的形象和声誉；面对原则问题，不能放弃立场，应机智灵活处理。在大堂内，为不影响其他宾客的正常活动，大声喧嚷、粗暴无理的投诉者，可于其他场所单独接待。

（7）对客人的任何意见和投诉，均应给予明确合理的交代，力争在客人离开酒店前解决并向客人表示感谢。

【典型应用】

大堂副理服务"十忌"

一、忌总是刻板地呆坐在大堂工作台旁边

大堂副理大多数时间应在大堂迎来送往，招呼来来去去的客人，回答客人的一些问询，不放过能与客人交往的任何机会。这一方面方便了客人，使酒店的服务更具人情味，增加了大堂副理的亲和力；另一方面也有助于收集更多宾客对酒店的意见和建议，发现酒店服务与管理中存在的问题与不足，及时发现隐患苗头，抢在客人投诉之前进行事前控制。

二、忌在客人面前称酒店其他部门的员工为"他们"

在客人心目中，酒店是一个整体，不论是哪个部门出现问题，他都会认为就是酒店的责任，而大堂副理是代表酒店开展工作的，故切忌在客人面前称别的部门的员工为"他们"。

三、忌在处理投诉时不注意时间、场合、地点

有的大堂副理在处理宾客投诉时往往只重视了及时性原则而忽略了处理问题的灵活性和艺术性，例如选在客人午休、进餐、发怒时，或在宴会厅等公共场所处理，处理投诉效果就不会很理想，还可能引起客人反感，火上浇油。

四、忌在客人面前表现出过分的谦卑

大堂副理代表酒店总经理处理客人的投诉并进行相关的接待，其言行代表着酒店的形象，故应表现出充分的自信，彬彬有礼、热情好客、不卑不亢，谦恭而非卑微。过分的谦卑是缺乏自信的表现，往往会被客人看不起，对酒店失去信心。

五、忌唯恐客人投诉

投诉是坏事，也是好事，投诉的客人就像一位医生，无偿地为酒店提供诊断，使酒店管理者能够对症下药，改进服务和设施，提高服务质量和管理水平。因此，酒店不应该回避投诉，而应正确对待。

六、忌讲话不留余地

为了避免在处理客人投诉时使自己陷入被动，大堂副理一定要讲分寸，给自己留有余地，不能把话说死，但要明确告诉客人解决问题所需的时间。

七、忌不熟悉酒店业务和相关知识

大堂副理如果不熟悉酒店业务和相关知识,如客房服务程序、送餐服务、收银程序、酒店折扣情况、信用卡知识、洗涤知识、基本法律法规、民航票务知识,势必破坏投诉处理的准确性和及时性,同时也将失去客人的信赖。

八、忌存有与客人暗地比高低、争输赢的心态

一般来讲,发生客人投诉,说明酒店的服务和管理有问题。在一般情况下,客人是不愿来当面投诉的,因此,即使是客人的言行与实际情况有些出入,我们也应把"对"让给客人。即使我们表面上"赢"了客人,却得罪了客人,使客人对酒店不满意,实际上酒店还是"输"了。

九、忌在处理投诉时不能意会客人的真实意图

客人的投诉心理不外乎三种,即:求发泄、求尊重、求补偿。大堂副理不能只就事论事,要能准确地把握客人投诉的真实心态和用意,要给客人发泄的机会,不要与客人进行无谓的争辩和解释。正确地领会投诉的心态和意图是处理好投诉的关键和捷径。

十、忌忽视投诉结果

接待客人投诉的人,往往并不是实际解决问题的人,因此,客人的投诉是否最终得到解决仍然是个问号。事实上,很多客人的投诉并未得到根本解决,或是这个问题虽在表面上解决了,新的问题却又发生了。因此,对投诉的处理过程进行跟踪,对处理结果予以关注尤其重要,这会使客人感到酒店对其投诉非常重视,从而使客人对酒店留下良好的印象。

【知识拓展】
酒店前台常用规范英语口语表述

1. What kind of the room would you like to book? A double or a single?

请问您需要什么类型的房间？单人房还是双人房？

2. For which date would you like to book?

请问您要预订哪一天的？

3. Hold the line please, let me check our room availabilities for those days.

请别挂断,我查询一下那些天是否有房间。

4. Sorry to have kept you waiting. Yes, we have a vacancy for those days.

不好意思让您久等了,我们那些天有空房。

5. The room rate is RMB ×× including breakfast and surcharge.

房价是××,包含早餐和服务费。

6. The price is RMB ××. We can offer you a ××％ discount. The price after discount is RMB ××.

房价是人民币××,我们为您提供×％折扣,折后价是人民币××。

7. Let me repeat your reservation. You book one deluxe room for one night from 6/June to 7/June for Mr. Lee. The price is RMB ×× including breakfast and surcharge.

和您确认一下,您为李先生预订了豪华房一晚,6月6日入住,6月7日退房,房价是××,包括早餐和服务费。

8. Your reservation has been confirmed. We are looking forward to serving you. Thank you!

您的预订已经确定了,我们期待为您服务,谢谢!

9. Do you have a reservation?

请问您有预订吗?

10. Please wait some minutes, Let me check your details on the computer.

请您稍等,我在电脑上查询一下您的详细资料。

11. Yes, sir. I found your reservation. A deluxe room for one night as RMB ×× per night.

是的,先生,您预订的是豪华房住一晚,房价是人民币××。

12. Would you prefer smoking or non-smoking room?

请问您需要吸烟楼层还是无烟楼层呢?

13. Please fill in the registration form and sign your signature.

请在表格上填写您的资料并签名。

14. Would you like to pay by credit card or cash for the deposit? / How would you like to settle your account?

请问您是用信用卡还是现金付押金? /请问一下您的付款方式?

15. Sorry sir. We don't have any spare room today.

对不起先生,我们今天没有空房。

16. Would you mind my recommending another hotel to you? / Would you mind my putting you on the waiting list? I will inform you in advance if we have spare room.

您需要我推荐另一家酒店给您吗? /您介意我把您的预订放在等候名单里吗? 一旦有房我会马上通知您的。

17. May I have your phone number?

您可以告诉我您的电话号码吗?

18. The room only hold for you until 18:00 because it is non-guarantee. If you want to keep it longer, we suggest you pay for one night charge.

无担保的房间为您保留到18:00。如您需延迟入住时间,建议您支付一晚的房费作担保。

19. If the room was guaranteed, we will charge the first room night fee even if you are no-shown or canceled.

已作担保的房间,在您预订未到或取消的情况下,我们还是收取一晚的房间费用。

20. Here is your room key and breakfast coupon. The bellboy will show you to your room. We hope you will enjoy your stay with us.

这是您的房间钥匙及早餐券,行李员会带您到房间,希望您居住愉快。

【思考与练习】

1. 迎送服务的礼仪要点有哪些?

2. 前台接待人员应注意的礼仪规范有哪些?

3. 总机电话服务礼仪包括哪些内容?

4. 大堂副理服务礼仪包括哪些内容?

任务二　餐厅服务礼仪实务

【学习目标】

1. 了解餐饮服务的卫生礼仪规范。
2. 掌握中餐厅的服务礼仪规范。
3. 掌握西餐厅的服务礼仪规范。
4. 熟悉特色餐厅的服务礼仪规范。

【情景导入】

午餐营业时间，一个旅游团在此用餐。服务员小孙发现一位七十多岁的老年人的饭碗已空，就轻步上前柔声问道："请问老先生，你还要饭吗？"那位老先生摇了摇头，小孙又问："那么老先生，你完了吗？"只见那位先生冷笑起来："小姐，我今天已经七十多岁了，自食其力，这辈子还没落到要饭的地步，怎么今个儿我倒要向你要饭了呢？我的身体还硬朗着呢，一下子不会完的！"小孙听了客人的话感到很奇怪，心想，我问你要不要饭，意思是说要不要添加饭，你怎么把自己和乞丐联系起来呢？小孙脸上不自然地笑了笑，对客人的不满不知缘由。

情景解析：餐厅在酒店中扮演着重要的角色，餐厅的服务质量，将直接影响客人对酒店的评价。在餐饮服务中，礼节是非常重要的，服务人员在做到礼貌待客、热情服务的同时，还应注意服务礼仪的规范性。

餐饮部是酒店的重要组成部分，主要向客人提供食品饮料和相应的服务，既满足了客人最基本的生理需求，又可以从色、香、味、形、器上使客人在优雅的环境中享受热情周到服务的同时，还在精神上得到享受和满足。因此，良好的餐厅服务，在给客人增添旅途乐趣的同时，也会为酒店创造丰富的经济效益。

一、餐饮服务的卫生礼仪规范

（一）个人卫生

（1）各餐厅员工应每半年体检一次，持健康证上岗。

（2）患传染性疾病者不得继续上岗。

（3）员工应勤洗澡、勤洗头、勤理发、勤换内衣，确保身上无异味。

（4）岗位服装应整洁干净，发型大方，头发清洁无头屑。

（5）上岗前不饮酒，不吃异味食品。

（6）工作期间不吸烟，不嚼口香糖。

（7）不在服务区域梳头发、修剪指甲，不面对食品咳嗽或打喷嚏。

（8）女服务员，无论何种发型，头发垂下时不得过肩，不戴戒指、手镯、耳环及不合要求的发夹上岗，不留长指甲，不涂指甲油，不化浓妆，不喷气味过浓的香水。

（9）男服务员不得留长发，不蓄大鬓角。

6

（10）员工要保持个人卫生整洁，仪态端庄。

（二）操作卫生

（1）各餐厅服务员要把好饭菜卫生质量关。

（2）每餐工作前洗手消毒。

（3）使用托盘、盖具来装盛、取用、传送食品。

（4）不直接用手拿取食品。

（5）使用冷盘取冷菜，使用热盘取热菜。

（6）用托盘、夹子取面包，用冰铲取冰块。

（7）保证食品卫生，防止二次污染。

（8）服务过程中禁止挠头、咳嗽、打喷嚏。

（9）维持食品展示柜的清洁美观，展示的食品应当新鲜。

二、餐饮服务的操作礼仪规范

（一）动作要轻

在服务过程中，一切动作都要"轻"，包括走路轻、说话轻、敲门轻、开门轻、轻拿轻放。

（二）动作要稳

在服务过程中，要心中有数，不能慌慌张张、焦急不安，要沉着、稳健。送取物品要稳妥，动作大方、优雅，不丢三落四，不拖泥带水，要干净利落。

（三）动作要准

在服务过程中，每一件事都要准确无误，不能出差错。要特别注意时效性，对于客人委托办的事，要严格遵守所约定的时间，切不可延误和失约；因客观原因确实不能按时办到，应立即向客人说明情况，商讨解决的办法，切忌不声不响地让客人久等，误客人的事。

（四）要做到"四勤"

酒店餐厅服务员在操作中还应做到"四勤"，即嘴勤、眼勤、手勤和腿勤。

嘴勤，见到客人来餐厅就餐，要主动上前打招呼。对于客人的提问，要做到有问必答。餐厅服务员还应主动向客人介绍酒店的特色菜，同时以一定的文化素养为基础，根据客人的实际需要，为客人提出合理的建议，减轻客人等菜时的无聊感，刺激客人的食欲。

眼勤，餐厅服务人员应眼观六路、耳听八方，即俗话讲的"眼里有活儿"。根据客人的往来情况、进餐程度、举止行动，准确判断客人的需要并主动提供服务。

手勤和腿勤，即餐厅服务人员要经常在自己负责的餐桌周围自然地游走，及时端茶、擦桌、收盘、送菜等。

三、中餐厅服务礼仪规范

（一）预订服务礼仪

（1）客人订餐、订座，服务员应主动接待，视客人国籍热情大方地先用英文、中文问候："Good morning, sir/madam.""Good afternoon, sir/madam.""Good evening, sir/madam."或"早上/中午/晚上好，先生/女士。"

（2）礼貌地问清客人的姓名、房间号或电话、用餐人数、时间、费用标准并迅速记录在预订本上，询问客人就餐是否有特殊要求。

（3）用礼貌热情的语气征询客人是否还有其他意见，重述预订客人的姓名、房间号、用餐时间、人数、标准及特殊要求并获得客人确认。

（4）做好记录，提前安排好座位。

（5）遇电话订餐或订座，在铃响三声内接听，繁忙时请客人稍候并表示歉意。

（6）温和亲切，吐字清晰。

（7）预订准确，安排适当，等待客人的到来。

（二）迎宾领位服务礼仪

1. 迎宾准备

迎宾员在服务中要积极主动，答问要热情亲切，使客人一进门就感觉到自己是最受欢迎的尊贵客人，从而留下美好的第一印象，把进餐厅用餐视为一种享受。因此，迎宾员应注意以下事项：

（1）着装华丽、整洁、挺括，仪容端庄、大方，站姿优美、规范，开餐前 5 分钟恭候在大门两侧，做好拉门迎客的准备。

（2）神情专注、反应敏捷，注视过往宾客。当客人走到距餐厅 1.5 米处时，应面带笑容，热情问候："先生（小姐）您好，欢迎光临！"当客人离开餐厅时，应有礼貌地道别："先生（小姐），谢谢您的光临，请慢走，再见！"

（3）如遇雨天，应主动收放客人的雨具并在客人离开时把雨具及时递上，帮助客人打开雨伞、穿好雨衣。

2. 领位服务

领位员在服务中应做到以下几点：

（1）问候。客人进门后，立即迎候，面带笑容地说："先生（小姐），您好！""晚上好！""请问，预订过吗？""请问，一共几位？"如果男女宾客一起进来，则按女士优先的礼仪规范问候。

（2）领位。领位时，应说"请跟我来""这边请""里面请"并用手示意，把客人领到适当的位置入座或引入包房。服务员应该根据情况，将不同的客人领到不同位置。如：

遇重要宾客光临，可引领到餐厅最好的靠窗、靠里的位置或雅座，以示尊重。

遇夫妇或情侣光临，可引领到餐厅一角安静的餐桌就座，以便其小声交谈。

对服饰华丽、打扮时髦和容貌漂亮的女性宾客，要引领到众多客人均可看到的显眼的中心位置就座，这样既可满足这部分客人的心理需要，又能使餐厅增添华贵的气氛。

遇全家来访或众多亲朋好友来聚餐的情形时，要引领他们到餐厅靠里的一侧或包房，这既便于他们安心进餐，又不影响其他客人用餐。

年老、体弱的客人，应尽可能安排在离入口较近的位置，便于出入，同时帮助他们就座，体现服务的周到细致。

有明显生理残疾的客人，要安排在适当的位置就座，以便遮掩其生理缺陷，表示体贴和关怀。

客人要求指定位置，要尽量满足；其他客人已占用目标座位时，应礼貌地说明："先生（小

6

姐),对不起!请跟我来,这边请!"并将客人引领到其他合适的位置。

靠近厨房出入口处的位置是最不受客人欢迎的,在用餐高峰时,应对安排在这里的客人多说几句礼貌话,如:"先生(小姐),十分抱歉。今天客人太多,委屈您了,下次光临,一定为您安排个好座位。"以示关心与热情。

(3) 送客。客人就餐完毕,结账离开时,应礼貌送客,主动道别:"再见,欢迎下次再来!"并微笑目送。

(三) 餐前服务礼仪

(1) 正式开餐前,服务员应将餐厅打扫干净。台桌上,桌布一定要整洁如新,铺放整齐,不能有褶皱;分清中餐和西餐,餐具按照各自的惯例摆放,但都要注意清洁卫生;发现有污迹的,应立即更换。

(2) 迎宾领位人员将客人带到桌位后,看台服务人员要主动与客人打招呼并对客人说:"您好,欢迎光临本餐厅!"同时察言观色,根据自己的判断,按"先主宾,后主人,先女宾,后男宾"的顺序拉椅让座。拉椅要用力适度,顺应客人入座的节奏进行,用双手和右脚尖轻捷地将椅子稍向后撤,待客人屈膝入座时将椅子向前轻推,使客人坐好坐稳。

(3) 香巾礼仪。客人就座后,及时递上香巾、茶巾。递送按顺时针方向进行,站在客人右侧,用夹子夹住香巾角,打开递到客人面前并说"请用香巾!"

(4) 茶礼仪。从客人的右边斟倒第一杯礼貌茶,先给女主人或女宾斟倒。斟倒水量以七分满为宜,不要太满。不要用手直接抓茶叶,要用茶匙盛适量的茶叶放入茶壶。端茶时,手指切忌接触杯口。玻璃水杯要尽量套上杯套,以免烫着客人。使用有盖有把的茶杯时,要用手握住杯把,轻拿轻放,开启、盖合杯盖的动作要缓而轻,避免发出杯盖的碰撞声,以免引起客人的不安。

(四) 点菜服务礼仪

(1) 递菜单。递菜单时一般应站立在客人座位的左侧,面带微笑、双手递上;一般先将菜单送给女客或长者;服务员应熟悉菜单上所有的特色菜点,提供周到的服务;呈上菜单后,给客人5~10分钟看菜单的时间,然后和蔼地询问客人是否点菜。

(2) 当好参谋,服务员应根据客人的人数、性别、外表、身份及要求,主动向客人推荐本餐厅的名菜、特色菜、创新菜及时令菜;要讲究说话方式和语气,察言观色,注意客人的反应,充分尊重客人的意愿。

(3) 若客人点的菜肴已售完,不可简单地回答"卖完了",而应礼貌地致歉并解释,求得客人的谅解并婉转地向客人推荐其他类似的菜肴。

(4) 若客人点的菜在菜单上没有列出来,应尽量设法满足,不可一口回绝"没有"。可以说:"请您稍等,我马上和厨师商量一下,尽量满足您的要求。"若确有困难,应向客人致歉说明,敬请其下次光临或预约。

(5) 当客人点菜完毕,还应主动征询客人需要的酒水饮料。客人的特殊要求要注明在点菜单上,全部记好后,再礼貌地复述一遍,得到客人确认后,迅速将菜单送至厨房,尽量减少客人的等候时间。

(6) 点菜服务还应注意以下事项:

① 时机与节奏:把握正确的点菜时机,在客人需要时提供点菜服务;点菜节奏要舒缓得

当,不要太快也不要太慢,应因人而异。

② 服务要规范化。点菜通知单要迅速、准确地填写,单据的字迹要清楚,冷菜、热菜应分单填写;要填写台号、日期、用餐人数、开单时间、值台员签名。菜肴和桌号一定要写清楚。

③ 客人的表情与心理:在服务过程中,服务员应注意客人所点的菜和酒水是否适宜,这需要观察客人表情和心理的变化。

④ 清洁与卫生:要注意各方面的清洁卫生。菜单的干净美观、服务员的个人卫生、记录用笔和单据的整洁程度都要符合标准,才可使客人在点菜时放心。

⑤ 认真与耐心:点菜时应认真记录客人点的菜品、酒以及客人的桌号,认真核对点菜单,避免出错;耐心回答问题,当客人发脾气时,服务员要宽容、忍耐,避免发生冲突。

⑥ 语言与表情:客人点菜时,服务员的语言要得体,菜名应流利、清楚地报出,表情应以微笑为主,体现服务的主动与热情。注意礼貌语言的运用,尽量使用选择性、建议性的语言,不可强迫客人接受,不要用特别自我肯定的语言,也不要用保证性的语言。

⑦ 客人所点菜肴过多或重复时,要及时提醒客人。如果客人所点菜肴需要的烹制时间较长,要主动向客人解释,告知等待时间,调整出菜顺序;如果客人需赶时间,要主动推荐一些快捷易做的菜肴;记清客人的特殊要求并尽量满足客人。

(五) 上菜服务礼仪

1. 选择上菜位置

服务员上菜时要选择好位置,上菜的位置要在陪同人员座位之间,不要在主宾和主人之间。上菜会影响旁边的客人用餐,为了避免客人不小心碰到菜肴,一般应事先打招呼:"对不起,打扰您了!"然后才可以上菜。

零点散餐尽量选择宽一点的位置上菜,避开老人、小孩以及衣着华丽的女士或先生,留意客人的动作以防发生碰撞。

上菜服务最重要的原则是保证菜肴应有的温度。上菜的基本顺序是:凉菜、热菜、主食、汤,除非餐饮店有特殊的服务规定或程序。

2. 具体注意事项

(1) 正确使用服务敬语。在上第一个菜时要对客人说"对不起,让您久等了",然后上菜,报菜名;随后每上一道菜都要说"请品尝"等敬语;菜上齐后要说"您的菜上齐了,请慢用",提示客人根据此时菜肴的数量考虑是否还需要添加菜肴。

(2) 注意上菜顺序。上菜顺序应加以留意,先酒后菜,先冷后热,先咸后甜,先厚味菜后清淡菜,先炒菜后汤菜,先荤菜后素菜,先菜肴后点心、水果。上菜时应注意报菜名,报菜名时应保证吐字清晰、音量适中。

(3) 注意安全。上菜动作要稳健轻巧,保持节奏,不要将菜汁或汤汁洒在客人身上或餐台上;如果客人点的菜肴较多,餐台上已摆满了菜盘,要先将台面整理一下,把客人基本吃完的菜肴在征得客人的同意后换成小菜盘或合并,然后将空菜盘撤下,最后再上菜;上菜时,避免将菜盘从客人头顶越过,要向客人打招呼,使用服务敬语"对不起,打扰一下"等,然后从客人的间隙送上。

(4) 注意上菜的节奏。在客人点菜完毕后,凉菜应在 10 分钟内上齐。凉菜吃到 1/2

时上热菜。热菜逐道呈送并且在 30 分钟内上完,也可依据客人的需求灵活掌握。某道菜的烹制时间比较长,应事先告诉客人,客人有特殊要求,要尽量满足。值台服务员在客人点完菜时,要事先将在一般情况下上菜所需的时间记录好,如果某个菜超过要求的时间迟迟没有上来,服务员要立即去厨房催菜。上汤的时间则由值台服务员根据客人的进餐情况灵活掌握,为了保证客人能喝上热汤,一般在用餐接近尾声时及时通知传菜服务员去取汤。上主食的时间由值台服务员在客人点菜时征询意见,然后根据客人的要求准时服务。

3. 特殊菜品的上菜服务方法

(1) 带配料或蘸汁的菜肴:先将配料或蘸汁放在餐台上,然后再上菜。这样做可以防止上菜后忘记上配料或蘸汁,或是上菜后客人还要等待配料或蘸汁,为客人食用此种菜肴提供方便。

(2) 需用手直接取食的菜肴,如虾、蟹、手扒排骨:中、高档餐饮店应送上洗手盅,内盛半盅温度合适的红茶水,茶水内放一片香桃或几瓣菊花。上洗手盅时,不可忘记向客人说明其用途,洗手盅应放在客人餐具的左上方,同时还要提供香巾,供客人擦手用。

(3) 不易夹取的菜肴:应在菜肴上台后马上在菜盘上放一只公用勺,方便客人取菜;上汤羹类菜肴时,要在汤盆中放汤勺。

4. 撤盘服务

菜盘必须在征得客人的同意后才能收撤,当然,空盘除外。撤盘时,小盘应从客人的右侧收撤,大盘应从上菜口收撤。收撤过程中,切忌当着客人的面刮盘子,如果客人将空盘递过来,要及时道谢。

(六) 席间服务礼仪

在客人进餐过程中,服务员应积极地为客人添加饮料酒水,及时地更换烟灰缸,客人弄湿或者弄脏桌布,应及时用餐巾覆盖;应及时处理客人添加菜肴和酒水的要求,积极回答和处理客人提出的有关服务和菜肴的问题。

在客人交谈时,服务员应做到不旁听、不窥视,更不能随便插嘴,如果有事也不要骤然打断谈兴正浓的客人,可停在一旁目视客人,待客人意识到有事时,向客人道声:"对不起,打扰您的谈话了",然后再说事情。

如果客人不慎将餐具掉落在地上,应迅速上前取走,马上为其更换干净的餐具,绝不可在客人面前用布擦一下再拿给客人继续使用。若有打给客人的电话,应轻轻地走到客人身边,轻声告诉客人,不可图方便而在远处大声叫喊。

服务人员在餐厅服务时,应做到"三轻",即走路轻,说话轻,操作轻。取菜时要做到端菜平稳、汤汁不洒、上菜及时。从餐厅走到厨房时,力求忙而不乱,靠右行走,不冲,不跑,不在同事中穿来穿去。上菜时要保持身体平稳,注意观察周围的情况,保证菜点和汤汁不洒、不滴。将菜盘端上来放到餐桌时,不能放下后推盘,撤菜时应直接端起,不能拉盘。

服务人员彼此之间说话要自然、大方,要使用客人能听懂的语言,切忌当着客人的面咬耳朵、说悄悄话;对国内客人应一律使用普通话,对外宾则要使用相应的外语,不要使用家乡话或客人听不懂的语言。

（七）结账服务礼仪

（1）若客人要去收款台结账，应客气地告诉客人收款台的具体位置，引领客人。

（2）客人用餐完毕示意结账时，值台服务人员应将放在垫有小方巾托盘里的账单送到客人面前，请客人过目。同时，为了表示尊敬和礼貌，放在托盘内的账单要正面朝下，反面朝上；在客人确定无误后请客人签字付款；若客人要挂账，签字手续一定要规范。客人付完账后，要对客人表示感谢。

（八）送客服务礼仪

（1）客人用餐完毕，服务员或领班主管应主动征求客人对菜肴和服务的意见。

（2）客人起身要离开时，服务人员应主动为客人拉开座椅，提醒客人不要将随身物品遗忘并帮客人留意座位附近是否有遗留物，若有，应及时送还给客人。

（3）将客人送至门口并对客人说"再见，欢迎您再次光临。"

（4）发现客人遗留物时，应立即赶去追上客人，将东西交还客人；若客人已走远，则应交总服务台处理。

四、西餐厅服务礼仪规范

西餐服务员负责值台区域内的一切就餐服务，在提供西餐服务时，不仅要严格遵守国际通用的西餐服务礼节，还要考虑宾客所在国家的礼仪和风俗习惯，不要触犯禁忌，努力保证服务质量。

（一）餐前准备

（1）正式开餐前，服务员应将餐厅打扫干净。

（2）西餐厅服务员应按本餐厅正餐的要求摆台，将餐具布置完好，并将各种刀、叉、勺、餐盘、咖啡杯、酒杯以及酒篮、冰桶等餐具配备充足，营造舒适的就餐环境。

（二）迎接客人

（1）领位员要熟悉餐厅座位安排、经营风味、食品种类、服务程序与操作方法。

（2）客人来到餐厅门前时，领位员应微笑相迎，主动问好，对于常客、贵宾要称呼姓名。

（3）引导客人入座，遵守礼仪顺序。

（4）订餐、订座客人按事先安排引导，座位安排要适当。

（5）客人入座，主动拉椅，交桌面服务员照顾。

（6）客人入座后，桌面服务员应主动问好，及时递送餐巾、香巾。

（三）餐前服务礼仪

（1）客人入座后，桌面服务员应主动问好，及时递送餐巾、香巾。

（2）询问客人餐前开胃酒或鸡尾酒的意愿，记下每位客人所点的酒水，复述一遍，尽快呈送。对于未点餐前酒的客人，应为其倒上冰水。

（3）服务员操作应主动热情，斟酒、送饮料服务应当规范，没有滴洒现象。

（四）点菜服务礼仪

西餐实行分餐制，人手一份菜单，每位宾客所点的菜肴都不一样，这需要服务员熟悉菜单，了解宾客的需求，熟练运用推销技巧，主动、热情地为宾客提供优质服务，具体礼仪要求

6

如下：

（1）着装整齐，微笑服务，态度殷勤。

（2）递送酒单，菜单。按"先主后宾、女士优先"的原则依次将菜单送至每位宾客手中，同时礼貌地请宾客阅读菜单。

（3）推销适度。应宾客要求提供点菜建议时，服务员应根据菜单组合、酒水搭配、菜品烹调品的搭配种类，向宾客建议菜式搭配，推介菜品时，尊重宾客的饮食习惯。

（4）建议询问。服务员应为宾客提供信息和建议，询问特殊要求，征求宾客对牛扒菜品生熟程度的要求，订沙拉时应询问宾客所需的沙拉汁。

（5）和宾客讲话时，身体略向前倾，音量适中，以不打扰其他宾客为标准。

（6）收回菜单，祝宾客用餐愉快。

（五）酒水服务礼仪

西餐酒水服务主要分为餐前酒水服务、佐餐酒服务、甜食酒服务和餐后酒服务。服务员在为宾客提供服务时，不仅要了解酒水知识，还要熟练掌握斟酒的操作技能和酒水服务规范，处处体现尊重宾客原则，从而为宾客提供优质服务。西餐酒水服务和中餐酒水服务还有一定的区别，服务员在对不同的酒水进行服务时，要用规范的服务、熟稔的技能为宾客留下良好的印象，以细节打动宾客，满足宾客的心理需求。

（1）推介适度。根据宾客点菜的情况推介酒水，要尊重宾客的个性和习惯。

（2）服务规范。无论为宾客提供哪种酒水，示酒、开酒、品酒、斟酒都要符合酒水服务规范。

（3）女士优先。征得宾客同意，按照女士优先的原则，从宾客右侧依次进行酒水服务。

（4）操作标准。酒水斟倒应符合操作规范，不滴不洒，不少不溢。

（5）关注宾客。随时观察宾客，掌握续酒时机，确认宾客不加酒后应立即将空杯撤下。

（6）细节服务。注意葡萄酒的最佳温度，先斟酒后上菜。香槟瓶口不能朝向宾客开启，避免误伤。冰桶、酒篮放在桌上时，不能影响宾客用餐。

（六）餐间服务礼仪

就餐服务是点菜服务的延续，这个过程贯穿西餐服务的全流程。西餐服务员在进行礼仪服务时要特别注意细节，与宾客进行良好的沟通，照顾好每一个宾客，严格按照国际通用的服务礼仪进行，体现服务员过硬的基本功和良好的素质，通过到位的服务礼仪，给宾客留下美好的印象。

1. 菜品服务礼仪

上了餐前酒或餐前饮料后，西餐服务员就应按照西餐就餐顺序上菜，即头盘、汤、辅菜、主菜、甜点和水果、咖啡或茶。上菜时，服务员一律托盘，托盘姿势要端正，在菜品服务过程中，服务员要优雅有序，技能熟练正确，随时巡台，及时为客人提供优质服务。

（1）上黄油、面包。将新鲜的黄油、面包从客人的左边按先女后男的顺序分别放入黄油碟和面包盘内。

（2）佐餐酒服务。先向主人示瓶，待其确认后再往杯中斟入少许佐餐酒，让其品尝，然后在客人右侧按先女后男的顺序斟酒，最后到主人。

（3）头菜服务。上菜时，用右手从宾客右边端上，直接放入装饰盘内。

（4）撤走头盘。在客人用完头菜后，用右手从宾客右边撤下头盘，徒手撤盘。

（5）上汤。汤盘直接放入装饰盘，客人用完后，把汤盘连同装饰盘一起撤下。

（6）主菜服务。从客人右侧上主菜，报菜名，牛排、羊排要告知成熟度。撤盘时要徒手撤走主菜盘及刀叉并将桌上面包屑清整干净，而后征求客人对主菜的意见。

（7）上甜品和水果。向客人展示各种奶酪及甜点并推荐水果。

（8）服务咖啡或茶。询问客人要喝咖啡还是茶，随后送上糖盅、奶壶、柠檬片、咖啡具或茶具，从客人右边斟上咖啡或茶。

（9）推销餐后酒。餐后酒一般为利口酒或白兰地。服务员应展示餐后酒车，征求客人意见并为之服务。

2. 席间服务注意事项

（1）上菜之前，根据客人的订单重新摆换餐具。

（2）根据餐桌、餐位的实际状况，合理确定上菜的位置。

（3）在宾客用西餐的过程中，每吃一道菜都需要换一副刀叉，服务员需要掌握好撤盘时机，等所有宾客用完同一道菜后撤下空盘，为了不影响宾客的就餐情绪，要轻拿轻放。

（4）席间服务要体现对宾客的尊重之意，应使用托盘撤换小物件；撤盘时，左手托盘，右手收盘，将刀叉集中放在一头，留出空余空间放置盘子。

（七）送宾服务礼仪

（1）客人用餐结束，示意结账时，服务员应将账单准备妥当，账目应当记录清楚，账单夹应呈放在客人面前，收款、挂账都要准确无误。

（2）客人结账后，表示感谢。

（3）客人离座，服务员要主动拉动座椅，微笑送客，征求意见，欢迎再次光临。

（4）客人离座后，清理台面快速轻稳，台布、口布、餐具按规定收好，重新铺台，摆放餐具，3分钟内完成清台、摆台工作，准备迎接下一批客人。

五、特色餐厅服务礼仪规范

通常情况下，除了中餐厅和西餐厅外，高星级酒店还会设有特色餐厅，如日式餐厅、韩式餐厅等。特色餐厅在迎候宾客服务礼仪，结账服务礼仪和送客服务礼仪等方面和中、西餐厅都是大同小异的。我们在这里主要介绍具有日韩特色的服务礼仪，了解其是如何以热情、礼貌、主动和周到的接待服务创造良好的声誉和经济效益的。

（一）日式餐厅服务礼仪

1. 迎接客人

（1）电梯铃声响时，迎宾服务员应走出咨客台，面带微笑，主动欢迎宾客。

（2）左手搭于右手上，自然垂放在身前，面带微笑，向客人鞠躬行礼（约30度），并伴随使用日文致欢迎词；礼貌询问客人是否已经预订以及就餐人数（如：请问几位，是否有预订）。

（3）如果客人已订位，咨客带位前要询问清楚预订人的姓名、预订人数，避免带错；确认预订后，热情地引客入座。

（4）如果客人未提前预订，应礼貌询问客人就餐人数；同时介绍餐厅出品项目（如铁板烧、寿司、和食）；适当地礼貌地询问客人喜好的餐位，然后将客人带至相应的座位之上。

2．餐前服务

（1）迎宾服务员带领客人进入餐厅，当区服务员主动协助拉椅让座；拉椅时对着餐位，招呼客人"请座"；可适当做自我介绍（如"欢迎光临，很荣幸为您服务，我叫××"）。

（2）使用礼貌用语，简单询问客人情况，以使用客人姓氏相称为佳。

（3）双手递送餐牌，为客人递送毛巾（为客人递送物品时，按照顺时针次序进行，遵循女士优先、先宾后主的惯例）。毛巾应在客人就位之后1分钟内递送，毛巾湿度、温度应适宜。

（4）在客人阅读餐牌期间，可礼貌询问客人是否需要饮品及是否有其他特殊的要求；同时，在客人侧后方为客人逐一打开餐巾，铺在客人膝盖上。展开餐巾时须使用敬语"打扰了，×××先生/小姐"。

3．点菜服务

打开菜单第一页，礼貌地呈送给客人并说："这是菜单，女士（或先生）请您点菜！"然后了解顾客的情况，做到"一看、二听、三问"。"一看"是看顾客的年龄、性别（老人、小孩）、目的等；"二听"是听客人的语言以区分地区国籍，适当地用相应的语言和客人进行沟通，体现服务员的专业性；"三问"是问客人的特殊要求、有无忌口以及讨厌的食品等。

4．上菜服务

（1）根据冷菜、热菜、主食、甜品、水果的顺序上菜，提供相应的出品服务。

（2）服务员上菜时，始终保持在客人的右后侧方向。

（3）先上酱汁，然后上菜。上菜时，注意向客人报上出品名称并适时讲解该出品的配料以及最佳使用方法。

（4）日式菜点的上菜顺序如下：

① 前菜，前菜是客人入座后会席套餐内的第一道小菜。

② 刺身，为客人准备相应的酱料（酱油、芥末或柠檬等）。

③ 醋物，醋物是传统的腌制海产，如海带、小胡瓜等。

④ 清汤，刺身后的清汤可以增加食品的顺序和层次感。

⑤ 烧物，主要是烤制的海产，其次是肉类。

⑥ 煮物，主要是以季节材料烹煮的杂锦小碗。

⑦ 炸物，炸物是传统形式的套餐中必不可少的内容，需配以相应的酱料或盅。

⑧ 面豉汤/清汤或止碗，套餐中最后一份汤，可以洗去口中先前所品尝食品的味道，为主食而准备。

⑨ 主食，通常应上米饭或日本特产面，如乌冬面。

⑩ 甜品水果，通常为时鲜水果、日产冰激凌，需配有水果叉或甜品勺。

5．席间服务

（1）在服务过程中保持亲切的微笑服务，保证礼貌用语常在口，对不同的客人用相应的语言为其服务，在语言上遇到困难时，立即通知管理人员进行协助，注意服务的流畅性。

（2）斟酒时，商标应正对着客人，要站立在客人的右边往杯里斟；斟清酒时，要拿起酒杯，用酒盅慢慢斟。

（3）勤巡视，细心观察宾客的表情与动作，主动服务，态度和蔼，动作敏捷，取放餐具要轻拿轻放，暂停工作时，要站在一边，与餐台保持一定的距离，站立要端正，精神要专注。

(二)韩式餐厅服务礼仪

1.迎宾接待服务

(1)以愉快的态度主动迎接来客,面带微笑;注视顾客的眼睛,向客人鞠躬表示敬意,称呼顾客的头衔,友善主动地与顾客打招呼,音量适度。

(2)客人用完餐后,达到迎宾区域时,要热情地与客人打招呼,鞠躬向客人告别:"谢谢您的光临,欢迎再次光临!"

2.餐前服务

在开盘之前,备齐餐具,检查、清洗、擦亮服务用具,摆放好座椅、餐具(不锈钢扁平筷子和勺子,每两个人要准备一副公用筷子和公用勺子,方便取菜)、其他备品。

3.餐中服务

(1)客人入座后,服务员应主动向客人问好,根据客人人数增减餐具。

(2)热情礼貌地为客人提供点菜服务。

(3)韩餐上菜顺序为:先上开胃菜,然后上主菜,最后上汤品;观察主宾,先主后宾,在上菜品之前,先用托盘把6个或8个韩式开胃小菜摆在桌子的中间位置(可以正对平行摆放,也可交错平行摆放)。

(4)服务员在上客人所点菜品时,应当按照上菜顺序向客人报菜名并向客人介绍菜品及功效。上菜过程中,米饭与配汤一起上桌,需要配酱的蔬菜和其他也需要配料的菜品,其酱与配料应同菜品一起上桌。

(5)当客人点的菜品中有石锅拌饭或烤肉时,一定要提醒客人菜品太烫,请稍等慢用。

【典型应用】

服务员服务流程十五字诀

十五字诀为:迎、带、拉、递、问、斟、介、接、上、勤、换、核、报、征、送。其具体流程如下:

(1)迎:服务人员在例会结束后按规定的标准姿势站在自己的工作岗位上,准备迎接客人,迎客员应在客人离自己1.5~2米处时礼貌问好:"中午/下午/晚上好!""欢迎光临!""请问您有预订吗?请问您几位?"所有餐厅服务人员在见到客人的第一时间都要礼貌问好以表示欢迎。

(2)带:了解客人人数,带客人时,走在客人前面,与客人保持1米距离;三步一回头,避免带失客人(这是介绍餐厅特色活动及优惠活动的最佳时机),给区域服务人员发出手势信号,示意人数。

(3)拉:先确认客人对客位是否满意:"先生(小姐)您看这个位置/包厢可以吗?"然后拉椅让座。

(4)递:递热毛巾,根据人数摆好餐位,递菜谱:"这是您的菜单,您先看一下,如有需要请知会!"

(5)问:服务员问好,问用何种酒水。

(6)斟:礼貌水(七茶八水),根据人数调控。

(7)介:介绍餐厅特色,为客人做好参谋。

(8)接:接过客人的菜谱,重复以防错漏,带走花瓶并录入菜单信息并确认发送。

6

(9) 上:接过客人所点菜式的相应餐具(注意干巾和牙签)及酒水;根据台号前往相应台前,拿起菜单,确认品名并说"请慢用。"上最后一道菜时,要知会"菜已上齐",并做好第二轮推销(请问还需要点什么吗)。

(10) 勤:勤加水、勤巡台、勤收拾。

(11) 换:勤换骨碟等。

(12) 核:核对客人菜单,结账时核对银码。

(13) 报:报银码,唱收唱付。

(14) 征:征求客人的意见与建议。

(15) 送:用礼貌用语欢送客人。

【知识拓展】

餐厅服务员文明举止礼仪规范

一、文明举止

(1) 精神饱满,不卑不亢,不倚、不靠。

(2) 自然站立,说话有礼貌,对客微笑,使用敬语。

(3) 站姿端正,态度诚恳。

(4) 站立端正,随时为客人服务,两手放在身前交叉;走路平稳、不急跑;遇到上级、同事应热情打招呼。

(5) 回答客人的问题或与上级交谈时,声音适中,诚恳自然,对方听清即可。

(6) 跟客人说话时,双眼注视对方,面向客人。

(7) 对客服务时,杜绝谈论自己的私事,不能变相向客人索取小费。

(8) "客人永远是对的"。

(9) 微笑服务,热情友好。

二、不良举止

(1) 无精打采,倚靠门、窗或单腿站立。

(2) 当客人需要服务时,装作没看见或故意背向客人,不予理睬。

(3) 脚在地上划来划去,大腿小腿晃来晃去,心不在焉。

(4) 手插衣兜,边走路边聊天,遇人不打招呼。

(5) 与客人或上级谈话时,双臂抱于胸前或交叉于身后。

(6) 与客人交谈时,距离过近或过远,声音过小,客人听不清楚。

(7) 与客人交谈时,东张西望或将面部转向别处。

(8) 与客人谈私事,变相索取小费。

(9) 对客服务中,与客人发生争执。

(10) 对客人不耐烦。

三、文明语言规范

服务人员在工作中应当谈吐文雅,语调轻柔,语气亲切,讲话时,确保"请"字在先,讲究语言的艺术,根据不同的接待对象,用好敬语、问候语、称呼语等。

(一) 说话时的仪态

与客人对话时,首先要面带微笑地倾听,通过关注的目光进行感情交流,或通过点头和简短的提问、插话表示对宾客谈话的注意和兴趣。为了表示对宾客的尊重,服务员一般应站立说话。

（二）选择词语

即使是表达同一种意思,所选择词语的不同,给宾客带来的感受也会不同,产生的效果也就不同。例如:"请往那边走",使宾客听起来觉得有礼貌;"往那边走",去掉"请"字,则语气生硬,变成了命令。因此,我们要注意选用客气的词语,如:

(1)用"用饭"代替"要饭"。

(2)用"几位"代替"几个人"。

(3)用"贵姓"代替"姓什么"。

(4)用"有异味"代替"发霉""发臭"。

(5)用"让您破费了"代替"罚款"。

(6)用"王总,好久没见您了"代替"王先生,好久没见你了"。

（三）文明礼貌基本用语

(1)直接称谓语:先生/×××先生、小姐、夫人、女士、太太。

(2)间接称谓语:那位先生/女士、您的先生/夫人。

(3)欢迎语:欢迎您来这里进餐。希望您生活愉快。

(4)问候语:您好! 早安/午安/晚安。多日不见,您好吗?

(5)祝贺语:祝您节日愉快! 祝您生日快乐! 祝您一切都好! 祝您一帆风顺!

【思考与练习】

1.餐饮服务的卫生礼仪规范有哪些?

2.简述中餐厅的服务礼仪规范。

3.简述西餐厅的酒水服务礼仪规范。

4.简述特色餐厅的服务礼仪规范。

任务三　客房服务礼仪实务

【学习目标】

1.了解客房部员工的服务规范。

2.掌握楼层接待服务礼仪。

3.掌握客房清洁服务礼仪。

4.掌握访客接待礼仪。

5.掌握离店服务礼仪。

【情景导入】

一位四十多岁的客人陈先生提着旅行包从 512 房间匆匆走出,走到楼层中间拐弯处的服务台前,将房间钥匙放到服务台上,对值班服务员说:"小姐,这把钥匙交给您,我这就下楼去总台结账。"服务员小余却不冷不热地告诉他："先生,请您稍等,等查完您的房后再走。"同时拨电话召来同伴。陈先生顿时很尴尬,心里很不高兴,只得无可奈何地说："那就请便吧。"这时,另一位服务员小赵从工作间出来,走到陈先生跟前,将他上下打量一番,又扫视一下那个旅行包,陈先生觉得受到了侮辱,气得脸色都变了,大声嚷道："你们太不尊重人了!"

小赵也不搭理,拿了钥匙,径直往 512 号房间走去。她打开房门,走进去不紧不慢地盘点。从床上用品到立柜内的衣架,从衣箱里的食品到盥洗室的毛巾,她都一一清查。她还打开电控柜的电视机开关看了看屏幕。然后,她离房回到服务台前,对陈先生说:"先生,您现在可以走了。"陈先生早就等得不耐烦了,听到了她放行的"关照",更觉恼火,待要发作,或投诉,又想到要去赶火车,只得作罢,带着一肚子怨气离开了酒店。

情景解析:在客人离店前检查客房的设备、用品是否受损或遭窃,保护宾馆的财产安全,这是服务员应尽的职责,是无可厚非的。然而,本例中,服务员小余、小赵的处理方法显然没有以客人为中心,没有体现出对客人的尊重,不合乎礼仪规范。宾客在酒店的日常生活服务大部分是由客房服务员承担的,若要提高客房服务的水平和质量,客房工作人员就应当更加注意礼仪礼节。

酒店客房部又称房务部,其工作重点是管理好酒店的所有客房,负责酒店客房及公共区域的清洁和保养工作,供应和配置各种用品,为宾客创造一个清洁舒适的休息环境。客房服务是工作时间最长、工作量最大、工作任务最繁杂的工作。因此,客房部服务的质量也是事关酒店品质的关键因素。

一、客房部员工服务礼仪规范

(一) 高度自觉,责任感强

客房部的许多工作是由服务员个人独立完成的。如果没有自觉性,不遵守酒店的有关规定,经受不住考验,服务员则不可能做好客房服务工作。客房部服务工作的劳动强度是很大的,工作人员应踏踏实实地工作,有吃苦耐劳精神,以高度的责任心从事本职工作,注意客房安全;在工作期间自觉遵守服务工作的基本常识,如不随便翻动客人的资料和物品,不在客人房间看电视、听广播等;在结伴工作中要和睦相处、默契配合,确保工作顺利完成。

(二) 行为规范,注重细节

客房部员工应沿墙边地带行走,注意所行路线上的设备、器材有无损坏,地上有无纸屑和积水;如遇客人迎面而来,员工则应放慢行走速度,在距离客人二三米时自动停止行走,站立并向客人微笑问好;整理客人的住房时,不得随便清理客人的物品,这是因为它可能对客人有用;在没有问明和证实来客是该房间的下榻客人以前,不要将客房钥匙随便交给他人;服务人员不得聚在一起议论客人。

(三) 与客方便,工作得当

客房要给客人舒适、清洁的感觉,客房部人员不能在楼层大声喧哗,搬运物品要轻拿轻放,保持肃静;遇到需要客人签字的情形,要把签字单放在小托盘上,双手递过去,并说"请您过目签字",然后将笔打开,双手呈给客人,客人签毕,表示感谢;为客人打扫客房时必须清扫干净并为抵店客人备妥一切干净齐全的用品;在客人离开后整理房间,发现客人有遗漏物品,应立即交还或报告主管;注意检查房间的零星物品,发现烟灰缸、小巧装饰品遗失,不要直接查问客人,要立即报告主管。

【典型应用】

如何"超越"客人

某饭店的客房区域,一对夫妇从房间出来,边说着话边向电梯厅走去。这是赵先生和他的太太,他们是饭店的长住客人。赵先生是北京一家合资饭店的外方总经理,由于职业的因素,赵先生对饭店的服务、服务员的行为举止非常在意。同时,正是由于赵先生的特殊身份,服务员在为赵先生服务时也格外用心。

这时,一名客房服务员急匆匆地从客人后面走来,从赵先生夫妇的中间穿过,超越了客人,没有一点示意。赵先生看着超过自己的客房服务员,皱起了眉头,叫住了已经超越到自己前面的服务员,说:"你这样做是不对的,这不像合格的服务员。"服务员意识到了自己的问题,马上说:"对不起,赵先生,我有点急事。"赵先生说:"你有急事可以超过我,但你知不知道应该怎么超越?"

在楼层巡视工作的客房主管看到了刚刚发生的事情,走了过来,向赵先生道歉说:"对不起,这是我们的错,我们会加强对员工的培训。"赵先生诚恳地说:"其实我倒没关系,我只是觉得我们做服务的人,应当时时维持好的精神面貌、礼貌修养和宾客意识,处处体现出严谨和规范。"

在通道上,酒店服务员应靠右侧行走。有客人迎面走来,服务员在与客人相遇时,应当停住脚步,面向客人身体微侧,向客人问好并伸手示意客人先行。服务员与客人在同一侧行走时,应先问候客人,同时伸手,示意客人先行,并说"您先请",且与客人保持一定的距离,不得超越客人。如确因有较急的事要超越客人,服务员应从客人的左侧超越,超越时应向客人说"对不起",不能并排行走或从说话的客人中间穿越。如果客人是靠左侧行走的,服务员则可以从客人的右侧超越,但同样要向客人示意,这些都是服务员应遵守的基本要求。

二、客房部各岗位服务礼仪规范

(一)客房楼层接待服务礼仪

楼层接待工作主要由楼层台班员来完成,主要目的是掌握标准房间状态和客情动态,保证工作和宾客来往信息的准确传递和沟通,保持楼层安静、清洁,保证客人生命财产和酒店的安全,这些离不开楼层工作人员主动、热情、耐心和周到的服务。注意事项如下:

(1)接到前台开房通知单后,当班台班员要全面了解客人信息,如到店时间、离店时间、人数、身份、国籍、健康状况、性别、年龄、宗教信仰、风俗习惯、生活特点,确定接待规格、收费标准和办法,安排接待服务工作。

(2)根据客人的风俗习惯、生活特点和接待规格,对房间进行布置整理;检查设备用品是否完好、充足,为客人提供整洁、卫生、舒适、安全的客房环境。

(3)接到来客通知后,楼层接待员要站立在电梯口旁,恭候宾客到来,宾客一到,要面带笑容,热情招呼;如果事先得知客人的姓名,在招呼时应说:"欢迎您! ××先生(女士)。"节假日迎宾时,还应向宾客致以节日问候,如"新年好! 欢迎光临!"

6

（4）主动帮助客人，征得同意后，帮助提携行李；然后引领客人到已准备好的房间门口，侧身站立，行李员用钥匙打开房门，请客人先进。

（5）对于重要客人，要依据宾客生活习惯的时令特点按"三到"（即"客到、茶到、毛巾到"）的要求进行服务；递送时必须使用托盘和毛巾夹，送物不离盘。

（6）根据客人实际情况，热情、礼貌、详细地向客人介绍房内设备及使用方法，同时向客人介绍酒店服务设施和服务时间；对房内需要收费的饮料食品和其他物品，要婉转地说明；还要征询客人是否在房内用餐，以便及时通知餐饮部。

（7）接待服务要以客人的需求为准绳，客人需要安静地休息时，服务人员应随机应变，简化某些服务环节。

（8）在确定宾客没有其他要求后，服务员应向客人告别，立即离开，可说"请好好休息，有事尽管吩咐，请打电话到服务台"并祝客人住宿愉快；退出房间后，轻轻将门关上。

（二）住客的日常服务礼仪

宾客住店期间的日常服务范围广、项目多，劳动强度大，服务繁重琐碎，需要工作人员有良好的身体素质、较强的责任感和动手能力，待客工作要细致耐心。

1. 客房清洁服务礼仪

（1）客人一旦入住，客房即成为其私人空间，服务人员不能随意进出该房间，同时，还要以高度的警惕性，确保住客的生命和财产安全。

（2）整理房间时，应尽量避免打扰客人的休息与工作，整理工作最好在客人外出时进行；有事需要进入客人房间时，必须讲究礼貌，一般先按两下门铃，未见动静，再用中指关节有节奏地轻敲房门两次，每次三下，同时表明来意，在听到客人肯定的答复或确信房间无人后方可进入。无论客人是否在房间，房门都应保持敞开状态。

（3）敲门后，对可能出现的各种情况灵活处理：若遇门开着或客人来开门，应礼貌地向客人问好，征得客人允许再进入。若房内无人应答，进房后发现客人在房间或卫生间，此时如果客人穿戴整齐，要立即向客人问好并征询客人关于是否可以工作的意见；如果客人衣冠不整，应立即道歉，退出房间并把门关好。

（4）在客房内工作，将客人的文件、杂志、书报稍加整理，打扫后放回原处，不得弄错位置，更不得擅自翻动宾客的物品。除扔在垃圾桶里的东西以外，即使是放在地上的东西也只能作简单的处理，千万不能自行舍弃。

（5）清扫时，若宾客在交谈，千万不要插话，更不能趋近旁听，不向客人打听私事；凡打到客房内的电话，一律不要接听；除非发生意外情况，不要使用客房的电话；客人请坐、给小费或赠送物品时，要婉言谢绝并致谢意。

（6）清洁过程中，若客人回来，要礼貌地请客人出示房卡或房间钥匙，确认其是否是该房间的客人，并询问客人是否可继续整理。

（7）房间清理完毕后，应环视一周，确认完好后离开；若客人不在，要切断电源锁好门；若客人在房，要礼貌地向客人道歉："对不起，打扰了！"然后退出房间，轻轻关上房门。

2. 访客接待礼仪

（1）尽量记住住宿客人的姓名、特征，注意保守客人的秘密，不将客人的相关信息告诉无关人员，不给客人引见陌生人。

（2）访客来访时，要礼貌问好，询问拜访对象并核对被访者的姓名、房号是否一致。在征得客人同意后，请访客办理登记手续，才能指引访客进入客人房间。若访客不愿意办理登记手续，应耐心礼貌地进行解释，力争对方配合；若访客执意不肯，应根据来者与被访者的身份、来访目的与时间，酌情处理。

（3）若住客不愿见访客，要礼貌委婉地说明住客不方便接待客人，不要将责任推给住客，同时，不能让访客在楼层停留等待，应请其到大堂问讯处，为其提供留言服务。

（4）若宾客接待来访者，服务员要及时地根据宾客的要求，备足茶水；来访时间若超过酒店的规定，应提醒来访者并让其离开住客房间；访客走时，热情相送，注意来访者是否在没有住客陪同的情况下带走贵重物品。

（5）来访者离开楼层时应在来访登记本上写明离开时间，当班台班员应签名确认。

（6）保持相应警觉，对可疑访客，应上前礼貌地询问清楚，坚持原则、刚柔相济，杜绝不良人员制造事端。

3. 其他服务礼仪

（1）住客要求洗衣时，应做到"五清一主动"：房号要记清，要求要写清，口袋要掏清，件数要点清，衣料破损、污渍要看清；主动送客衣到房间。

（2）客人委托代订、代购和代修的事项要询问清楚，详细登记并重复确认，及时地为客人服务，不可无故拖延。

（3）若宾客在住宿期间生病，服务员应主动询问是否需要前往医院就诊，给予热情关怀，切不可自行给客人用药或代客买药。

（4）宾客住店期间，若发生酗酒现象，服务员应立即通知上级和保安人员，必要时可协助保安人员将其制服，以免其扰乱其他住客或伤害自己；通常情况下，尽量安置酗酒客人回房休息，但应留意房内动静，避免出现损坏客房设备、卧床吸烟引起火灾、打扰其他住客或自伤等事件。对醉酒酣睡的客人，切忌单独搀扶其进入房间或助其解衣就寝，以免客人酒醒后产生不必要的误会。

（5）若客人在客房内丢失财物，服务员应安慰并帮助客人回忆财物丢失的过程，同时向上司和保安部报告，协助有关人员进行调查，不能隐瞒不报或自行其是。

（三）离店服务礼仪

（1）接到客人的退房通知后，服务人员要热情关照客人，仔细检查客人所有委托代办的项目是否已经办妥，各种账单是否结算、付清，主动询问客人是否需要用餐、出租车等服务。

（2）利用宾客临行前到客房服务的机会，查看房间内的各种主要配备用品有无损坏或短缺，若有，应委婉询问，请客人退回或赔偿。

（3）在宾客离店前，在可能的情况下，服务员应主动征求客人的意见，认真记录并衷心感谢，但注意不要强求或过多耽误客人时间。

（4）离房客人要送至电梯口，礼貌道别，欢迎客人下次光临。重要客人和老弱病残者要送至前厅并给予特别照顾。

（5）客人离开房间后，服务员应迅速入房仔细检查，若有客人遗忘的物品，应立即交还客人；如果已经来不及，应交送客房部办公室登记保存，同时检查房间小物品有无缺少，如有，应立即打电话与总台联系，机智灵活处理，不可伤害客人的感情和自尊心。

【典型应用】

醉酒客人的处理

凌晨2点,南京双门楼宾馆的电梯在5层停住。"叮咚"一声门开了,一位客人踉跄而出,喃喃自语:"我喝得好痛快啊!"嘴里喷出一股浓烈的酒气。这时,保安员小丁恰好走过,见到客人的模样,断定是喝醉了,连忙跑上去扶住他问:"先生,您住在哪间房?"客人神志还算清醒。他轻轻地摇摇自己的左手,小丁会意,便细看客人的左手,发现一块517房的钥匙牌。小丁一步一步把客人搀进房间,扶他躺在床上,又泡了一杯醒酒茶,然后将衬有塑料袋的清洁桶放在客人床头旁。这时,客人开始呻吟起来,小丁一面赶紧把客人稍稍扶起,将沏好的茶水端到他嘴边,一面安慰说:"您没事的,喝完茶躺下歇歇就会好的。"随后又到洗手间拿来一块湿毛巾敷在客人额头上,说:"您躺一会儿,我马上就来。"不一会儿,小丁取来一些用湿毛巾裹着的冰块,换下客人额上的湿毛巾。突然,"哇"的一声,客人开始呕吐了。说时迟,那时快,已有准备的小丁迅速拿起清洁桶接住。等醉客痛快地吐完后,又轻轻托起他的下颚,用湿毛巾擦去其嘴边的脏物。此后,小丁静静地观察了一会儿,发现客人脸色渐渐转红,就对他说:"您好多了,好好睡上一觉,明天就能复原了。"他边说边帮客人盖好被子,在床头柜上留下一杯开水和一条湿毛巾,又补充一句:"您若需要帮助,请拨09,这是楼层服务台的电话。"然后他调节好空调,换上新的垃圾袋,轻轻关上门离房。小丁找到楼层值班服务员,告知醉客的情况,并请她每过10分钟到517房去听听动静。天亮时,辛劳值勤一夜的小丁眯着熬红的双眼又来了解情况,得知醉客安然无恙才放下心来。最后,他又请值班服务员在交接班记事本上写下:"昨夜517房客醉酒,请特别关照!"

【知识拓展】

宾客投诉处理礼仪

一、处理宾客投诉的态度

(1)欢迎宾客的投诉。投诉是宾客应有的权利,接待人员要真正了解投诉的意义和价值,以欢迎的态度接待前来投诉的宾客,从而得到一个了解与发现自己不足的机会,一个完善和提高服务水平的机会,切忌以粗暴无礼的方式对待投诉的宾客,更不能简单地把宾客推给他人或者其他部门。

(2)感谢宾客。感谢宾客没有因为对服务的不满而直接放弃我们,要感谢客人的宽容和信任,应怀着一份接纳的态度,让客人感受到我们的诚意和尊重,如:"感谢您给我们提出批评指导意见!""您让我们及时知道了服务中的不足,这太好了,非常感谢您,女士!"

(3)真心诚意地理解客人的心情。客人投诉,说明酒店的管理及服务工作有漏洞,说明客人的某些需求尚未被重视。服务员应理解客人的心情,同情客人的处境,努力识别并满足他们的真正需求,满怀诚意地帮助客人解决问题。只有这样,才能赢得客人的信任与好感,才能推动问题的解决。

(4)心平气和地认真听取宾客的投诉。听取宾客意见时,服务人员要态度诚恳地注视宾客,随着客人情绪的起伏,表示出理解和感同身受的态度,并不时地说:"我理解,我明白,一定认真处理这件事情!"同时,还要做好记录,以示对客人投诉意见的重视。

(5)向宾客致歉。在接待宾客投诉时,第一反应是向客人致歉,在投诉时,客人总是讲道理的。要虚心接受宾客的批评,不要反驳客人的意见,更不能与客人争辩。不应该对客人的投诉采取"大事化小,小事化了"的态度,应该采取"这件事情发生在您身上,我感到十分抱歉"之类的语言来表示对投诉客人的关心。假如对客人提出的抱怨或投诉事宜负责,要说:"非常抱歉,先生。我们将对此事负责,感谢您对我们提出的宝贵意见!"在与客人交谈的过程中,注意用姓氏尊称来称呼客人。

(6)弥补不足,补偿宾客。客人前来投诉,接待人员就应相信客人确实是发现了问题或碰到了困难,从而采取措施弥补服务礼仪中的不足,通过一定的方式补偿宾客的损失,挽回已经出现裂痕的宾客关系。

二、宾客投诉处理礼仪

(一)耐心倾听意见

耐心倾听,"让宾客说话"是平息宾客激动情绪和赢得宾客信任的最好方法。同时,我们可以通过提问的方式来回应宾客,弄清问题。集中注意力听取对方的意见可以节约对话的时间。

(二)保持冷静

在与投诉宾客对话时,服务员一定要控制好自己的情绪,保持冷静和耐心,不要被宾客"牵着鼻子走"。为了不影响其他客人,服务员可将客人请到办公室内,单独听取客人的投诉,私下交谈容易使客人平静。

(三)不转移目标

把注意力集中在客人提出的问题上,不随便引申,不嫁罪于人,不推卸责任,绝不能怪罪客人。对话的语言要尽量简洁明了,切忌闪烁其词。对于某些宾客的无理要求或恶意投诉,耐心讲理或坚决拒绝都不是正确的方法,权宜之计只能是部分接受对方的要求,力求以较小的经济损失避免酒店的声誉受损。

(四)记录要点

把客人投诉的要点记录下来,这样不仅可以放慢客人讲话的速度,缓和客人的情绪,还可以使客人确信,酒店对他反映的问题是重视的。此外,记录的资料可以作为解决问题的根据。

(五)把将要采取的措施告诉客人并征得客人的同意

如有可能,服务员要请客人选择解决问题的方案或补救措施,绝对不能对客人表示,由于权力有限,无能为力,也千万不要有不切实际的承诺。

(六)把解决问题所需要的时间告诉客人

要充分估计解决问题所需要的时间,告诉客人具体的时间节点,不含糊其词,切忌低估解决问题所需要的时间,若宾客同意改进措施,一定要立即行动,绝不要拖延时间,否则只能引起宾客进一步的不满。

【思考与练习】

1.客房部员工的服务规范有哪些?

2.楼层接待服务礼仪有哪些要点?

3.在客房清洁服务中,我们要注意哪些礼仪规范?

任务四   康乐服务礼仪实务

【学习目标】

1. 掌握健身房服务礼仪。
2. 掌握游泳池服务礼仪。
3. 了解保龄球和桑拿洗浴服务礼仪。
4. 掌握练歌房服务礼仪。
5. 掌握美容美发服务礼仪。

【情景导入】

一天晚上,某酒店桑拿室的服务员小王在为一女宾提供更衣服务,突然发现该女宾的腰间有一圈色泽鲜红的小疹子。小王怀疑该女宾患有传染性皮肤病,因此担心其他客人有意见。虽然桑拿室有谢绝接待患有皮肤病和传染病的客人的规定,但小王觉得不便直接阻止客人进入。经过思考,小王婉转地询问该女宾:"最近皮肤是否有什么不舒服?"在与该女宾聊天的过程中,顺便告诉她自己家里以前曾有人得过这种病,桑拿浴可能会加重病情,对身体不好,在治疗期间不适合到公共场所洗桑拿浴。然后小王给客人端上一杯冷饮,请客人考虑一下是否还要进入桑拿室。经过小王礼貌周到的服务与劝说,该女宾打消了进入桑拿室的念头,临走时还向小王表示了感谢。

情景解析:酒店桑拿室属于公共休闲场所,安全、卫生、周到是该场所的服务要求。案例中,小王始终站在客人的角度,替客人着想,及时站在客人的立场上考虑问题,采用委婉亲切的语言、和善的态度,积极沟通,既解决了问题又让客人感受到关心,从而使客人享受到完美无缺的服务。

康乐部是为宾客提供健身娱乐等服务项目的部门,一般由游泳健身中心、球类和娱乐休闲中心构成,是客人消除疲劳、平衡身心的服务场所。康乐部每个项目的服务内容、服务方式、礼仪和质量标准各不相同,酒店人员应系统地了解和掌握各主要岗位的服务礼仪规范,在实际工作中正确、恰当、熟练地加以应用,从而为宾客提供高水准、高档次的优质服务。

一、健身类项目服务礼仪规范

(一) 健身房服务礼仪

1. 主动热情,做好接待

健身房服务人员应时刻保持仪表清洁、精神饱满、充满活力的工作状态。服务台人员服务时,若有客人打预订电话或咨询电话进来,应在铃响3声之内接听,准确记录预订人、预订内容、预订时间,复述清楚,获得客人确认。客人到来时,应主动热情欢迎,上前问好,对常客宜称呼姓名或职衔;核对票券或会员证,做好记录,设计运动计划,建立健康档案。

2. 准确、适时地做好服务

服务人员应按客人要求发放必要用品,引导客人前往他们所需的活动项目器械;对不熟悉健身器械的宾客,应先建议其进行体能测试,保证宾客能科学、安全地健身;如果宾客对所使用的健身设备和器械使用方法不清楚,要耐心讲解和示范。

3. 细心周到,确保安全

坚守岗位,严格执行健身房的规定,注意宾客健身动态,随时给予正确的指导,确保宾客安全运动,礼貌劝阻一切违反规则的行为;在健身高峰期,应耐心引导宾客做其他健身运动。

4. 保持场内清洁卫生

服务过程中,及时清理客人用过的毛巾、纸杯等杂物,询问客人是否需要饮料;对比赛的客人要热情地做好记分、排名工作。

5. 礼貌送客

客人离开时,服务人员应礼貌地向客人致意和道别,欢迎客人再次光临,留意客人是否带走随身物品,及时提醒。

(二) 游泳池服务礼仪

(1) 游泳池服务人员到岗后应做好清洁消毒工作,清查物品,确保各项设施、设备配备完好。

(2) 热情大方,面带微笑,端庄地站立在服务台旁或服务区里,恭候宾客的到来。

(3) 客人进场后,收发更衣柜钥匙的服务员应主动向客人问候,礼貌地递送衣柜钥匙和毛巾,引领宾客前往更衣室,提醒宾客妥善保管好自己的衣物。客人更衣时,服务人员不要面对客人,应侧过身去。

(4) 谢绝喝酒过量的宾客或患有皮肤病的宾客进入游泳池,同时,禁止宾客携带酒精饮料或玻璃瓶饮料进入游泳池。进入游泳区域的宾客,在进入游泳池前须先冲淋并经过消毒浸脚池。

(5) 客人游泳时,各服务区的救生员应时刻观察情况,若发现异常情况,应立即采取救护措施,确保客人安全;对年老体弱者要主动照顾;对儿童客人,应提醒其家长注意水深,以免发生危险。

(6) 服务员应经常在池边走动,以便对客人的需要及时作出反应,主动向池边休息的客人介绍、提供饮料;为客人递送物品时要使用托盘,注意从客人右侧上饮料,手指只接触杯子下部而不触碰杯口或瓶口,同时,及时做好卫生工作,收回不用的浴巾、救生圈等物品。

(7) 客人淋浴时间较长,很可能已经超过了服务员的下班时间,此时,服务员切忌催促客人,而应掌握好礼貌分寸,说话和气,耐心等待客人。

(8) 客人离开时,提醒客人带齐自己的物品;尽量送客人到门口,向客人微笑告别。

【典型应用】

认真观察 细心服务

小李在游泳馆馆内值班,负责馆内的安全巡护工作。这时,他看见有位客人站在游泳池边,拿着泳镜不停地徘徊,他的表情似乎也显得有些着急,小李便主动上前询问:"您好,先生,请问您有什么需要帮助的吗?"这位客人生气地说:"别提了,我刚刚在你们这里买的泳镜根本就不能用!"小李连忙问客人不能用的原因,客人说泳镜下水太过模糊,看不清楚方向,并且要求退货。小李听后急忙安抚客人的情绪,在征得客人的同意后,拿着泳镜仔细查看,发现泳镜的保护薄膜没有撕掉,才导致泳镜模糊,而此时小李见客人和朋友在一起,为避免客人尴尬,便转身背对着客人将保护膜撕掉,请客人再次使用,客人非常满意。在日常接待中,服务员应通过对客人的眼神、表情、言谈举止的观察,发现客人的需求,从而提供服务,服务于客人开口之前,使客人满意。

(三) 保龄球馆服务礼仪

(1) 服务人员应着保龄球室工作服上岗,服装整洁,仪表端正,具有较高的保龄球运动水平,熟悉保龄球运动规则和记分方法,熟练掌握保龄球室的工作内容、工作程序和操作方法。

(2) 坚持站立服务和微笑服务,有客人到来时,应主动及时地迎接、问候,礼貌地为其办理领鞋、开道和打球手续。

(3) 如遇满道的情形,应礼貌地请客人排队等候。

(4) 客人打保龄球期间,服务人员应认真巡视、查看球场,维护球场的良好秩序,视需要为刚刚开始练习保龄球的客人讲解运动知识、记分规则,提供示范练习,主动、耐心、细致地示范讲解。

(5) 及时纠正顾客违反球场规则、妨碍他人的行为,调停客人纠纷,保持球场秩序。

(6) 客人打球结束后,服务人员应礼貌提醒客人将公用鞋交回服务台,立即清洁球道的座位区、地面、记分牌等。

二、休闲类项目服务礼仪规范

(一) KTV 服务礼仪

(1) 迎客准备:当宾客到来时,在距离客人 1.5～2 米处,与客人眼光相遇时开始行礼,欢迎宾客:"先生/小姐,晚上好! 欢迎光临!"行礼时必须双眼平视,收腹挺胸,同时鞠躬 15 度问候,并做出"里面请"的手势,全体人员一致。

(2) 引客入座:当客人被引领到包房门口时,应主动、热情地打开房门,左手(右手)扶着门柄手轻轻推开门,右手(左手)五指并拢,手掌心侧向上,手背向下,做"请"的手势,请客人入房入座。

(3) 上礼貌茶:在客人入座后,进行自我介绍:"先生/小姐,晚上好! 我是这间房的服务生,很高兴为你们服务!"以半跪式姿势给宾客侧身上茶,手拿水杯时,应拿杯下的三分之一处。上茶时,要轻拿、轻放并做请用茶的手势。

(4) 开启电器设备:将房间空调、灯光调到客人满意的状态,将电视打开,询问客人是看电视、唱"卡拉 OK"还是听音乐(若宾客答看电视,则应询问客人喜欢看的频道)。

(5) 上生果、小食:传送人员将生果、小食送到包房门口,服务员接过后将生果、小食端送上台,掀开生果保鲜膜示意宾客食用。

(6) 点单:服务时可推销酒水或食品,随时注意宾客的进食程度及房间动态,保证"眼勤、手勤、嘴勤、腿勤",准确判断客人的需求并予以满足。房内垃圾要及时清理。

(7) 点歌:主动热情地征询客人的意见并为客人点播歌曲。

(8) 结账:当包房客人要求结账时,先问客人还需要什么服务,介绍可以打包带走的物品;

随时通知主管送来消费账单(宾客买单时,用眼睛的余光检查厅房的一切物品、设施是否损坏或遗失不见)。买单完毕后,退出包房,再次向客人道谢并欢迎客人下次光临。

(9)送客:当客人准备起身离开时,服务员应主动替客人拉开房门,提醒客人带好随身物品并说:"请慢走,欢迎下次光临!",将客人送到电梯口,按好电梯以示尊重。

(二)桑拿洗浴服务礼仪

(1)客人到达,主动问好,热情迎接客人,询问有无预订。

(2)准确记录客人姓名(如酒店客人的房号)、到达时间和要消费的服务项目,说明各项桑拿浴的费用标准,按标准收费。

(3)细致地提供更衣柜号码、钥匙,主动及时地提供毛巾、服务用品。

(4)客人进入桑拿浴室前,开启桑拿、调好温度控制器和沙漏控制器;及时劝阻心脏病、高血压、脑溢血患者和醉酒者进入桑拿浴室和服务区域,以防意外事故发生。

(5)客人享用桑拿浴期间,每 10 分钟巡视一次,注意客人情况,若有呼唤,随时服务。就浴客人若有不适感觉或遇意外情况,服务人员及时采取紧急救护措施,保证客人安全。

(6)随时同前台人员保持联系,有情况及时同前台沟通;及时提供客人要求的各项服务;与宾客对话时,语调应亲切,音量适中。

(7)客人离开时,主动鞠躬相送:"先生/女士,休息好了,欢迎再次光临! 您慢走!"

(三)美容美发服务礼仪

(1)服务人员迎接客人时,仪容、服饰要规范,符合行业标准。

(2)客人到来时,应热情问候,帮助接、挂衣帽。

(3)将客人引领到美发、美容师处,帮助客人穿上理发衣或围上布罩,为客人清洗头发或清洁皮肤。如果客人较多,需要等待,应为他们奉上茶水、递上杂志,请客人稍等。

(4)在为客人提供服务时,应先征求客人的意见,然后再按客人的要求,专注地进行美容美发服务。

(5)为消除客人的陌生感,可以适当地同客人交谈。音量要适中,语气要温和亲切,表达要清晰准确,交谈内容不要涉及个人隐私,不要把自己的意见强加于人,以免引起客人的反感和不安。

(6)服务结束后,请客人对提供的服务成果进行检验,礼貌地请客人提出自己的意见;若客人有所不满,应立刻为其修饰,直至满意为止;美容美发服务完毕后,要告诉客人并感谢客人的合作。

(7)用托盘收款找钱,动作应当迅速准确,同时向客人致谢;送客时,取、递衣帽,礼貌告别,目送客人离去。

【典型应用】

康乐服务的主要特点

康乐服务具有酒店服务的许多共性,如热情好客、文明礼貌、耐心周到等。由于其自身的特殊性,康乐服务还具有区别于其他服务的许多鲜明特点,在学习规范的服务礼仪之前,我们必须对这些特点有深入的了解。

(1)要求从业人员有较强的专业技术能力。大多数项目本身的专业性很强,技术要求较高,这就要求岗位人员对其负责的设施、设备、结构和特点加以熟悉掌握,还要求他们掌握相关的知识与竞技、娱乐规则,比赛方式,甚至娴熟的运动技艺。

(2)为客人提供专项服务、专项咨询、保护服务占突出地位。康乐部健身运动具有较强的专业技术性,对初来健身的客人,服务员应热情讲解运动器械的性能、作用和使用方法并为客人做必要的示范。客人锻炼时,服务员要站立于一旁留心观察,及时、正确地加以指导;游泳池的救生员要时刻注意泳池的动态,防止溺水事件发生;对初次洗桑拿的客人,桑拿房的服务员要耐心介绍桑拿须知,留心蒸房内的异样情况。

(3)加强对设备、设施的维护保养是日常服务工作中的重要环节。康乐部服务项目多,酒店在场地、设备与设施上的投资规模较大。现代化的设施设备是必要的物质条件。因此,按规范对设备、设施进行精心的维护保养,有利于设备的正常运转和健身娱乐环境的整洁优雅,是十分重要的。

(4)服务中既要坚持原则,又要保持一定的灵活性。康乐部的日常工作中,人们经常会遇到一些较为特殊的服务案例,如在练歌房遇见兴致较高,又有醉意的客人的过分要求;在运动当中,会遇见不按规则进行不当运动的客人;在棋牌室会遇见赌博的客人,等等。遇到这些客人时,服务员既不可以迁就也不可以用生硬的姿态强行拒绝。因此,在日常的服务礼仪培训中,酒店要加强对服务员的应变能力、语言技巧、突发事件处理能力的专项指导和训练。

(5)饮料销售是康乐服务的重要组成部分。在健身项目中,较为激烈的体力运动是非常多的,及时摄入饮料,补充体力的消耗,是客人的必然要求。因此,饮料销售非常重要。在练歌房里,饮料、酒水也是客人进行交际活动、助兴的必需品,服务员应积极、主动、有效地向客人推销酒水和饮料。

【知识拓展】

酒吧服务礼仪

一、酒吧服务员迎宾礼仪

酒吧服务员与客人的接触是十分密切、频繁的,因此,良好的个人卫生习惯和整洁的仪表仪容显得相当重要,酒吧应要求服务员每天洗澡刮胡,头发梳理整齐。酒吧服务员一般都穿白衬衣,系黑领结,穿深色裤子;女服务员也可穿深色裙子。除非是与酒吧制服配套的系列服装,服务员在一般情况下不穿花色衬衣。制服应及时换洗,始终保持整洁平整。女服务员的首饰应当从简,指甲修短,不涂红,脸部可不化妆或仅画淡妆,切忌浓妆;一般不系围裙,除非与制服配套。

客人到达酒吧时,服务员应主动热情地致以礼貌性的问候语;引领客人到其喜爱的座位入座。单个客人大多喜欢到吧台前的吧椅就座,对于两位以上的客人,服务员可将他们领到小圆桌就座并拉椅、让座。

二、为客人点酒

客人入座后,服务员应马上递上酒水单,片刻后询问客人喜欢喝什么酒水。服务员应向客人介绍酒水的品种,耐心回答客人提出的有关问题。开单后,服务员要向客人重复一遍所点酒水的名称和数目,加以确认,以免出错。

三、为客人调酒

调酒时,姿势要正确,动作要潇洒,自然大方。调酒师应始终面对客人,去陈列柜取酒时应侧身而不要转身,否则被视为不礼貌;调制好的酒应尽快倒入杯中,吧台前的客人应斟满一杯,其他客人斟八成满即可;当吧台前的客人杯中的酒水不足 1/3 时,调酒师可建议客人再来一杯,加以推销。

四、为客人送酒

服务员应将调制好的饮品用托盘从客人的右侧送上,应先放好杯垫和免费提供的佐酒小吃,递上餐巾后再上酒,报出饮品的名称并说:"请慢用!"

在送酒服务过程中,服务员应注意轻拿轻放,手指不要触及杯口,保持礼貌、卫生。如果客人点了整瓶酒,服务员则应按照"示酒、开酒、试酒、斟酒"的服务程序为客人服务。

五、为客人验酒

验酒是酒吧服务的重要环节。假如拿错了酒,验酒时经客人发现,可立即更换,否则,未经同意而擅自开酒,也许会被退回而造成损失。无论客人对酒是否有所认识,验酒均必须进行,这种做法也体现了对客人的尊重。

白葡萄酒应置于小冰桶内,上面用干净叠好的餐巾盖住,放置在点酒客人右侧的小圆几上面。服务时把酒瓶取出,用双手按着白葡萄酒瓶,标签要面向客人,使其过目验酒,左手以餐巾包裹酒瓶以防水滴,右手用拇指与食指捏牢瓶颈,经客人认可后,将酒再度放入冰桶,供其饮用。

供应红葡萄酒的温度应与室温相同,淡红酒可稍加冷却,可用美观别致的酒篮盛放。该酒因陈年存放,常会有沉淀发生,要小心端上餐桌,不要上下摇动。服务时,先给客人验酒认可,然后将酒篮平放在客人的右侧,供其饮用。

在拿给客人验酒之前,服务员需将每只酒瓶上的灰尘擦拭干净;仔细检查缺点并进行弥补后,再拿至餐桌上给客人验酒。

六、开瓶与斟酒服务

在开瓶与斟酒过程中,服务员要严格地遵守餐厅的礼仪。服务员应经常随身携带开瓶器及开罐器,以备开瓶(罐)使用。

开瓶的方法有一般酒瓶与起泡酒瓶之别,斟酒有一倒法与两倒法之分,分别叙述如下:

(一)开瓶方法

一般酒瓶的开瓶方法:①选备一只功能良好的开瓶器或拔塞钻,最好是带有横把的"T"字形的自动开瓶器,其螺旋钻能藏于柄内,使用时可减少麻烦;②割破锡箔(在瓶口,用刀往下割);③把瓶口擦拭干净;④拔软木塞,再度擦拭、清洁瓶口。

起泡酒瓶的开瓶方法:①把瓶口的铁丝与锡箔剥掉;②呈 45 度拿着酒瓶,拇指压紧木塞并将酒瓶扭转一下;③等瓶内的气压弹出软木塞后,继续压紧软木塞并呈 45 度拿着酒瓶。

(二)斟酒方法

1.一倒法

开启酒瓶后,先闻一下瓶塞(有时瓶塞会腐烂),斟酒,将酒瓶口擦拭干净,手持酒瓶时要小心,不要振荡起酒中的沉淀,以标签对着客人,先斟少许于主人或点酒客人的杯中,请其品尝,经同意后再进行斟酒。收瓶的要领是,当酒瓶将离开酒杯昂起时,慢慢将瓶口向右上转动,如此才不会使留在瓶口边缘的酒液滴下弄污桌布;陈年的红葡萄酒需装在特别的酒篮里,保持平稳,避免搅乱沉淀;为了尽量少动酒瓶,可把杯子从桌上拿起,瓶口靠近杯沿慢慢地斟倒;酒从杯沿开始倒入,然后逐渐抬高酒瓶,至离杯 10 厘米处结束。

2. 两倒法

对起泡的葡萄酒或香槟酒以及啤酒,采用两倒法斟酒。两倒法包含两次操作,初倒时,酒液冲到杯底,起很多泡沫,等泡沫约达酒杯边缘时停止倾倒,稍等片刻,至泡沫下降后再倒第二次,继续斟满至 2/3 或 3/4 杯。满半杯时,逐渐执正酒杯。第二次倒时,要将酒注入酒杯的正中,在表面冲起一层泡沫,但勿使其溢出酒杯,这一层泡沫有保持酒液中二氧化碳的作用。要领是:起初慢慢地斟,中途略猛地斟,最后轻轻地斟。

七、为客人结账

客人示意结账时,服务员应立即到收银台取出账单。

取出账单后,服务员要认真核对台号、酒水品种、数量及金额。确认无误后,服务员应将账单放在账单夹中,用托盘送至客人的面前并有礼貌地说:"这是您的账单。"找回零钱后,要向客人道谢,欢迎客人下次光临。

【思考与练习】

1. 健身房的服务礼仪规范有哪些?
2. 游泳池服务礼仪包括哪些内容?
3. 如何保障练歌房服务有礼有节?

任务五　宴会服务礼仪实务

【学习目标】

1. 掌握冷餐会服务礼仪规范。
2. 掌握鸡尾酒会服务礼仪规范。
3. 掌握西餐宴会服务礼仪规范。
4. 掌握中餐宴会服务礼仪规范。

【情景导入】

某酒店举行圣诞庆祝活动,在晚宴以后设置了化装舞会,在休息之际搞抽奖活动,人人有奖。在每人的奖品袋中都附有一张精致的"口彩卡",上面印有"圣诞快乐、吉祥如意"之类的吉利话。有一对外籍夫妇正好来我国旅游,欢度圣诞节,也参加了酒店组织的庆祝活动。他们中的一位打开奖品袋一看,里面根本没有"口彩卡",于是感到非常不吉利,心中闷闷不乐,服务员见状趋前表示抱歉("口彩卡"没有备货,无法补送,而且客人也并不要求补卡)却无济于事,餐厅经理闻讯,带着微笑走到客人面前用不怎么熟练的英语先说了一句"Merry Christmas Eve."(圣诞平安夜快乐),接着讲了一句美国谚语:"No news is the best news."(没有消息就是最好的消息)。这两句话马上说得这对夫妇转怒为喜,竟和经理握手,连声道谢,僵局就这样很快被打破了。

情景解析:宴会是因社交礼仪的需要而举行的聚会,是社交与饮食结合的一种庆祝形式。宴会服务的质量可以对宴会想要表达的效果产生很大的影响。为了使客人感受到主动、热情、耐心、周到的服务态度,宴会服务人员应掌握娴熟的服务技巧,具备良好的礼貌、礼节。

宴会是人们为了一定的社会交往目的举办的,集饮食、社交、娱乐功能于一体的宴饮聚会,是国际、国内社会交往的一种通行的,层次较高的礼仪形式。宴会种类很多,从规格上可分为国宴、正式宴会、便宴;从餐别上可分为中餐、西餐、自助餐和鸡尾酒会等。宴会应当保证格调高雅,在接待服务上强调周到细致,讲究礼节礼貌、服务技巧和服务规格。

一、中餐宴会服务礼仪规范

目前,我国饭店举行的宴会多为中餐宴会,按照中式服务方法和传统礼节进行服务,供应富有民族色彩和地方特色的名菜美点,使用中式餐具,饮用中国名酒,是我国传统的,具有民族特色的宴席。

中餐宴会服务可分为四个基本环节,分别是宴会前的组织准备,迎宾服务,就餐服务和送宾服务。

(一) 宴会前的组织准备

1. 掌握情况

接到宴会通知单后,餐厅管理人员和服务员应做到"八知""三了解"。

"八知"是知台数、知人数、知宴会标准、知开餐时间、知菜式品种及出菜顺序、知主办单位或房号、知收费办法、知邀请对象。

"三了解"是了解宾客风俗习惯、了解宾客生活忌讳、了解宾客的特殊需要。如果宾客是外宾,管理人员还应了解与宴者的国籍、宗教、信仰、禁忌和口味偏好。

对于规格较高的宴会,管理人员还应掌握下列事项:宴会的目的和性质,宴会的正式名称,宾客的年龄和性别,有无席次表、座位卡、席卡,有无音乐表演或文艺表演,有无主办者的指示、要求,司机接待方式等。

管理人员应根据上述情况,按宴会厅的面积和形状设计餐桌排列图,研究具体措施和注意事项,做好宴会的组织工作。

2. 明确分工

对于规模较大的宴会,管理人员要确定总指挥。总指挥在准备阶段要向服务员交任务、讲意义、提要求,宣布人员分工和服务注意事项。

在人员分工方面,管理人员要根据宴会要求,针对迎宾、值台、传菜、供酒及衣帽间、贵宾室(VIP room)等岗位设置明确的分工和具体的任务,将责任落实到人;做好人力物力的充分准备,要求所有服务人员思想重视,措施落实,保证宴会善始善终。

3. 宴会布置

宴会布置可分为场景布置和台形布置。

(1) 场景布置。中国的美食从来都讲究进餐环境的气氛和情调,在场景布置方面,责任人员应根据宴会的性质和规格来进行,要体现出既隆重、热烈、美观大方,又具有我国传统民族特色的特点。

举行隆重大型的正式宴会时,人们一般在宴会厅周围摆放盆景花草,或在主台后面用花坛、画屏、大型青枝翠树盆景装饰,烘托宴会隆重盛大的气氛。在一般的婚宴中,人们会在靠近主台的墙壁上挂上"囍"字,两旁贴对联;寿宴则挂"寿"字等。

6

中餐宴会通常要求灯光明亮以示辉煌,但国宴和正式宴会则不要张灯结彩或做过多的装饰,而要突出严肃、庄重、大方的气氛。宴会厅的照明、音响要由专人负责,必须认真检查一切照明设备及线路,保证不发生事故。宴会开展期间,要有工程部人员值班,一旦发生故障,即刻组织抢修。

正式宴会设有致辞台,致辞台一般放在主台附近的后面或右侧,装有两个麦克风,台前用鲜花围住。扩音器应由专人负责,事前检查并试用,防止发生故障或产生噪声。临时拉设的线路要用地毯盖好,以防发生意外。

国宴活动中,要在宴会厅的正面并列悬挂两国国旗,正式宴会应根据外交部的规定决定是否悬挂国旗。国旗按国际惯例悬挂,以"右为上、左为下"为原则。由我国政府宴请来宾时,我国的国旗挂在左方,外国的国旗挂在右方。来访国举行答谢宴会时,则相互调换位置。

宴会厅的室温要注意保持稳定,与室外气温相适应。冬季应保持在 18 ℃至 20 ℃,夏季应保持在 22 ℃至 24 ℃。

(2) 台型布置。台型布置不是简单的事务性的工作,更涉及社交礼仪等问题。因此,责任人员要根据宴会厅的形状、实用面积和宴会要求,按"中心第一、先左后右、高近低远"的宴会台型布置原则来设计。

宴会布置应做到既突出主台,又排列整齐,间隔适当;既要方便宾客就餐,又便于服务员席间操作。通常情况下,桌子的占地面积标准为 10~12 平方米。重大宴会的主通道要适当地宽敞一些,同时铺上红地毯进行突出。

在台型布置中,我们还应注意到一些西方国家习惯于不突出主台,提倡不分主次的做法。体悟国际做法,培养国际心态,尊重不同的习俗。

酒吧台、礼品台、贵宾休息台等,要根据宴会的需要和宴会厅的具体情况灵活安排。

4. 熟悉菜单

服务员应熟悉宴会菜单和主要菜点的风味特色,做好上菜、派菜和回答宾客对菜点提出询问的思想准备,同时,了解每道菜点的服务程序,保证准确无误地进行上菜服务。对于菜单,服务员应做到能准确说出每道菜的名称,能准确描述每道菜的风味特色,能准确讲出每道菜肴的配菜和配食佐料,能准确知道每道菜肴的制作方法。

5. 物品准备

席上菜单以每桌一至二份的数量标准置于台面,重要宴会时,席上菜单则应人手一份。封面应当精美,字体力求规范,达到可留作纪念的标准。

根据菜单的服务要求,准备好各种银器、瓷器、玻璃器皿等餐酒具,为每一道菜准备一套餐碟或小汤碗。

根据菜肴的特色,准备好菜式跟配的佐料。

根据宴会通知要求,准备好鲜花、酒水、水果等物品。

6. 铺好餐台

宴会开始前 1 小时,根据宴会餐别,按规格铺好餐具和台上用品;在副主位的桌边,面向宴会厅的入口摆上席次卡,在每个餐位的水杯前立席卡,将菜单放在正副主位餐碟的右侧;同时,备好茶、饮料、香巾,上好调味器,将各类开餐用具摆放在规定的位置上,保持厅内的雅洁整齐。

7. 摆设冷盘

在大型宴会开始前 10～15 分钟摆上冷盘,然后斟预备酒;在中小型宴会中,该时间则视宾客情况而定。摆设冷盘时,服务员应留意菜点的品种和数量,注意菜点色调的分布,荤素的搭配,色彩的配合,味型的调配,菜型的正反,刀口的逆顺,菜盘间的距离等。对于有造型的冷盘,应将花型正对主人和主宾。摆台的目的不仅是为宾客提供一个舒适的就餐地点和一套必需的进餐用具,而且能给宾客以赏心悦目的艺术享受,为宴会增添隆重而欢快的气氛。

准备工作全部就绪后,宴会管理人员要做全面的检查,从台面服务、传菜人员等分派是否规范合理,到餐具、饮料、酒水、水果是否备齐;从摆台是否符合规格,到各种用具及调料是否备齐并略有盈余;从宴会厅是否清洁卫生,到餐酒具的消毒工作是否符合卫生标准;从服务员的个人卫生、仪表装束,到照明、空调、音响等系统能否正常工作,都要一一仔细地进行检查,力求有备无患,保证宴会按时举行。

(二) 宴会的迎宾服务

1. 热情迎宾

根据宴会的入场时间,宴会主管人员和引座员的信息,提前在宴会厅门口迎候宾客,值台员在各自负责的餐桌旁准备为客服务;宾客到达时,要热情迎接,微笑问好;待宾客脱去衣帽后,将宾客引入休息间休息。回答宾客的问题和引领宾客时应注意用好敬语,力求态度和蔼,语言亲切。

2. 接挂衣帽

若宴会规模较小,酒店可不设专门的衣帽间,只在宴会厅房门前置放衣帽架,安排服务员照顾宾客宽衣并接挂衣帽。若宴会规模较大,则需设衣帽间存放衣帽。接挂衣服时应握衣领,切勿倒提,以防将衣袋内的物品倒出。贵重的衣服要用衣架存放,以防走样。对于重要宾客的衣物,服务人员要凭记忆进行准确的服务。贵重物品应请宾客自己保管。

3. 端茶递巾

宾客进入休息厅后,服务员应招呼其入座并根据接待要求递上香巾、热茶或酒水。递巾送茶服务均按“先宾后主,先女后男”的次序进行。

(三) 宴会中的就餐服务

1. 入席服务

值台员在开宴前 5 分钟斟好预备酒(一般是红葡萄酒),然后站在各自服务的席台旁等候宾客入席。宾客来到席前,值台员要面带笑容,引领入座,在照顾宾客入座时,用双手和右脚尖将椅子稍稍撤后,然后徐徐向前轻推,让宾客坐稳坐好,引领入座服务同样按“先宾后主、先女后男”的次序进行。

待宾客坐定后,把台号、席位卡、花瓶或花插带走;将菜单放在主人面前,然后为宾客取餐巾,将餐巾摊开后为宾客围上,脱去筷子套,斟倒酒水。

2. 斟酒服务

为宾客斟倒酒水时,值台员要先征求宾客的意见,根据宾客的要求斟倒他们喜欢的酒水饮料,一般情况下,酒水斟八成满即可。斟白酒时,若宾客提出不要,则应将宾客位前的空杯撤走。

6

酒水要勤斟,宾客杯中酒水只剩 1/3 时应及时添酒,注意不要弄错酒水。宾客干杯和互相敬酒时,值台员应迅速拿酒瓶到台前准备添酒,在主人和主宾讲话前,要注意观察每位宾客杯中的酒水是否已满上。在宾主离席讲话时,主宾席的值台员要立即斟上甜酒、白酒各一杯,放在托盘中,托好站在讲台一侧侍候,致辞完毕,迅速端上,以应举杯祝酒。当主人或主宾到各台敬酒时,值台员要拿起酒瓶,跟着准备添酒,宾客要求斟满酒杯时,应予满足。

3. 上菜服务

菜要趁热上齐。厨房出菜时,一定要在菜盘上加盖,菜上好后取走。多台宴会中,上菜要看主台或听指挥,做到行动统一,以免早上或迟上,多上或少上。

要正确选择上菜的位置,操作时站在与主人呈 90 度角的译陪人员之间进行。每上一道新菜时都要介绍菜名和风味特点并将菜盘放在转盘中央的位置,用于盛放鸡鸭鱼的椭圆形大菜盘,应一边朝向正主人位。

上新菜前,先把旧菜拿走。若盘中还有分剩的菜,则应征询宾客是否需要添加或改为小盘盛装,在宾客表示不再需要时方可撤走。

主动、均匀地为宾客分汤、派菜。分派时要胆大心细,掌握好菜的分量、件数,保证准确均匀。凡配有佐料的菜,在分派时要先沾(夹)上佐料再分到餐碟里,分菜的次序是"先宾后主,先女后男"。

现在,一些现代化的大型饭店提倡宴会"旁桌分菜",即在席上示菜后,到席旁工作台上分菜,待分好后再给客人送上餐位。

4. 撤换餐具

为彰显宴会服务的优良内涵和菜肴的名贵,在宴会进行的过程中,我们需要多次撤换餐具或小汤碗。重要宴会要求为每道菜换一次餐碟,一般宴会的换碟次数不得少于三次。在遇到下述情况时,值台员就应更换餐碟。

(1)上翅、羹或汤之前,上一套小汤碗;待宾客吃完后,送上毛巾,收回汤碗,换上干净餐碟。

(2)吃完带骨的食物之后。

(3)吃完芡汁多的食物之后。

(4)上甜菜、甜品之前。

(5)上水果之前,换上干净的餐碟和水果刀叉。

(6)残渣、骨刺较多或有其他脏物的餐碟,要随时更换。

(7)宾客失误,将餐具跌落在地上时,立即更换。

餐碟待宾客将碟中食物吃完后方可撤换,若宾客放下筷子而菜未吃完,值台员应征得同意才能撤换。撤换时要注意边撤边换,撤与换交替进行,按"先主后宾,后其他宾客"的顺序撤换,站在宾客右侧操作。

5. 席间服务

宴会进行中,要勤巡视、勤斟酒,细心观察宾客的表情及示意动作,主动服务。服务时,态度要和谐,语言要亲切,动作要敏捷。

在撤换菜盘时,若转盘脏了,要及时抹干净;应用抹布和餐碟同时进行操作,以免脏物掉到台布上;在转盘清理干净后方可重新上菜。

若宾客在席上弄翻了酒水杯具,值台员要迅速用餐巾或香巾帮助宾客清洁,并用干净的餐巾盖上弄脏部位,为宾客换上新的杯具,然后重新斟上酒水。

宾客用餐后,送上热茶和香巾,随即收去台上酒杯、茶杯以外的全部餐具,抹净转盘,换上点心碟、水果刀叉、小汤碗和汤匙,然后上甜品、水果并按分菜顺序分送。

宾客吃完水果后,撤走水果盘,将香巾递给宾客,然后撤走点心碟和刀叉,摆上鲜花以示宴会结束。

(四) 宴会的送宾服务

1. 结账准备

上菜完毕后,值台员即可为结账做准备,清点所有酒水、佐料、加菜等宴会菜单以外的费用事项并累计总数,呈送收款准备账单。结账时,现金现收。宾客若以签单、签卡或转账的方式结算,责任人员应将账单交给宾客或宴会经办人签字,送收款处核实,然后及时送财务部入账结算。

2. 拉椅送客

主人宣布宴会结束时,值台员要提醒宾客带齐自己的物品。宾客起身离座时,值台员要主动为其拉开座椅,方便其离席行走,并视具体情况目送或随送宾客至餐厅门口。若宴会后安排休息,值台员应根据接待要求进行餐后服务。

3. 取递衣帽

宾客出餐厅时,衣帽间的服务员要根据取衣牌号码,及时、准确地将衣帽递还给宾客。

4. 收台检查

在宾客离席的同时,值台员要检查台面上是否有宾客遗留的物品;在宾客全部离去后立即清理台面,台面应按"先餐巾、香巾和银器,然后酒水杯、瓷器、刀叉筷子"的顺序分类清理。贵重餐具应当场清点。

5. 清理现场

各类开餐用具要按规定的位置复原,重新摆放整齐。开餐现场应重新布置并恢复原样,以备下次使用。收尾工作完成后,领班人员要加以检查,待全部项目合格后方可离开。

(五) 宴会服务中的注意事项

服务时,注意轻拿轻放,严防打碎餐具和碰翻酒瓶、酒杯,影响场内气氛。不慎将酒水或菜汁洒在宾客身上,要表示歉意并立即用毛巾或香巾帮助擦拭(若为女宾,男服务员不要动手帮助擦拭)。

宾主在席间讲话时,服务员要停止操作,迅速退至工作台两侧肃立,姿势要端正。餐厅内应保持安静,切忌发出响声。

宴会进行中,各桌值台员应分工协作,密切配合。服务出现漏洞,要立刻弥补,以高质量的服务和菜品赢得宾客的赞赏。

席间若有宾客突感身体不适,服务人员应立即请求医务室协助并向领导汇报,即时将食物原样保存,留待化验。

宴会结束后,服务人员应主动征求宾主和陪同人员对服务和菜品的意见,客气地与宾客道别,当宾客主动与自己握手表示感谢时,视宾客神态适当地握手。

二、西餐宴会服务礼仪规范

西餐宴会服务的基本环节包括:准备工作、迎宾和餐前鸡尾酒服务、餐中服务、送宾服务

等。在为西餐宴会提供服务时,我们应注意以下礼仪规范:

(一) 准备工作

接到宴会通知单后,主管应根据宴会规格、目的和主办单位的要求,同有关部门联系,准备好设备、用品,做好餐厅的布置设计,使环境美观、舒适、方便;根据宴会通知单的要求摆好台型,铺上台布,按列出的菜单摆放刀、叉等餐具,餐具的摆放应当松紧得当、规格统一,最后,按通知单的酒水要求摆放相应的酒水杯。

服务员应熟悉宴会菜单,掌握宴会上西式菜点的风味、原料和烹制方法。在宾客到达餐厅前 10 分钟,服务员应把开胃品摆放在餐桌上,一般每人一盘,也可把开胃品集中摆在餐桌上,由客人自取,或由服务员帮助分派。在摆放时,服务员应考虑荤素、颜色、口味的搭配并在盘与盘之间留出一定的距离。

在宾客到达餐厅前 5 分钟,服务员应在黄油盘、面包盘中摆好黄油、面包,为客人斟好冰水。

开餐前,主管应再次认真检查餐厅的环境布置、宴会铺台和服务人员的仪容仪表。

(二) 迎宾和餐前鸡尾酒服务

服务员在宾客到达前,应站在适当的位置迎接宾客;客人到达时,服务员应当热情礼貌地微笑问好。

在宴会开始前半小时或 15 分钟,服务员通常在宴会厅门口为先到的客人提供鸡尾酒会式的酒水服务。服务员托盘端上饮料、鸡尾酒,巡回请客人选用,茶几或小圆桌上应备有虾片、干果仁等小吃。客人到齐,主人表示可以入席时(服务员要注意观察),服务员应立即打开通往餐厅的门,引领客人入席。

(三) 餐中服务

(1) 客人进入餐厅时,服务员应立即点燃蜡烛,以示欢迎,主动为客人拉椅让座,顺序为女士、重要的客人、行动不便的客人和一般客人,待客人坐下后为其打开餐巾,然后托着装有各种饮料的托盘,待客人选定后为其斟倒。

(2) 宾主开始祝酒时,服务员应及时斟上香槟酒,热情服务。

(3) 西餐宴会多采用美式服务,有时也采用俄式服务。上菜顺序依次是冷开胃品、汤、鱼类、副盘、主菜、甜食水果、咖啡或茶。

(4) 按菜单顺序撤盘上菜。每上一道菜前,先将用完的前一道菜的餐具撤下。服务员要留意宾客对撤盘的示意方法,宾客将刀叉并拢放在餐盘左边、右边或横于餐盘上方,表示不再吃了,可以撤盘。如果刀叉呈"八"字形搭放在餐盘的两边,则表示暂时不需撤盘。西餐宴会礼仪要求所有宾客都吃完一道菜后再一起撤盘。

(5) 上甜点水果之前撤下桌上酒杯以外的餐具、主菜餐具、面包碟、黄油盅、胡椒盅、盐盅,摆好甜品叉匙。水果要摆在水果盘里,跟上洗手盅,水果刀、叉。

(6) 上咖啡或茶前应先放好糖缸、淡奶壶,在每位宾客右手边放咖啡杯或茶具,然后拿咖啡壶或茶壶依次斟上。有些高档宴会要求服务员推酒水车送餐后酒。

(7) 西餐餐中服务的注意事项如下:

① 在撤餐具时,动作要轻稳。西餐撤盘一般为徒手操作,一次不应拿得太多,以免失手摔破。

② 应遵循"先宾后主、女士优先"的服务原则。

③ 在上每一道菜之前,先撤去上一道菜肴的餐具,斟好相应的酒水。

④ 如果餐桌上的餐具已用完,则应先摆好相应的餐具,再上菜。

(四) 送宾服务

宴会结束,服务员应主动拉椅,热情欢送客人,欢迎其再次光临。

主管应主动征求主办单位的意见,准确结账并积极处理未尽事宜,最后向主办单位表示感谢。

客人离开后,服务员应及时检查台面及地毯上有无客人的遗留物品,按顺序收拾餐桌,整理宴会厅及休息室,关好门窗并关掉所有电灯。

三、冷餐会服务礼仪规范

冷餐会是目前国际社会上较为流行的一种非正式的西式宴会,在大型的商务活动中尤为多见。一般情况下,冷餐会不预备主食,客人用餐时可以自行选择食物、酒水,然后或立或坐,参加者可以与他人在一起或独自一人用餐,不会受到空间的限制。在冷餐会服务过程中,我们应注意以下礼仪规范:

(一) 布置场地

环境应围绕宴会主题加以布置,背景音乐的旋律要柔和,主题要与宴会主题相吻合。主席台上的麦克风要预先调试好。入口处应设有主办单位列队欢迎处,摆华丽屏风,铺红地毯,必要时,进行聚光照明。餐桌主桌要突出,预留通道。实际工作中,人们通常将餐台中央部分架高,加上主办方的标识及冰雕,凸显酒会的主题。

(二) 摆放餐台

食品台的摆设应方便宾客迅速顺利地选取菜肴,考虑宾客的流动方向安排取菜顺序。摆设形式多种多样,除了全套的自助餐台外,我们也可将一些特色分列出来,如色拉台、甜品台、切割烧烤肉类的餐车等。摆台时,摆台人员应先在台上铺桌布、桌裙,在台中央布置冰雕、雕塑、鲜花、水果等装饰点缀,烘托气氛,增加立体感。

(三) 摆放餐桌

若冷餐会为设座式,服务员则要摆好宾客用餐桌。餐桌上应摆好餐刀、餐叉、汤勺、甜品叉勺、面包碟、牛油刀、水杯、餐巾、胡椒盅、盐盅。

(四) 摆放菜品

根据宴会通知单摆放餐具、菜品。宾客盛菜时,应将菜盘整齐地放在自助餐台的最前端,立式自助餐台应附有杯具、餐刀、餐叉、餐巾等餐具。色拉、开胃品和其他冷餐应放在客人首先能取到的一端,接着摆放蔬菜、肉类及其他热主菜,摆放时注意确保造型图案的新颖美观。菜肴的配汁应与菜肴摆放在一起,热菜要用保暖锅保温。甜品、水果可单独设台摆放,也可摆在主菜的后面。

(五) 全面检查

宴会主管应对餐前准备工作进行认真检查。服务员在做好准备工作后应排队站位,准备迎接客人的到来。

6

（六）餐前酒会

在冷餐会开始前半个小时或 15 分钟,服务员应在宴会厅外大厅和走廊为先到的宾客提供鸡尾酒、饮料和简单的小吃,待冷餐会即将开始时再请宾客进入宴会厅。

（七）入座就餐

在设座式的冷餐会中,除主桌设席卡外,其他各桌均用桌号加以区别,由宾客自由选择入座。服务员应为每位宾客斟倒饮用水,询问其是否需要饮料。主办者在全部宾客就座后致辞、祝酒,宣布冷餐会正式开始。在高档的设座式冷餐会中,开胃品和汤由服务员送到餐桌上,面包、黄油应提前派好。

（八）主动服务

服务员要勤巡视,细心观察,主动为客人服务。在巡视过程中不得从正在交谈的客人间穿过;若客人互相祝酒,服务员要主动上前为客人斟酒。自助餐台应有厨师值台。厨师负责向宾客介绍、推荐加送菜肴和分切餐车上的各类烤肉;负责检查食品温度,回答宾客提问并保持餐台整洁。客人取食品时,服务员要给客人送盘,向客人推荐并分送食品。服务员要经常注意食品台上的菜量,一旦发现菜量不够,应及时通知厨房补充,要注意公用叉、勺的清洁,看到公用叉、勺上沾上调味汁和菜肴,要立即更换或擦净,以免给客人留下不卫生的印象。

（九）分工合作

在宾客进餐过程中,服务员应分成两队,一队继续给宾客呈送酒、饮料及食品;一队负责收拾空杯碟,保持食品台、餐台的整洁。在收撤宾客用过的餐盘、杯具时,服务员不要惊动宾客,尤其要避免与其相撞。冷餐会一般持续一个小时到两个小时,服务员必须坚守岗位,为客人提供始终如一的一流服务。

四、鸡尾酒会服务礼仪规范

鸡尾酒会是较流行的社交、聚会方式。鸡尾酒会简单而实用,气氛热闹、欢愉且适于不同的场合,在隆重、严肃或不拘礼节的场合均可采用。它不需要豪华设备,可以在任何时候举行,与会者不分高低贵贱,气氛热烈而不拘泥。从主题来看,鸡尾酒会多举办于欢聚、庆祝、纪念、告别、开业等场合。

鸡尾酒会以供应各种酒水为主,也提供简单的小吃、点心和少量的热菜。鸡尾酒会一般不设座,只准备临时吧台、食台并在餐厅四周设小圆桌,桌上放置纸餐巾、牙签等物品。鸡尾酒会的服务礼仪规范如下:

（一）准备工作

根据宴请通知单的具体要求设置台型,摆放桌椅,准备所需设备,如立式麦克风、横幅等。

（1）吧台。鸡尾酒会的酒吧服务员负责在酒会前根据通知单上的“酒水需要”事项准备各种规定的酒水、冰块、调酒用具和足够数量的玻璃杯具。

（2）食品台。服务员应将足够数量(一般是到席人数的三倍数量)的甜品盘、小叉、小勺放在食品台的一端或两端,中间陈列小吃、菜肴。高级鸡尾酒会还应准备餐车,由专人为宾客切割牛柳、火腿等。

（3）小桌、椅子。小桌应摆放在餐厅四周,桌上置花瓶、餐巾纸、牙签、盅等物品,少量椅子应靠墙放置。

（4）酒会前分工。宴会厅主管应根据酒会规模配备服务人员,一般以一人服务 10～15 位宾客的比例配员,设专人负责托送酒水,照管和托送菜点并调配鸡尾酒,提供各种饮料。

（二）席间服务

鸡尾酒会开始后,每个岗位的服务人员都应尽自己所能为宾客提供尽善尽美的服务。

（1）负责托送酒水的服务员,应用托盘托送斟好酒水的杯子,自始至终在宾客中巡回,宾客可自行选择托盘上的酒水或另外点订鸡尾酒。酒水托盘中一般只放一只口纸杯,每杯饮料附上口纸一张。服务员负责收回宾客放在小桌上的空杯子、空盘子,送至洗涤间并将小桌重新加以布置。

（2）负责点菜的服务员要保证有足够数量的盘碟、勺、叉,帮助老年宾客取食并负责添加点心菜肴,必要时可用托盘托送特色点心,负责回收小桌上的空盘、废牙签、脏口纸等并送往洗涤间。

（3）吧台服务员负责斟倒酒水并调配宾客所点的鸡尾酒。

（4）席间服务注意事项包括如下内容:

酒会中,服务员不可以三三两两地聚在一起。每个服务员都应积极巡视,及时递送餐巾纸、酒水和食物。

主人致辞、祝福时,应有一位服务员为主人送酒,其他服务员则应分散在宾客之间,为客人送酒,动作要敏捷麻利,保证每一位客人均有一杯饮品在手中,作祝酒仪式之用。

服务员在巡视过程中不得从正在交谈的客人中间穿过,也不能骚扰客人的交谈。

服务过程中,服务员要注意不与同事冲撞,尤其不要碰着客人及其手中的酒杯。

（三）结束工作

鸡尾酒会一般持续一至两个小时。酒会结束,服务员应列队目送客人出门。

宾客离去后,服务员应撤掉所有的物品,将余下的酒品收回酒吧存放,将脏餐具送往洗涤间,将干净餐具送回餐具柜摆放,撤下台布,收起桌裙,为下一餐进行准备。

【典型应用】

宴会的准备工作

宴会具有很重要的礼仪作用,有严格的礼仪要求。宴请宾客是一种较高规格的礼遇,主办单位或主人一定要认真、周到地做好各种准备工作。

一、明确对象、目的、形式

（1）对象。首先要明确宴请的对象,了解主宾的身份、国籍、习俗、爱好等,确定宴会的规格、主陪人、餐式。

（2）目的。宴请的目的是多种多样的,可以是表示欢迎、欢送、答谢,也可以是表示庆贺、纪念,还可以是为某一事件、某一个人专门开展。明确目的,也就便于安排宴会的范围和形式。

（3）范围。宴请哪些人参加,请多少人参加都应当事先明确。主客双方的身份要对等,

6

主宾若携夫人前往,主人一般应以夫妇名义邀请。有哪些人作陪也是一个应当加以认真考虑的事项。对出席宴会人员还应列出名单,写明职务、称呼等。

（4）形式。宴会的形式要根据规格、对象、目的确定,可为正式宴会、冷餐会、酒会、茶会等。目前,世界各国礼宾工作都在改革,逐步走向简化。

二、选择时间、地点

主人应从主宾双方都能接受的角度来考虑宴会的时间,一般不选择重大节日、假日,也不把宴会安排在双方的禁忌日。宴会日期要与主宾商定,商定好后再发邀请。

地点也要根据规格来考虑,规格高的安排在高级饭店,规格一般的则根据情况安排在适当的饭店。

三、邀请

人们一般都要以请柬的形式正式发出邀请。这样做一方面是出于礼节,一方面也供客人备忘。

请柬内容应包括:活动的主题、形式、时间、地点,主人的姓名。请柬的书写应当清晰美观,印制要精美。请柬一般应提前两周发出,太晚发出是不礼貌的。

四、安排席位

宴会一般都要事先安排好桌次和座次,以便参加宴会的人能各就各位,确保入席时井然有序。席位的安排也体现出主人对客人的尊重。

桌次的地位,以其距主桌位置的远近而定。

座次的高低,考虑以下几点:

（1）以主人的座位为中心,女主人参加时,则以主人和女主人为基准,近高远低,右高左低,依次排列。

（2）把主宾安排在最尊贵的位置,即主人的右手边,把主宾夫人安排在女主人右手边。

（3）主人方的陪客,应尽可能与客人相互交叉,便于交谈交流,要避免自己人坐在一起从而冷落客人。

（4）译员应安排在主宾右侧。

（5）席次确定后,将座位卡和桌次卡放在桌前方与桌中间。

五、拟订菜单和用酒

拟订菜单和用酒时,要考虑以下几点:

（1）规格身份、宴会范围。

（2）精致可口、赏心悦目、特色突出。

（3）尊重客人的饮食习惯、禁忌。

（4）注意色、香、味搭配。

【知识拓展】

赴宴的礼仪

在宴会中,主人处于主导地位,主人要以客人的需要、习惯、兴趣对宴会加以安排。赴宴客人的密切配合也是不可忽视的。

（1）应邀。接到邀请后,不论能否赴约,客人都应尽早作出答复。不能应邀的客人要婉言谢绝;接受邀请的客人则不要随意变动,须按时出席。确有意外,不能前去的客人要提前解释并深致歉意。主宾若不能如约,更应郑重其事地登门解释、致歉。

(2) 掌握到达时间。客人不得迟到,迟到是非常失礼的,但也不可去得过早。去早了,主人未准备好,难免尴尬,也不得体。

(3) 抵达。主人迎来握手,客人应及时向前响应,并问好,致意。

(4) 赠花。按当地习惯,客人可送鲜花或花篮。

(5) 入席。在服务人员的引导下入座,注意按自己的座位卡入座,不要坐错了位置。

(6) 姿态。坐姿应当自然端正,不要太僵硬,也不要往后倒靠在椅背上。肘不要放在餐桌上,不要托腮、眼光应当随势而动,不要紧盯菜盘。

(7) 餐巾。当主人拿起餐巾时,自己也可以拿起餐巾,打开放在腿上,千万不要别在领口或挂在胸前。

餐巾的功能是防止菜汤滴在身上,也可用于擦拭嘴角,不可用来擦餐具,更不可用来擦脖子或抹脸。

(8) 进餐。进餐时要文明、从容,闭着嘴细嚼慢咽,不要发出声音,汤要轻啜,热菜热汤不要用嘴去吹。骨头、鱼刺应吐到筷子、叉子上,再放入骨盘。嘴里有食物时不要说话,剔牙时,用手遮住。就餐时,不得解开纽扣或松开领带。

(9) 交谈。边吃边谈是宴会的重要形式,赴宴者应当主动与同桌人交谈,特别注意同主人方面的人交谈,不要总是和自己熟悉的人谈话。

话题内容应当轻松、高雅、有趣,不涉及敏感的、令对方不快的问题,不要对宴会和饭菜妄加评论。

(10) 退席。用餐完毕,起立向主人道谢告辞。

【思考与练习】

1. 中餐宴会的服务礼仪规范有哪些?
2. 西餐宴会的服务礼仪规范有哪些?
3. 在冷餐会中需加以注意的服务礼仪有哪些?
4. 鸡尾酒会的服务礼仪规范有哪些?

【微视频】

| 酒店前厅服务礼仪 | 酒店中餐服务礼仪 | 酒店西餐服务礼仪 |

项目七　酒店新媒体礼仪实务

任务一　酒店新媒体礼仪认知

【学习目标】

1. 了解酒店新媒体礼仪的特征。
2. 理解酒店新媒体礼仪的作用与意义。
3. 掌握酒店新媒体礼仪的基本规范。

【情景导入】

为吸引中国消费者,国际奢华品牌酒店四季酒店(Four Seasons)发布了一款简体中文版手机应用程序,恪守"待人如己"的黄金法则,以现代旅行者为本,借助新媒体平台向客人提供尊贵的礼遇和细致体贴的服务。这款应用程序为中国旅行者特别设计,通过界面中的温馨提示和亲切的人机交流回复,为中国客人提供更贴心的用户体验。全新的四季酒店中文版手机应用程序拥有与中国用户审美观更为契合的外观与界面,用户轻触屏幕,即可开启中国地区及多个海外目的地四季酒店的介绍及相关服务,例如办理入住或退房、预订餐厅等。同时,四季酒店的礼宾人员还给出个性化推荐,令客人领略目的地的独特风情。用户在下榻前可就其特殊需求与在线礼宾人员进行及时而全面的沟通,从而获得个人定制化的酒店体验。

情景解析:新形势下,开发新媒体服务,培养新媒体礼仪是酒店转型升级的重要内容。四季酒店推出的中文手机应用程序可以说是"想客人所想,知客人所需",以对卓越品质的极致追求和由衷诚挚的高度定制化服务,使客人拥有酣畅的愉悦感受,引领奢华酒店业未来的发展方向。

新媒体(移动网络媒体)有别于传统的报刊、广播、电视、网络四大媒体,被形象地称为"第五媒体"。新媒体作为一种新兴的大众媒介,被人们定义为:"所有人对所有人的传播。"新媒体职业礼仪的出现,是酒店职业礼仪的全新拓展,酒店职业礼仪的表达工具从员工的身体、面容、语言、服装拓展到了电脑、手机等各种智能设备;表达形式从姿势、表情、声音、打扮拓展到了文字、颜色、图片、表情、音频、视频等多种数字信息;礼仪服务从前厅、客房、餐厅、礼宾、总机等直接对客服务岗位拓展到了更为广阔的虚拟空间。

酒店员工在网络空间上的一言一行都影响到同事、客人对自己的认识与评价,在网上不合时宜的只言片语很可能影响自己的职业生涯。在新媒体时代,酒店员工的每一条个人 QQ 签名、每一条朋友圈都在随时传递着个人的职业形象乃至酒店的品牌形象。

新媒体是指以数字信息和信息网络技术为基础,以互动传播为特点,具有新形态的媒体,具体表现为电子邮件订房、微信微博宣传、网站推广、微电影等。随着信息技术的迅猛发展,当今社会已进入一个全新媒体时代,新媒体也已逐渐成为酒店在经营管理工作中普遍使用的高效便捷的工具。

酒店新媒体礼仪是指酒店员工依托新媒体平台开展对客营销与服务,以一定的程序和规则来接待客人的过程和方式。酒店员工是否懂得和运用新媒体的基本礼仪,不仅反映出自身的现代素质,而且折射出企业的文化内涵和管理水平。因此,酒店员工应当与时俱进,适应新媒体迅速发展的现实,掌握必需的新媒体礼仪。

一、酒店新媒体礼仪的基本规范

酒店的客源日益国际化、多样化,新形势下的新媒体服务渠道和服务模式日趋成熟,在虚拟的新媒体世界里,我们利用微博、论坛、留言等方式进行营销和服务时,应当自觉遵守基本礼仪规范。

(一)尊重客人,谨言慎行

对新媒体平台中的客人要予以应有的尊重,包括:①守护客人隐私;②不可利用新媒体工具伤害客人;③不可窥探客人的文件;④不可未经许可使用客人的资源;⑤不可盗用客人的成果。

(二)把握营销与服务时机

要准确把握新媒体营销与服务的时机,了解客人的生活习惯,为客人着想,与客沟通要适度,不强推强售,不能妨碍客人的正常生活和工作。

(三)确保新媒体资源安全

在运用新媒体资源时,我们要注意严格保守个人秘密和商业机密,不可任意传播客人的个人隐私或商业机密,对计算机中重要的资料应采取加密措施。同时,在提供酒店新媒体服务时,我们一定要防止"黑客"的入侵。

(四)在线用语温和儒雅

与客沟通要心平气和,用语要恰当,符合道德标准。慎用讽刺性的表达方式,在没有直接交流和相关表意符号的情况下,你的玩笑也许会被认为是一种冒犯。

此外,随着在线沟通的普及,出现了产生并运用于网络的语言,俗称网络语。网络语已成为我们在基于新媒体平台沟通的过程中所必不可少的"通行证",网络语追求简约、创新、生动和清晰,在互联网媒介的传播中有了极快的发展。恰到好处地在新媒体服务礼仪中运用网络语,能有效地提高沟通效率、活跃交流气氛,比直接使用符合规范的表述语更为便捷。

(五)加强自我保护

酒店员工要注意防止遭受非法侵害,登录内容健康的网站,规避新媒体信息库中的陷

7

阱；与他人交际时避开不良信息，免受不良政治信息和"黄、赌、毒"信息的危害，不被这些不良信息所污染，不向别人散发不良信息，遵守新媒体文明公约。

二、酒店新媒体礼仪的特征

（一）及时性

在新媒体时代下，信息传播速度快。酒店把新媒体当作获取信息、了解客户需求以及营销宣传的重要平台并开展营销、提供服务时，需要认识到新媒体传播信息的即时性，实时接收信息，立即做出相应的反馈，及时处理网络舆情，满足客人的需要。

（二）互动性

新媒体为酒店提供了一个快速便捷的交流空间，客人与酒店之间的互动程度与客人在酒店的消费额有直接联系。酒店员工要把酒店的环境、服务、安全等信息与客人进行互动交流，了解客人的真实需求，真诚地处理客人的反馈信息，有效地提升客人的参与度。

（三）服务性

新媒体技术为酒店全面提升对客服务水平和管理水平拓展了更多的渠道，同时也对酒店打造自身的服务特色提出了要求。为了最大程度地满足客人的个性化需求，酒店服务要以客人为中心，借助新媒体及时获取客人信息，利用新媒体努力为客人提供满意的服务。

（四）多样性

酒店信息管理系统、在线预约网站、酒店网站、微博、微信等多样化的媒体形态为酒店提供了丰富的营销与服务载体。适应顾客消费心理动态、符合礼仪规范的多样化服务能够提高酒店的主动服务水平，激发消费者的消费热情，提升酒店的品牌价值。

（五）复杂性

在新媒体生态中，海量的信息纷繁复杂，信息的准确性和可靠性难以判断，代表着不同利益诉求的信息传播者可以在新媒体上表达各自的观点，有时还会形成强大的舆论力量，酒店要用真诚客观的态度直面自身存在的问题，以得当的服务获得消费者的信任。

三、酒店新媒体礼仪的作用与意义

礼仪的作用，就是规范、调节人和人之间的各种社会关系。酒店新媒体礼仪最重要的作用就是：通过新媒体平台，调节酒店员工与客人的关系。

（一）精准定位，吸引客户群体

在新媒体时代，酒店应当善用社交媒体，从顾客需求、酒店服务特色及员工自身礼仪素养着手，凸显卖点，细分客户人群，从而形成特定的顾客类型。同时，投放定位精准、吸引目标客户的信息，提升特定目标人群的参与度，拓展客户来源。

（二）以礼会客，提升服务质量

酒店在日常管理中应当加强管理人员及员工的新媒体素养培育工作，提高员工在新媒体时代对社会沟通的认识，令他们在对客服务中遵守规则、尊重客人、诚以待人、用语礼貌、注重礼节，塑造良好的自我形象和酒店形象，打造服务新阵地，全面提升服务质量。

（三）整合资源，丰富品牌形象

面对多样态、多维度的新媒体资源，酒店应当根据自身条件和客人的需要，有针对性地进行选择和整合，保障客户可以随时掌握酒店最新的服务项目和优惠政策，同时，诚实守信，及时反馈客人信息，通过优质的服务与客人建立稳定而长久的联系，从而塑造酒店品牌的正面形象。

【典型应用】

酒店强化新媒体礼仪的举措

酒店强化新媒体礼仪的关键是要主动出击，抢占新媒体礼仪教育的阵地，加强员工网络道德修养培训，建立网络管理制度，强化新媒体礼仪教育，创造一个安全、健康、文明的新媒体营销与服务的礼仪环境。

一、加强新媒体礼仪教育

遵守网络道德行为规范是每个员工应尽的责任和义务，酒店要加强对员工的道德教育，自觉抵制不道德行为。最重要的新媒体礼仪是自律。员工要慎独、慎行，克服自己的恶念和陋习。酒店也应该在新媒体的建设与发展中，建立员工思想教育的阵地，加强对社会主义核心价值观的宣传。

二、开展新媒体礼仪教育活动

结合国家在网络行为方面制定的法律、法规、制度，酒店要针对员工在开展新媒体营销并提供有关服务的过程中所出现的问题，开设教育培训课程，充分发挥酒店党组织和团委、工会等群团组织的主导作用，开展一些主题鲜明、内容丰富的新媒体礼仪文化宣传活动，加强礼仪知识的传播力度，营造礼仪学习的氛围。通过活动促进员工自主构建正确的新媒体礼仪观念，增强自律意识，提高分辨是非的能力，在具体的新媒体营销与服务行为中自觉抵制不文明行为。

三、建立健全管理制度

通过利益调控机制和比较完善的规章制度来促进新媒体礼仪教育工作的实施，如建立《酒店新媒体文明公约》《酒店员工新媒体服务道德规范》《酒店员工新媒体服务礼仪规范违反处理办法》等制度，同时，还可借助舆论的力量，传导、褒扬新媒体环境中的善举德行，谴责其中的不道德行为。根据酒店的资源情况开设"绿色网吧"，规定员工上网不说脏话、不用不规范的网络语言，不盲从，不跟风，不信谣，不传谣。

四、酒店领导率先垂范

酒店领导一方面应主动学习新媒体知识，一方面也需提高自身的新媒体道德修养，做员工的表率。只有在掌握了新媒体工具的基础上，领导才能与员工共用统一的新媒体平台进行互动交流，有针对性地指导员工正确使用新媒体。同时，领导要积极探索新媒体环境下酒店员工礼仪教育的新思路和新方法，对相关管理者进行新媒体礼仪的普及教育，规范其行为以保证管理者对员工新媒体礼仪发挥正确的导向作用，从而对员工产生潜移默化的影响。

【知识拓展】

智慧酒店——人机交互平台礼仪

酒店的竞争日趋激烈，客户的期望不断攀升，酒店的竞争将更多地在智能化、个性化、信息化等方面展开,智慧酒店应势发展。当前,网络和通信技术的快速发展,进一步推动了以触摸、对话、手势等为主要交流形式的人机交互平台的发展,开启了一个全新的人性化服务时代。酒店自助入住机、机器人服务、智能餐厅、客房智能语音调控服务系统、智能手机微信门锁、人脸识别、刷脸支付等人机交互平台和工具在酒店行业得到了广泛关注和使用。面对这样的改变与机遇,智慧酒店应在调研客人需求的基础上,恰当地使用人机交互工具,彰显自身服务礼仪的水准和特色,打造高端体验和智能服务相融合的酒店品牌。

一、提供更快、更方便、更自然的服务

使用人机交互平台,了解目标客户群是至关重要的,以此为基础,我们可以进而选用最有利于解决问题的工具。人机交互设计界面应当是操作简单、显示直观、易于掌握的,系统应用方法要便捷、随性,实现综合性智慧服务。例如,客房互动机器人所提供的酒店宣传推广、客房陪伴聊天、实时天气预报等功能,应能一目了然,在语言互动上最大程度地体现出温馨和自然的特征并能关联酒店其他服务项目。

二、突出个性化和定制化服务

酒店通过与相关联的航空公司、景区、外部餐饮企业、商城或游船公司合作,可以产生出与客人行业、年龄阶段、生日、口味、娱乐品位等有关的大量数据,以此为基础,我们可以对酒店人机交互系统进行改造,开展主题服务活动设计,为客人或会员提供全程智慧管家服务,例如,为客人准备生日礼物,入住前交流和迎接,为客人提供专属房间、美食、旅行安排等各项精细、到位的个性化定制服务。同时,设定客人的住店习惯自动记录功能,在客人二次入住时直接执行,带给客人尊重感,优化用户体验。

三、充分尊重客人的隐私和习惯

酒店服务不能过度,要充分尊重客人隐私。例如,在过道和客房安装红外感应探头或通过无线控制器定位获取客人行动信息,其主要目的是了解客人现状,以便跟进相应服务,控制电源、降低能耗。为了获取客人各种数据,影响客人的隐私和行动自由的监控设施,则应加以避免。有的酒店取消了前台服务,客人全部自助入住,这确实可以充分保护客人的隐私并降低前台用工成本,但也可能因缺乏引导和帮助,导致客人不会操作。特别是星级酒店,客人入住的目的是享受全方位的星级服务,人的交流和接待是不可或缺的服务内容。因此,星级酒店的自助入住目前只能作为辅助手段加以运用。

四、有效降低酒店的能源消耗

人机交互工具的使用应坚持绿色、节能、环保的原则,在为客人营造舒适入住条件的同时,减少能源消耗,实现酒店节能目标,降低能源成本。定制产品应以人为本,我们还可通过一些智能解决方案适当地提醒客人,让他们主动去关注、考虑节能环保,在不牺牲客人体验的前提下,通过客人的主观能动性去达到绿色节能的目的,有助于酒店实现开源节流的目标,进而获得最佳效益。

【思考与练习】

1. 酒店新媒体礼仪的基本规范是什么?
2. 酒店新媒体礼仪的特征有哪些?

任务二　酒店新媒体营销礼仪实务

【学习目标】

1. 了解酒店新媒体营销礼仪的含义及原则。
2. 掌握酒店微博、微信营销礼仪。
3. 掌握酒店网站营销礼仪。

【情景导入】

国际品牌酒店集团喜达屋酒店集团(Starwood Hotels and Resorts)从 2012 年 10 月中旬开始运营微信公众平台,上线 54 天,订阅者即超 20 000 人,酒店会员活动网站访问量超过 60 000 人,吸引新注册会员 5 930 人,用户微信咨询次数超过 6 000 次,共达成 1 192 份意向订单。喜达屋酒店集团通过两个阶段实现"招募粉丝—口碑分享—优化服务"目标,占得了营销先机。

第一阶段:资源整合,立体招募价值"粉丝"/会员。用喜达屋自有资源(酒店内宣传物料、官网、官方微博等),以二维码为导入口,吸引品牌兴趣"粉丝";同时借助微信的周边功能覆盖酒店附近的高价值用户,成为微信平台第一个同时运用"摇一摇""附近的人"等功能的企业。通过微信营销人员积极热情的引导,很多微信用户在第一时间与喜达屋优先顾客(以下称SPG)微信账号建立了好友关系。规范的微信行文,通俗易懂的语言,及时的回复,迅速地拉近了客户与酒店的关系,为后期向客人推送各种信息奠定了坚实的基础。

第二阶段:动静结合,智能维护。

(1) 静:内容吸引,口碑分享。切合 SPG 的尊贵身份和阶层品位,软性传递 SPG 酒店和会员活动,让每一条信息都具有价值。让微信好友在获得信息利益的同时,不断增强对 SPG俱乐部以及喜达屋集团的好感。为了更好地推动 SPG 的转发,集团在前期招募期通过澳门免费酒店住宿大奖吸引、刺激粉丝主动在个人"朋友圈"中转发相关内容。

(2) 动:真人客服,真心相伴。SPG 俱乐部官方微信与喜达屋强大的客服中心充分对接,客服人员真诚耐心的回答让客人倍感尊重,真人化专业客户服务让 SPG 尊享服务始终陪伴在用户身边。

(3) 智能:定制化技术开发,智慧化数据管理。喜达屋官方微信的开发充分考虑客人的需求,简洁的页面,便捷的操作,精准的客服响应,无不体现酒店对客人的细心、耐心和用心。

作为首家运用微信开展客户服务的国际酒店品牌,喜达屋酒店集团注重将酒店服务中的礼仪规范引入微信公众平台的运营,提升了客人对其品牌的忠诚度、体验度和参与度。

情景解析:新媒体正在不断瓦解所有行业在营销和销售领域背后的传统观念,在酒店业乃至整个服务行业,这一现象尤为显著。当然,这一过程总会有"变与不变",酒店营销人员良好的职业素养,谦恭的态度,符合现代社交礼仪规范的新媒体营销行为可以拉近客人与酒店的距离,赢得客人的好感,树立酒店良好的品牌形象,进而拉动销售,促进酒店的发展。

随着互联网时代的到来,传统的酒店营销方式已不能满足新形势下市场竞争的需求,而新媒体正以一种崭新的姿态融入我国酒店行业的营销模式改革。在激烈的市场竞争中,酒

7

店营销人员掌握新媒体营销的相关礼仪知识,有助于表达对客人尊敬、友善和真诚的服务态度,赢得客户的信任,进而获取更大的市场份额,在激烈的市场竞争中脱颖而出。

一、酒店新媒体营销礼仪的基本概念

(一)酒店新媒体营销礼仪的含义

酒店新媒体营销礼仪是指酒店营销人员在营销活动中用以维护酒店形象,对交往对象表示尊重与友好的行为规范。酒店新媒体营销礼仪本质上是酒店市场营销礼仪的重要组成部分,是酒店品牌的重要宣传形式和酒店形象的重要传播手段,是建立在尊重、诚信、宽容和平等基础上的现代礼仪。

(二)酒店新媒体营销礼仪的基本原则

1.真诚原则

真诚不仅是酒店新媒体营销的基本原则,也是酒店开展任何互动交流的基本原则。新媒体营销的典范莫过于微博营销,在微博上与粉丝的互动应如现实中交朋友一样。积累良好的声誉需要时间,没有真诚的互动,酒店就不可能获得良好的声誉。

2.宽容原则

人们在交际活动中运用礼仪时,既要严于律己,又要宽以待人。宽容的含义是"豁达大度,有气量",具体表现为一种胸襟,一种容纳意识和一种自控能力。在新媒体营销工作中,酒店更应该如此,坚持正确的价值观,不随波逐流。同时,对"博友""微友"的不同意见,酒店应宽容以待,不计较,酒店应"有则改之,无则加勉"。

3.互动原则

酒店运用新媒体进行营销时还应该注重与客人的互动,这不仅能体现酒店对客人的尊重,还有利于客人理解网站的内容,增加其对品牌的黏性和忠诚度。酒店微博经营者认真回复留言,用心感受粉丝的思想,有利于唤起粉丝的情感认同。这就像朋友之间的交流一样,时间久了会产生一种微妙的情感连接,而非利益连接,这种连接必将更加持久而坚固。当然,适时地提供一些物质利益作为回馈,粉丝也会更加忠诚。情感连接与利益连接是有机结合的。

4.娱乐原则

酒店新媒体营销的目的是酒店通过各种在线平台,对产品和服务进行宣传,塑造良好的形象。但是,单纯的新媒体平台建设并不能对酒店的营销产生较大的影响,在此基础上,我们如果有计划地增加趣味性活动,便能给酒店带来更强的亲和力,拉近与客户的距离。酒店新媒体,如微博、微信可适度地与自己的关注者分享一些有趣的故事、案例、图片以增进与粉丝的有效互动。趣味性促销将是酒店新媒体营销的亮点,但我们要明确酒店产品和服务的主体性和娱乐的附属性。

二、酒店微博营销礼仪

微博社会,人们同样需要礼尚往来,这一切发生在关注与被关注、评论与回复、转发与再转发之间。酒店微博营销人员有必要掌握基本的微博营销礼仪,在具体工作中应注意以下几方面。

（一）树立良好的酒店形象

虽然酒店微博操作的权限属于具体的某一位成员，但操作者必须十分清楚，自己是代表一个官方酒店账号在公共平台上与客人开展互动交流的。与公众的关系不再是"我"与"你"，而是直接以酒店的形象及相关权限身份与众人在线会面。微博上的一言一行，都能体现出操作者的学识、气质形象与品行素养。而酒店的官方微博则更是一个直接的窗口，展现一家酒店、一个品牌的内涵。

因此，在具体操作上，我们应尽量减少和避免微博营销人员的个人行为，应遵循亲和、干练的职业化水准来开展工作。

（1）始终抱以真诚、友好的态度。酒店微博营销人员对客人的疑问应耐心回答，对关注者的留言应认真回答，让大家感受到你的用心。

（2）一视同仁。在博文营销中，无论关注者的职业、学历、经历，我们都应注重对所有的关注者一视同仁，将关注者作为酒店的朋友。亲切、谦逊、明朗、严谨的措辞会给公众留下优良的整体印象。

（3）端正的姿态与心态。酒店微博营销人员应具备服务意识、大局观念、责任感、使命感和荣誉感。良好的素养和积极、阳光的心态是做好微博营销工作的基础。博文应传递正能量，令关注者保持愉悦的心情。

（4）熟悉酒店业务。为了避免在在线互动中出现尴尬情况，平日线下的业务素质永远是必修课程。微博营销人员应熟知酒店各方面的信息，尤其是营销信息，避免在与粉丝互动中出现与线下业务矛盾的事情。

（二）提高沟通的有效性

（1）微博语言应当礼貌、生动、风趣。酒店微博营销人员通过饱含个性、风趣、人情化的语言和彬彬有礼而真诚的回答，可以使品牌账号富有"人"的态度，在潜移默化中赢得客人的再次惠顾。语言具有无穷的力量，尊重他人就是尊重自己。微博的文明用语，有助于培养积极健康的心态，而且是热情、亲和、开放、合作精神之体现。

在互动中穿插趣味、生动的回复，偶尔与大家开开小玩笑，也会起到很好的效果。微博文字中的"小表情"，也可很好地传递情绪，体现人性化的感性内涵。

（2）多样化运用微博沟通的方式方法。微博上的礼仪，大多是通过微博的发布、回复、评论及私信得以体现的。这就要求酒店微博营销人员能熟知微博沟通的方式方法。例如，关于一些带有敏感性的问题、不适合公开交流的话，不妨巧用私信，进行私密对话。如果没有必要进行私密沟通的事宜，我们则应尽可能不以发私信的形式来处理，以免让对方产生反感，甚至被永久屏蔽。

（3）注重微博内容的价值传递。酒店微博的内容应注重价值的传递。内容以原创信息为主，通过粉丝的互相转发，可以有效提高账号的知名度和影响力。基于对他人著作权的尊重，酒店微博发布他人的原创内容需注明出处或带有明显的转载标识。酒店微博是一个给予的平台，只有那些能为浏览者创造价值的微博才有价值，酒店才可能借此达到期望的商业目的。酒店微博营销人员应转变观念，可以提供给目标顾客感兴趣的相关资讯、常识等，增加其对酒店的信任度、黏性，进而达到吸引顾客的目的。

（三）注重微博的公益属性

把握"少关注产品本身，多关注用户"的原则，以用户需求为基本点，通过不断调动用户参与贡献内容，我们才能将酒店的微博变成活生生的"人"。酒店微博营销人员应利用微博的公益属性增进客户的好感，促进品牌的塑造。

（1）积极参与公益活动的转发。

公益活动具有很强大的号召力，酒店在日常经营中要响应一些公益活动的号召，这对树立公司品牌的形象，增加粉丝数量都会起到很不错的作用。

（2）对于消费者的求助，慷慨给予帮助。

给予别人等于给予自己，付出越多，收获越多。对于消费者的求助，酒店应热情回应并给予帮助。你主动帮助了他人，他人会十分感谢你，增加对你的好感，进而对酒店品牌更加信任。有了信任，销售问题就都不再是问题了。

（四）践行用户行为规范

新时代的媒介素养要求公众以媒介公民的身份要求自身。酒店微博也应该遵守一定的行为规范。

（1）不发布垃圾广告。

（2）不发布不实信息。

（3）尊重他人名誉权，不得以侮辱、诽谤等方式对他人进行人身攻击；尊重他人隐私权（隐私包括真实姓名、身份证号、电话号码、家庭住址及用户不愿公开的其他个人信息），不得侵害他人隐私，涉及公众利益或经由当事人同意的除外。

（4）尊重他人肖像权，未经他人同意，不得擅自使用或修改其肖像。

（5）尊重他人安宁权，不得利用微博骚扰他人。不应以评论、提醒（@他人）、私信、求关注等方式对他人反复发送重复或诉求相似的信息。

【典型应用】

微博营销实用礼仪的主要概念

一、关注者（俗称"粉丝"）

（一）"僵尸粉"

酒店微博没有必要购买"僵尸粉"，"僵尸粉"对酒店的宣传和效益的提高没有任何作用，如果细心的人发现某个酒店的微博粉丝大都是"僵尸粉"，这个酒店的形象则会大打折扣。

（二）"增粉"

为了增加粉丝，在保证酒店微博发布的内容足够吸引人之外，在微博建立的前期，运营者不妨打开微博的"名人堂"，找到酒店领域的相关名人，关注他们，同时从他们的粉丝里挖掘潜在粉丝，还可以去竞争对手的粉丝里寻找潜在粉丝。

二、内容格式

（一）主题

微博也讲究格式，一条微博必定有主题，这个主题可以用【】标出，一目了然。

（二）关键词

浏览过微博的都知道，两个井号中间的内容是"话题"，发布微博的时候，我们可以尽量选择两个话题作为关键词。在这两个关键词中,一个应是和行业有关的关键词,可以引来流量;另一个应是引向目标的关键词,有利于导入数据。例如,♯无锡度假酒店♯♯某某酒店♯。

（三）联系方式

微博内容最好附上联系方式,可以是电话和网址,也可以是微信二维码的照片。

（四）提醒（俗称@）

微博最后记得@3～5个人,一般是同行业的专家或者媒体平台等。

三、微博内容

（一）有趣有用

酒店微博是服务于酒店工作的,但是,一味地发布酒店广告,任何人都会反感。酒店可以适当地发布一些对粉丝来说有趣或者有用的内容,公益性内容也是值得发布的。

（二）软广告

在使用微博发广告的时候,尽量选择"软文"的形式,千万不要直接发硬性广告,否则没有人愿意看。

（三）平易近人

微博一定要用平易近人的口吻写成,无论你的酒店多么"高大上",关注者永远都是你的"上帝",一定要放低姿态和粉丝说话,用亲切的表述方式,在不哗众取宠的前提下让自己表现得"萌萌哒"。

四、其他

（一）重视互动

评论和转发的内容都要仔细看,私信要及时处理,多参与同行业的互动。

（二）谨慎表达

微博是个开放的平台,任何注册用户都能看到你发布的言论,因此,我们一定要谨慎地表达观点和立场,以免"招黑"。

三、酒店微信营销礼仪

新媒体时代,微信营销是企业或个人重要的营销模式,微信营销是伴随着微信的普及而兴起的一种网络营销方式。微信可以突破距离的限制,用户注册后,可与其他已经注册的"朋友"形成一种联系,订阅自己所需的信息。商家通过提供用户需要的信息,可以推广自己的产品,从而实现"点对点"的营销。掌握酒店微信营销礼仪将有助于塑造自身良好的形象。

隔着屏幕看不见客人的表情,但这不代表在进行微信营销时可以不注重礼仪。不只是面对面的人际交往需要礼仪,隔着屏幕的人际交往同样也需要礼仪。具体工作中,我们应注意以下几个方面的内容。

（一）尊重对方,与客户沟通前了解场合和用意

在用微信沟通时,我们应了解聊天的场合和用意,了解客户是什么样的人,性格怎样,以及其行事方式;提前做到心中有数,尊重客户的语言习惯,有问必答,诚实以答;此外,还应充分尊重酒店客人,聊天的语言尽量严谨,有开始的问候语,有礼貌的结束语;发消息之前检查有无错别字,语气是否得体,这体现了一个人的职业素养,细节决定成败。

7

（二）用心问候，维护与客户的关系

在回答客户的问答时，态度应诚恳，在话题还没结束的情况下，如果你有事要离开，应告诉对方。平时工作中，我们应注重维护与酒店客户的关系，多交流，多沟通，用心问候。

1．日常问候

（1）避免只发一个表情符号，不可惜字如金。

（2）可与天气相关，比如提醒天气变化、添加衣物，下雨提醒带伞等。

（3）可以是一小段励志的文字，在传递信息的同时对他人表示关注和支持。

2．节假日问候

（1）避免群发同一条节假日祝福消息，有的人甚至在转发的时候连里面的称呼都忘了改过来，这还不如自己编写一条简单的祝福消息。

（2）合理使用对方的称呼。

（3）注意使用敬称。

（4）在末尾写上自己的工作单位和名字，以便让他人记住你。

（三）及时回复，加强与客户的互动

微信互动无疑比微博的单向信息传送更具交流性，这就要求酒店的微信营销人员认真聆听客人的声音，及时回复客人的信息，给客人以良好的情感体验，从而赢得其好感和信任，具体可从以下方面着手：收到消息，第一时间回复；如果有特殊情况（比如在开会或者开车），一定要加以说明，约好回复时间；文明用语，不使用粗俗的语句；考虑对方的立场，不催促对方回复，尊重对方的意愿。

（四）注重社交礼仪，开展酒店全员微信营销

为了更好地开展微信营销活动，酒店可鼓励员工运用自己的微信朋友圈开展全员营销。在朋友圈宣传酒店产品、品牌的时候，员工应遵循基本的微信社交礼仪。

（1）尊重他人的时间和心情，不在微信朋友圈中传递负面情绪，不要让自己的微信内容成为他人情绪的污染源。

（2）不在微信中发布或转发带"如果不转发就……"等强制性或诅咒性字眼的内容，朋友之间应当只有尊重没有要挟。

（3）不在微信群里单独与某人聊天，以免干扰其他人，我们可以单独私聊或把相关人员拉在一起，另外建群聊天。

（4）事先不沟通就把相互不认识的、不同圈子的朋友拉进一个群里是不合适的，这样做的目的如果是发送节日祝福微信，则会给人带来很不受尊重的感觉，我们不能只图自己方便，否则效果适得其反。

（5）不要在群里随便发语音信息，发语音信息前一定要征求别人的意见，同时，注意周遭环境，不要发很长的语音信息给他人或同时发送数条仅时长仅几秒的语音信息。

（6）不要公群私聊。群聊的话题要切合主题，不要无限跑题，非常私密的话题可以单独私聊（请私下加好友），不要让大家围观。

（五）遵守行为规范，保持良好的职业操守

酒店在使用微信公众号进行营销时，应注重遵守相应的行为规范，避免违规以及影响用户体验的行为。

1. 避免使用"外挂"

避免使用未经书面许可的插件、"外挂"或第三方工具、服务或接入其他相关系统。

2. 避免"刷粉"

避免未经书面许可就利用其他微信公众账号、微信账号或第三方运营平台进行推广或互相推广，包括但不限于：刷僵尸粉、公众账号互相推广、通过微信普通消息、附近的人打招呼、漂流瓶、摇一摇等任何形式推广公众账号，以及利用第三方平台进行互推等。推广形式包括但不限于通过链接、头像、二维码、纯文字等各种形式完成的推广行为。当下，营造风清气正的网络环境，离不开所有账号"踏实做人"。

3. 避免诱导分享

避免以奖励或其他方式，强制或引诱用户将消息分享至朋友圈。奖励的方式包括但不限于实物奖品、虚拟奖品（积分、信息）等。诱导可分为强制型诱导分享和奖励型诱导分享。

4. 避免恶意篡改功能

避免有目的地对公众平台的功能或文字进行篡改，违反公众平台功能的原本用途或意义以达到自己的目的。

【典型应用】

微信礼仪的八个要点

中国是"礼仪之邦"。一言一行反映一个人的修养。酒店是服务性极强的行业，在"微信时代"，员工作为酒店重要的形象代表，在与客户进行交往时，也要注意一些微信上的基本礼仪，让个人和酒店的微信形象更加"高大上"。

（1）好友验证申请通过后，主动打招呼，主动问候客人；先简单介绍一下自己，说明来意（慕名而来向您学习，对您的工作感兴趣等），让对方感觉到被重视。

（2）设置真人头像，增强亲和力。一张微笑的、职业感强的真人头像，可以为你"加分"；不要用人物类头像，比如说佛祖、领袖人物、名人明星等，要让客人感觉到是跟一个真实存在的人沟通。

（3）个人签名应当积极、阳光，不要用"好烦啊""今天真没劲"这样的话语。一句消极的签名长期不知要抹杀你在多少人心目中的形象！作为酒店员工，你的签名会让很多重要客人看到，就更不能太过随便了。为了便于与客人联系，你可以在签名中写上你的电话或者让人有启发的名言。

（4）保障信息量，节省彼此的时间。无论对方是否在线，我们都应直截了当地说明来意，不要只发"您好""在吗"等没有意义的内容，让别人反过来再问你："有何贵干？"这样可以节省你自己的时间，也可以节省别人的时间。

（5）慢慢分享，不要刷屏。不要在短时间内连续发两条以上内容，尤其是相近内容。这样就会霸占"微友"的手机屏幕，惹人反感。如果你只发送与酒店相关的信息，不分享任何对客人有吸引力的内容，那么你就离被"拉黑"不远了。

（6）别用语音处理紧急的事。如果在开会，或者在人流密集的地方，客人就可能不方便听语音信息，这会影响他回应你的速度，对不太熟的客人或朋友，不要使用语音，以免尴尬。

（7）别在人多的地方发送语音。在人声鼎沸的地方，对方听你的留言很费力。客人会觉得你太过随意，对他不够尊重。

7

（8）发布正能量内容。无论是原创还是转发，你分享的信息都代表着你的态度。不加个人观点转发，就等于支持作者的观点。虽然不会有人因为你转发了不适当的内容而讨伐你，但你的形象会因此大打折扣。

四、酒店网站营销礼仪

随着信息技术的发展，互联网的交互性、实时性、丰富性和便捷性日趋明显，酒店业也因此迅速融入网络经济的浪潮之中，各大酒店纷纷建立了自己的网站，开展营销活动。在酒店新媒体营销传播中，网站塑造和传达着酒店的品牌形象，是整个营销传播流程的基础。酒店网站的建设和管理是酒店服务管理的重要内容，也是客人直接感受酒店服务礼仪的平台，因此，我们在网站设计和营销服务中都应注重一定的礼仪规范。

（一）酒店网站设计礼仪

酒店网站的建设不仅要实现网络销售额的提升，更重要的是它的宣传推广作用，在酒店网站的设计过程中融入礼仪规范，将有利于酒店文化和品牌的建设，提升线上线下的销售水平，增强酒店的盈利能力。我们具体应注意以下几方面的礼仪规范。

1. 网站页面保持简单

酒店网站界面上要尽量保持主要内容，简单、突出，只显示与当前环境相关的信息，使用户在要输入的信息尽可能保持精简。

2. 从用户的观点出发

在调试酒店网站功能时，我们要想用户所想，做用户所做。酒店用户总是按照他们自己的方法来理解和使用网站。在界面设计中采用以用户为中心的设计方法（User Centered Design），可以让用户真正参与到界面设计工作中来。在最终界面设计中体现用户的想法，是设计出让用户满意的用户界面的关键。

3. 用户的语言

界面中要使用能反映用户思路的语言，而非设计者的语言。友好的、人性化的提示，可以减少用户的挫折感，语言应为主动式而非被动式，重在提示和启发。

4. 导航清晰

界面上应有清楚的提示，方便用户进行操作。

5. 具有灵活性和容错性

在一组功能步骤中，用户应当可以中断和原路返回。应用程序应提供多种多样的导航方法，使用户可以轻松自如地在不同的操作子系统之间进行转换。用户的误操作应是可以修改或取消的。

6. 具有记忆能力

减少用户必须记忆的信息的数量。系统建设者不应期望用户能记住一大串数字或名字。用户界面最好能将用户最近的操作保留下来，例如，保留其最后打开的文件、窗口的位置、数据的分类筛选或排列方式等，以便今后反复调用，提高用户的操作效率。

（二）酒店网站营销礼仪

酒店利用网站开展营销活动，也应积极遵守酒店的礼仪服务规范，在售前、售中、售后各环节对酒店产品进行跟踪服务，在寻找新客户、服务老客户的过程中最大限度地满足客户的需求。具体地说,在网站营销过程中,酒店应注意以下几个方面。

1. 发布的营销信息应当真实可信

酒店网站发布的营销信息应当真实可信,与线下活动内容保持一致,在网上的图片、宣传资料应与客人在酒店亲眼看到的保持一致,甚至超出客人的期望。酒店在网站上公布的价格应与在其他各个途径的报价保持一致,让客人对酒店产生信任感。此外,酒店还应注意网上营销信息的时效性,定时定期更新,将酒店最新的营销资讯及时地告知客人,为酒店培养忠实的客人。

2. 营销网站应体现对客人的尊重

酒店网站,尤其是国际性酒店的网站,在开展营销活动时应尊重各国客人的风俗习惯,营销网站上的图片、文字应经仔细挑选,在页面的呈现中凸显对客人的关怀。需要注意的是,如果网站中有提供外语服务的链接,酒店需同步更新酒店的最新销售产品和服务信息。

3. 营销网站应安全

酒店基于网站进行营销时还应重视保护网站的安全,为客户资料和供应商资料做好保密措施,采用多级角色管理,实现系统的安全登录和安全访问;正确使用网络技术,既不能充当“黑客”,又必须防范“黑客”。

4. 营销语言应当简洁、通俗

简洁、通俗易懂的营销语言更能吸引客人的注意,获得客人的认同,增强客人对网站的黏性。首先,用词要规范,多用规范化的语言,少用文言、生僻词语和专业术语;其次,使用能使客人感到亲切自然、通俗易懂的大众化语言,如成语、谚语、俗语、歇后语等;第三,用质朴的语言,不堆砌华丽的辞藻,不铺陈夸张,不矫揉造作,使客人感到坦诚率直、真实可信。

【典型应用】

酒店网站营销管理实用礼仪

酒店可以通过自己的网站来展现自己的品牌形象,即通过多媒体技术,把酒店整体的设施设备、内部环境装饰、特色服务在酒店网站上动态地加以表现,使客人能够更快、更便捷地了解酒店,从而拓展潜在的客户市场,使全球营销成为可能。为了树立独特的网络营销形象,酒店在进行网站营销时需注意以下事项:

一、风格设计有特点

网站作为酒店网络形象的重要内容,能否突出自己的个性特点是很重要的,在酒店服务同质化的今天尤为明显。酒店在选择网站风格的时候可以根据实际情况定夺,或美观时尚,或高雅古典,尽可能地凸显自身的档次,让用户看一眼就记住。

二、功能要完善且易用

酒店网站仅仅好看是远远不够的,还应当具备更完善的功能。酒店预订、在线支付等功能都是应当具备的。这些功能还应当尽可能地保障人性化,充分考虑用户的使用习惯,提升功能的易用性。

三、内容信息要全面

从常规思维来看,酒店介绍、地址、配套设施等事项都应当在网站上加以全面地展示,让用户能在最短的时间内就对酒店的情况有一个清楚的了解,尤其是酒店的优秀之处,如干净舒适的客房,完善的服务等。除了展示酒店信息外,我们还可以将当地一些知名的旅游景点信息、美食信息加以介绍,增加用户对网站的黏性,让网站更讨用户喜欢。

四、安全稳定性要强

酒店网站开通在线支付的功能,应当保障支付的安全性,确保用户的支付安全;同时,确保网站没有漏洞,不被黑客攻击,以免用户信息泄露。此外,网站要保持稳定,不出问题,让用户放心使用。

五、网站后台数据安全

酒店网站后台保有很多的重要数据,一定要按时备份,妥善保管。后台登录地址、登录账号和密码以及酒店网站后台发布的数据一定要严加照管,做好保密工作,防止信息泄露带来的一系列问题。

【知识拓展】

新媒体视角下的酒店商务谈判礼仪

随着知识经济和信息技术的快速发展,新媒体逐渐被运用在酒店的商务谈判之中。谈判各方通过各种网站传递、获取关于酒店产品和服务的信息,利用即时通信软件,如微信等软件,在线就交易条件展开洽谈并最终达成基本的交易协议。在新媒体背景下,酒店商务谈判双方见面交流的机会大大减少,如何在酒店新媒体的商务谈判中以礼待人,体现人与人之间的相互尊重就变得尤为重要。在与客户使用新媒体进行谈判时,我们也要注意一些基本的礼仪规范,这将有助于促进双方顺利达成协议。

一、谈判前精心准备,给对方良好的第一印象

在商务谈判之前确定谈判人员,身份、职务尽量与对方相当。谈判代表需具有良好的综合素质,谈判前应就谈判主题、内容、议程做好充分准备,制订好计划、目标及谈判策略。

谈判之初,谈判双方对对方的第一印象十分重要,要尽可能地创造出友好、轻松的谈判气氛。自我介绍时要自然大方,不可流露出傲慢之意。被介绍到的人可以礼貌地回应"幸会""请多关照"。询问对方要客气,例如,"请教尊姓大名"等;介绍完毕,可选择双方共同感兴趣的话题进行交谈,稍作寒暄,沟通情感,创造和谐的气氛。

二、谈判进程中应尊重对方,保持良好的情绪

新媒体背景下,谈判者需要在利用即时通信软件的过程中保持积极的情绪,通过积极情绪的传导提升谈判对手对己方的认同,从而建立良好的关系。谈判人员需要从内心尊重每一个谈判对手,避免情绪失控时在不经意间向对方传递不尊重的信号,导致双方关系的破损。

三、谈判语言文明礼貌,有针对性

谈判中要注意保持风度,心平气和,求大同,存小异,发言措辞应当文明礼貌;针对不同的商品、谈判内容、谈判场合、谈判对手,我们要有的放矢,有针对性地运用语言措辞。模糊、啰嗦的语言,会使对方疑惑、反感,降低己方威信,成为谈判的障碍。

四、谈判中的表达方式要婉转

谈判中尽量使用委婉的语言,这样易于被对方接受。例如,在否决对方要求时,可以这样说:"您说的有一定道理,但与实际情况稍微有些出入。"然后再不露痕迹地提出自己的观点。这样做既不会损害对方的面子,又可以让对方心平气和地认真倾听自己的意见。

五、准确表达,有效沟通

在新媒体背景下,酒店商务谈判的沟通主要通过即时通信软件来进行的,信息基本靠软件传递的文字来表达,这就要求谈判者在传递信息时保证表达简洁、准确,不产生歧义,不让对方产生误解或误判。买家可能同时跟多个卖家谈判,反应迅速的卖家更容易得到买家的认同。在新媒体生态中,谈判者若想实现有效沟通,就必须快速反应,直达问题的本质,力求表达准确、简洁。

【思考与练习】

1. 酒店新媒体营销礼仪的含义和原则包括哪些内容?
2. 酒店微博营销礼仪规范有哪些?
3. 酒店微信营销礼仪规范有哪些?
4. 酒店网站营销礼仪规范有哪些?

任务三　酒店新媒体服务礼仪实务

【学习目标】

1. 了解酒店新媒体即时会话礼仪要求。
2. 掌握电子邮件礼仪。
3. 掌握短信礼仪。
4. 掌握网络电话礼仪。
5. 掌握网站服务礼仪。

【情景导入】

高级商务品牌酒店无锡艾迪花园酒店非常重视会员网络的建设以及礼仪服务的规格,其会员网络是企业在建立虚拟组织的基础上构造的网络团体。酒店可以把曾经住过本酒店的客人和酒店的常客组成会员网络,促进他们之间的联系和交流,提升客人对酒店的忠诚度,把客人融入整个营销过程,让会员互惠互利,共同发展。客人离店后,酒店通过电子邮件热情地询问其对酒店客房的意见,以示对客人的尊重和关心;酒店为那些具有相同经历的客人,如从事同一职业或来自同一个城市的客人,在得到许可的前提下提供彼此的电子邮箱以及其他联系方法,促进他们的交流、提供合作机会;在节假日,酒店通过电子邮件向会员发送精致的贺卡;在酒店推出新的服务项目以及将对客房进行重新设计前,通过电子邮件通知会员并征求意见。如此,客人就会有一种被尊重和受重视的感觉,从而对酒店产生持续且良好的印象。

　　情景解析: 在新媒体时代下,酒店员工必须树立新媒体服务礼仪意识,在使用新媒体工具时遵循礼仪规范,维护新媒体舆论环境,通过新媒体服务礼仪展示、展现个人乃至酒店良好的形象和品牌。

7

新媒体的不断运用拉近了酒店与客人的距离,基于规范的礼仪方式与客人进行互动沟通,酒店可以把服务延伸到客人心底,为酒店赢得忠实稳定的客源。新媒体服务礼仪的运用是酒店行业在新媒体时代获得长足发展的重要契机。具体来讲,酒店要在以下方面体现出高超的、专业的服务礼仪水准。

一、新媒体即时聊天礼仪

在酒店对客沟通服务中,以网上在线咨询、QQ 聊天、办公软件聊天等为代表的即时聊天以其简短、快捷的特点迅速普及开来。在看似日常化的即时聊天工具中保证得体、大气,是体现职业素养的重要途径。新媒体即时聊天礼仪的主要内容体现在以下几个方面。

(一)真诚待人

即时聊天贵在真诚,如果自己能做到真诚待人,客人多半也会真诚待你。特别是不能面对面交流的人,一旦感到对方的真诚,就更容易敞开心扉与对方交流,这有益于双方达成满意的沟通效果。但是,酒店的一些关键信息不能轻易透露,我们须有适度的防范之心。

(二)聊天内容要文明健康

新媒体环境的多样性、虚拟性和隐蔽性往往容易使不文明的习俗展现出来,在与客人聊天时,我们要保证内容文明健康,用语规范,常用礼貌谦恭的语言,特别要抵制与黄色、暴力、邪教有关信息。

(三)有风度地与客人协商

酒店员工要以一种宽容的心态接纳即时聊天中客人可能会发生的低级错误,如语法错误、拼写失误等,基于各种原因,每个人都会有这样那样的过错。对别人的过错宽容对待,可以彰显自己的涵养,表达自己对别人的尊重。不要随意评论客人的宗教信仰、生活方式、饮食习惯和个人需求等,保持自己的风度是十分必要的。

(四)必要时输入表意符号

即时聊天工具附带各种各样的表意符号,酒店员工要能正确地意会并恰当地运用这些符号,让自己的沟通达到事半功倍的效果,在这一过程中,我们应避免出现不必要的误会。合理地运用表意符号有助于更好地表达聊天人的感情色彩,辅助表情达意,让人感觉轻松与亲切。

(五)及时回复

对于客人的咨询或投诉,酒店员工应在第一时间予以回复,态度要诚恳,热情周到,有问必答,耐心谦和。注意,员工不可与客人闲聊,客人问到不懂或不熟悉的业务时不能不懂装懂,也不能推诿、搪塞客人,应婉言向客人解释并询问相关人员后再作解答。严禁出现拖腔、态度生硬、不耐烦等不礼貌的行为。

【典型应用】

即时聊天对客服务实用礼仪

(1)屏幕名称、图标、头像要合适。适合休闲环境的头像未必适合酒店的工作环境;屏幕的名称、图标和头像是留给对方的第一印象,因此要与酒店名称相适应。

（2）进行自我介绍。第一次激活一个即时聊天请求时，如果屏幕头像不足以向对方说明自己或所在酒店的基本情况，我们要给出简要的自我介绍。

（3）询问对方是否有时间聊天。不询问对方是否方便进行交流而直接发送聊天请求，是一种不尊重对方的体现，轻则给人留下不良印象，重则影响与客人沟通的效果，这是应当注意的。

（4）明确讨论内容。在进行即时聊天时，我们要明确客人有意要了解或讨论的内容，有针对性地帮助客人。

（5）消息应简短，重点突出。很多即时消息服务都有数量限制，故我们发出的消息应尽量简洁，中文以不超过250字为宜，英文不超过500字符为宜，要适应对方的阅读能力和注意力。

（6）给客人留有回应时间。受打字速度、系统、问题难易程度的影响，我们要留给客人足够的时间来回应消息。出于礼貌，每次最好只问一个问题。

（7）保持对对方的关注，以示尊重。

（8）正确使用术语和缩写。在不确定对方是否了解的情况下，我们要尽量写全称。对方可能是非专业人员，如果不熟悉术语，可能会产生混淆甚至误解。因此，我们应尽量使术语、缩写显得明白、易懂。

（9）不要使用自定义字体、文字规格和颜色。文字的设置尽量简朴、庄重，以黑色宋体的标准字体为宜。随意改成红色、蓝色，加大、减小字号，会给人以唐突之感。

（10）注意机密信息。即时消息和在线聊天程序在默认设置下的安全级别不够高，可能允许其他程序从即时聊天中截取信息。如果需要传送或接收机密信息，我们应当选择使用安全会话功能，或者使用其他安全性能更强的程序。

（11）礼貌地结束会话。即时会话结束时，除了重申会话的重点外，我们还要询问客人是否还有疑问，如果没有，应当表示感谢。

二、电子邮件礼仪

电子邮件的使用已经非常普遍了。酒店员工还拥有使用公司域名的邮箱。利用公司邮箱发送邮件与利用私人邮箱发送邮件有着很大区别，其日常礼仪规范也包括很多独特的内容。

（一）尽快回复

无论对方来信的目的是提问还是问好，收件人都必须尽快回复。如果你没有经常查看邮箱的习惯，则应告知他人，以免延误要事。邮件自动回复设置方式要恰当。若有必要设置自动回复功能，需优化自动回复邮件中的内容，根据酒店活动的阶段和主题，及时更新。

（二）格式规范

格式规范包括以下内容：

一是邮件必须写主题。空白标题是最为失礼的。主题是使接收者了解邮件的第一信息，因此要提纲挈领，让收件人迅速了解邮件内容并判断其重要性。

二是注意礼貌。在邮件中要恰当地称呼收件者，开头结尾最好要有问候语，用词要得当。

7

三是正文要简明扼要,行文通顺。切忌长篇大论,多用 1234 之类的编号列序,清晰明确,合理提示重要信息。仔细检查文中的语法和错别字;在商务邮件中慎用表情符号,以显示稳重;使用缩写时,要确认收件人能够准确理解。

四是邮件要署名。除非是熟识的人,否则收信人一般无法从账号解读出发信人到底是谁,因此标明发信人的身份是电子邮件沟通的基本礼节。若将自己的身份设计成一个签名档,应注意签名信息不宜过多,可包括姓名、职务、公司、电话、地址等信息。签名文字若为繁体或英文,则字号一般应比正文小一些。

(三)尊重隐私

有些人不愿自己的邮箱地址出现在其他人的邮件中,在群发邮件时,我们尤其要考虑对他人隐私的尊重。

(四)电子邮件应当注意编码

我国以及世界上其他国家或地区的华人,目前使用着不同的中文编码系统。因此,酒店员工在使用国内编码系统向生活在国外的汉字使用者发出电子邮件时,应同时用英文注明自己所使用的的中文编码系统,保证对方可以顺利收到自己的电子邮件。

(五)广告邮件推送要适度

邮件要在客人最愿意阅读的时间发送,在客人抵达酒店的前三天和离开酒店后的第二天早上发送邮件比较合适。同时,我们要多发送贴心的关怀类邮件,正文字数控制在 1 000 以内,为客人提供个性化的内容,从而延伸客服功能,优化客人体验。

【典型应用】

酒店电子邮件实用礼仪

(1)回复电子邮件应注意保持线索。回复对方的邮件,不要创建一封新邮件,这会打断原始邮件和回复邮件之间的关联。一旦失去关联,双方就难以跟踪邮件的次序,尤其是经过多次收发的邮件。

(2)不要就同一问题进行多次回复讨论。邮件中就同一问题的交流回复超过 5 次,说明交流不够顺畅。此时,我们应采用电话沟通等其他方式进行交流后再作判断。对于较为复杂的问题,多个收件人频繁回复、发表看法,将导致邮件过于冗长。此时,我们应对之前讨论的结果进行小结,突出有用资讯。

(3)区分单体回复和全体回复。只需要单独一个人知道的事,单独回复就可以了。如果对寄件者提出的要求作出结论性回应且需要让大家都知道,则应该全体回复。如果对寄件者提出的问题不清楚,或者有不同的意见,我们应该与发件人单独沟通,不要当着所有人的面,不断地循环回复,待讨论好了再告诉所有相关人员。

(4)区分收件人、抄送人、密送人。收件人是受理这封邮件所涉及的主要问题的对象,应对邮件予以回复。抄送人只需要知道这件事;如果抄送人有建议,可以回复邮件。对于密送人而言,收件人是不知道的,只在非常规场合使用。

(5)转发邮件要突出信息的实质性内容。在转发信息之前,我们应首先确认所有收件人需要这一信息。此外,转发敏感信息或者机密资讯时要小心谨慎,不要把内部消息转发给外部人员或者未经授权的接收人。如果有需要,群发者还应对转发邮件的内容进行修改和整理,突出重要资讯。

(6) 慎重使用"附件"功能。附件内容如果不长,应直接撰写于信件中。若一定要使用附件功能,发件人应在正文中提示收件人查看附件;附件文件应按有意义的名字命名,最好能够概括附件的内容,方便收件人下载后加以管理;附件数目不宜超过 4 个,数目较多时应打包压缩成一个文件;如果附件是特殊格式文件,应在正文中说明打开方式,以免影响使用;如果附件过大,应分割成几个小文件分别发送。

三、短信礼仪

基于短信模式的会员服务短信发送系统也是酒店常用的新媒体服务方式,通过手机短信给予客人礼遇之时,提供便利、有效的服务,特别是逢年过节或是在客人生日之际投送的个性化祝福短信更能够增强客人与酒店的感情联系。

(一)短信内容要精练

编发短信时、用字、用语要谦恭礼貌、规范准确、简洁凝练,表意清晰。不编发有违法规或不健康的短信,不随意转发内容未经确认的消息。内容编好之后,浏览一遍再发送的习惯。

(二)重视短信开头和结尾

在短信开头称呼对方时要加上姓氏,在结尾要适当使用祝福语。若需要对方回复,则要表明"望尽快回复"字样,提醒到位。短信内容的尾部要有署名,这既是对客人的尊重,也是达到目的的必要手段。若是给不太熟的客人发短信,我们还应该在自己姓名前面加上单位简称。

(三)发短信要合时宜

发短信的时间不能太晚,也最好不在客人的上班时间发送。在重要时刻和有纪念性的日子发送贴心短信和温馨提醒也应注意时效性。

(四)及时回复短信

对于收到的短信,我们应认真查看,遵循"今日事今日毕"的原则,细心斟酌回复内容,及时予以回复。

【典型应用】

酒店实用短信礼仪

一、客户维护短信

(一)客户成为会员

尊敬的会员:欢迎您成为×××店的会员! 服务电话:×××××××××。【××酒店】

(二)会员办理会员卡

在客户办理会员卡充值后可发送短信进行提醒,让客户清楚钱款的去向。

尊敬的贵宾:您好! 您于××月××日在×××店成功开卡,会员卡号:××××××××。感谢您光临本店! 祝您生活愉快! 服务电话:×××××××××。【××酒店】

尊敬的贵宾:您好! 您于××月××日在×××店充值××××元办理了储值卡一张,

会员卡号：××××××××，可享受××折优惠，感谢您光临本店！祝您生活愉快！服务电话：××××××××。【××酒店】

（三）消费后触发积分短信

在客户到店使用会员卡消费之后触发短信提醒客户卡内余额/积分变动情况，让客户消费更加放心。

尊敬的会员：您好！您当前消费××元，卡内剩余××元，请您及时核对您的消费，如超过30分钟不回复，酒店将视为您默认此消费。感谢您光临本店！祝您生活愉快！服务电话：××××××××。【××酒店】

尊敬的会员：您好！您当前消费×××元，获得积分×××分，卡内总积分为×××分。感谢您光临本店！祝您生活愉快！服务电话：××××××××。【××酒店】

（四）客户来电订房之后触发短信

尊敬的贵宾：衷心感谢您选择下榻××酒店！您的预订已确认，客人姓名：×××，入住时间××月××日，离店时间××月××日，预订××间××间，价格×××元/天（含双早），房间最晚将为您保留到××：××，如行程更改，请及时联系我们。×××酒店恭候您的光临。地址：×××××，预订电话：××××××××。【××酒店】

（五）当地天气提醒

欢迎您选择入住×××酒店。温馨提示：××月××日××天气预报：多云，××～××℃。【××酒店】

（六）到店路线提示短信

尊敬的贵宾：您好，从×××到酒店附近的线路为×××，终点站：×××××。××酒店全体人员欢迎您的光临！【××酒店】

（七）接机提醒短信

尊敬的王先生：您好，您的接机要求已安排，接机人员×××会在×××等待。电话：××××××××。【××酒店】

二、节假日、生日祝福短信

（一）会员的生日

尊敬的会员：今天是您的生日，我们特意为您送上一份温馨的祝福！祝您生日快乐！【××酒店】

（二）会员生日当天有优惠

尊敬的会员：今天是您的生日，祝您生日快乐！生日当天入住可享×××优惠！【××酒店】

（三）节假日的祝福短信

尊敬的会员：祝您×××节快乐！祝愿您生活和美，阖家幸福！订房可享×××优惠！服务电话：××××××××。【××酒店】

（四）节假日的活动短信

尊敬的会员：祝您×××节快乐，特推出×××元×××房，给您一份悠闲与自在。××酒店带您度过不一样的假期！【××酒店】

（五）客户的特殊纪念日（例如结婚纪念日）祝福短信

尊敬的王先生，您好，在您的结婚××周年纪念日到来之际，我们祝您和您的家人永远

幸福快乐。在结婚纪念日当天可以享受×××优惠。【××酒店】

三、通知信息

（一）活动通知

尊贵的会员：储值有礼，充值送×××××××。更多详情请致电前台：×××××××××。【××酒店】

尊敬的会员：优质的服务，××××××尽在××酒店，××××××火热预定中，详询：×××××××××。【××酒店】

（二）积分兑换活动

尊敬的客户：您在×××的消费积分已达到×××分，您已成为我们的特别贵宾，可享受××××××等多项待遇，您只需凭您的手机号码即可享受我们提供的服务，××感谢您一直以来的支持与厚爱！【××酒店】

四、网络电话礼仪

在新媒体生态中，酒店网络电话对客服务负责答复、跟进并反馈网络客户的咨询、投诉，网络客服电话礼仪的规范与素养，对酒店潜在客户发掘、现有客户维护等工作起着至关重要的作用。

（一）服务态度要礼貌周全、诚恳沉着

客服人员应当尊重客人，谦和有礼，热情周到，不与客人闲聊，语言要委婉。如遇个别客人的失礼行为，客服人员要克制忍耐，不争辩顶撞，用个人良好的言行与涵养感化客人。

（二）开场语要训练有素、精神饱满

客服人员虽不能与客人直接进行面对面交流，但话语所体现的个人状态将更加直观地呈现给客人。因此，网络电话客服人员在拿起电话那一刻就保持微笑，把彬彬有礼的声音传达给对方。酒店应规范网络客服人员的电话礼仪，开场时统一使用标准问候语，例如："您好，××欢迎您的来电，请问有什么可以帮助您？"在不同的时间段或节假日，还应适当地添加问候语，例如："新年好！欢迎致电××，请问有什么需要帮助的？"接着，讯问对方贵姓，然后用对方的姓氏来称呼，做到自然亲切。

（三）应答语要恰当规范、顾客至上

对于客人的咨询和意见，客服人员应以专业的言语、知识和技能及时准确地予以回应，用客人的语速节奏，不卑不亢地与之交谈，尽量使其满意。了解客人需求，找到兴趣点，善于向客人主动推荐酒店服务和关联产品是非常重要的。当客户信号不好或声音微弱时，客服人员在保持自己音量不变的情况下，婉转请求客户大声一些，例如："非常抱歉，我这边听不清楚，请您大声一点，好吗？"视客户的音量情况反复沟通，直至双方的沟通恢复正常。

【典型应用】

酒店网络客服电话实用礼仪

酒店形象的好坏与客服能否利用好社会化网络电话服务有直接的关系，因此，客服代表要有正确的角色认知，自觉遵守服务行为规范和惯例。工作中充满热情，换位思考，积累经

验,灵活运用沟通技能,在细节之处展现礼仪的魅力。

一、提供优质的语音服务

(1) 咬字要清晰:发音标准,字正腔圆,没有杂音。

(2) 音量要恰当:说话音量既不能太响,也不能太轻,以客户感知为准。

(3) 音色要悦耳:声音要富有磁性和吸引力,让人喜欢听。

(4) 语调要柔和:语气语调要柔和,恰当把握轻重缓急,抑扬顿挫。

(5) 语速要适中:务必保证客人完全能听清楚。

(6) 用语要规范:准确使用服务规范用语,"请、谢谢、对不起……"不离嘴边。

(7) 感情要亲切:态度热情,多从客户的角度考虑问题,使客户感到关切和真诚的态度。

(8) 心境要平和:无论面对什么样的客户,客服都要控制好情绪,保持平和的心态。

二、服务规范用语

基本服务用语包括:请、您好、谢谢、对不起、再见等。

(一) 应答

早上好/上午好/中午好/下午好/晚上好,请问有什么可以帮到您? /请问您需要什么帮助?

(二) 沟通开始前询问用户贵姓并给予尊称

请问您贵姓? /方便告诉我您的姓名吗? /请问您怎么称呼?

若用户对此有疑虑,可回答"询问您贵姓是为了方便称呼您"。

(三) 遇到无声电话

您好,您的电话已接通,请讲!(重复一遍,如仍无声)如不咨询,请挂机! 再见!

(四) 电话杂音太大听不清楚

对不起,您的电话杂音太大听不清楚,请您换一部电话拨打好吗? 感谢您的合作,再见!

(五) 用户使用免提无法听清楚

对不起,您的声音很小,请问您是否在使用免提方式? 请您拿起话筒说话好吗?

(六) 用户需要记录相关内容时

麻烦您记一下,好吗?(建议用户拿纸和笔)

(七) 用户误拨

对不起,这里是××酒店客服中心,请您核实后再拨,再见!

(八) 用户责怪应答慢

对不起,让您久等了。

(九) 需要查询资料时

对不起,××先生/小姐,请您稍等,我帮您查一下,接下来您将听到一段音乐,请不要挂机,谢谢!

(十) 查询回来时

感谢您的耐心等待。

(十一) 用户反映的问题一时不能回答

对不起,请您留下联系电话、联系人,我们尽快给您答复,好吗?

(十二) 用户遇到推诿

您的心情我能理解/我尽快想办法给您解决,好吗? 请您相信我/请您相信我们酒店。

（十三）复述用户问题时

您说的是××××意思吗？/您的意思是××××××，是这样吗？还有什么需要我了解的吗？

（十四）客人陈述未听清楚时

对不起，请您再重复一遍好吗？

（十五）受理投诉时

感谢您对我们的信任，您反映的问题是××××，是这样吗？好的。我们会在××小时/天内给您答复。

（十六）本酒店人员收到投诉

对不起，我们的失误，给您带了麻烦，非常抱歉。

对不起，本酒店对这方面有明确的处罚规定，我们核实后会在××小时/天内把处理结果反馈给您，好吗？

（十七）客人提建议

谢谢，您的建议对我们工作有很大的参考价值/帮助。希望您以后多多支持我们，多给我们提宝贵意见。

谢谢您的建议，我们酒店一直都在寻求改善服务的方法，希望您今后多提宝贵意见。

（十八）结束语

××先生/小姐，请问还有什么可以帮您吗？请问还有什么可以为您服务的吗？（等待用户回应）感谢您的来电，祝您××××。

三、服务禁用语

（一）常见禁用词

喂、什么、不知道、应该、好像、不可能。

（二）服务禁用语气举例

反问语气、质问语气、机械语气、散漫语气、愤怒语气、讽刺语气，如：我不是告诉过你了吗？/不是说××吗？/你还不明白，这次听好了！

五、网站礼仪

网站建设和网站管理是酒店服务管理的重要内容，也是客人感受酒店服务礼仪的直接平台，我们应在以下几个方面多加注意。

（一）网站信息要真实、简洁

网站发布的信息要具有客观性、创新性和简洁性。网站是客人了解酒店的直接渠道，不能存在虚假信息，网站信息应当简洁，有助于客人理解，不能误导客人做出错误决定。

（二）员工在网站上的言行应谨慎

酒店员工不能以单位或部门的名义在网上随意发表个人对时事的见解，不得泄露酒店机密和国家机密。谨言慎行是中华民族的传统美德。

（三）服务内容要合宜

对于不同语言、国家、宗教信仰的潜在客人，我们要从语言文字、视频图片内容等各方面进行"个性化的关怀"，体现出对客人的尊重。

7

（四）对客服务应规范

网站客服人员在与客人互动交流时应一视同仁，提供统一而真实的信息，热情相助。遇到客人的抱怨或投诉时，我们应避免与客人对抗，应耐心听取、认真记录，切勿随意打断客人的讲述或胡乱解释，待客人充分表述后，对客人的遭遇表示同情、理解和歉意，立即着手处理问题并及时跟踪，向客人反馈。

（五）任何点评都要及时得到回复

酒店要重视网站客人的点评，认真及时地予以礼貌的回复。回复内容的风格要与酒店品牌形象匹配，如若是"小清新文艺范儿"十足的酒店，行文内容应以清新文艺的风格为佳。差评对回复时效的要求最高，回复时必须体现出酒店的诚意，应首先感谢评论者，即使客人的差评内容有失偏颇，也要诚恳回答，千万不要指责客人乱说，推卸责任，同时及时跟进，帮助客人解决问题。

【典型应用】

酒店网络点评回复实用礼仪

处理客人点评是酒店网站服务的重要内容，也是酒店对客服务能力的直观体现，对客人的点评加以恰当的回复，会让客人感觉到酒店倾听了他们的声音，是提升客人满意度和入住后忠诚度的最佳方法。因此，我们应注意以下几个方面的事项。

一、使用礼貌、真诚、专业的语气

酒店客服人员回复客人点评时，应表现得落落大方，坦坦荡荡，专业而礼貌，真诚友好，不带任何个人情绪。

二、回复内容要严谨

回复要及时且内容不宜过长。若点评者惜字如金，回复内容也可简洁化，表达清楚即可；若点评者点评篇幅较长，回复字数可适当增加，给对方带来亲切感。回复语句不可有错别字，标点符号错误也要避免。

三、大力利用好评内容

客人的好评也应关注并回复，在表示感谢之外，我们也可使用其他客人的评论内容，营造一种类似社区的氛围，使客人的点评内容更显客观，此外，也可展示一些对于忠诚客人的奖励措施，引导更多客人入住。

四、正确回复差评

酒店网站上难免会出现差评，只要回复得当、处理及时，差评也能往好的方面转化，我们一般应遵循以下原则：

（1）回复是给其他客人，即那些准备预订酒店的客人看的，他们会担心入住的酒店会有问题，对酒店不放心，因此会关注以前客人的反馈，故对差评的回复非常重要！

（2）关爱客人。不论客人如何恶言相向，酒店人员都应放平心态，平复好自己的心情，再进行回复。不论客人说得是对是错，我们都应该充分体谅客人的心情和情绪。

（3）明确解决办法。针对客人提出的问题，酒店客服应给出具体的解决方案。

（4）要有欢迎语。结尾一定要道出邀请客人再次入住酒店的意愿。

【知识拓展】

共建共享新媒体生态圈

随着社会的发展,新媒体已成为人们生活的重要组成部分,它正在催生着一个新的酒店商业运作模式,构造着一种新的酒店服务形态。在这种崭新的模式下,新媒体服务礼仪的制订也就被提上了日程。酒店在享受新媒体带来的效益和便捷之时,应当要求和培养员工自觉地遵循一定的礼仪,塑造自身形象,调节与客户的关系,展示良好修养,促成健康有序的酒店新媒体服务规范,构建和谐畅顺的新媒体客户交际关系,共建共享新媒体生态圈。因此,酒店需遵循以下几项原则。

一、以人为本,尊重客人

新媒体把来自五湖四海的客人聚集在一个平台上,因此,以人为本是首要原则。要防止粗俗和无礼,不可随意评论客人的长相、宗教信仰、智商、文化层次、生活方式和风俗习惯等。在交往时,酒店应以客人为中心,聊天、发邮件、跟帖必须以不侵犯他人为前提,言谈举止恰当有度,互相尊重、相敬如宾是重要的服务准则。

二、遵时守信,行为一致

在新媒体环境下,与客人交往,应言而有信。与客人约定在新媒体工具上商谈某项事情的时间后,我们一定要严格遵守事先约定的时间上线,如果因为网络或其他原因拖延了时间或者不能如期上线,要通过电话或短信的方式告知对方,或者在上线后第一时间说明理由并真诚地向对方道歉。互联网不是法外之地,新媒体平台上的道德和法律与现实生活是相同的。员工在工作中不能私自挪用公用的新媒体资源,发表个人意见、建议,不能违反法律法规和有关规定;不能有侮辱、谩骂他人的行为;语言表达要言简意赅,意思应当清楚明白,内容一定要切题;不做负面评论;避免抄袭、剽窃、盗版等侵权行为。

三、热情有礼,回避隐私

热情的员工总会获得良好的人缘,从而与客户建立良好的人际关系。使用新媒体工具时,判断对方是否热情的主要依据是获取的文字信息。因此,我们要非常注意措辞及说话的口吻。对出现的问候语予以及时回复,千万不能置之不理或隔了很长的时间才回应。真诚热情之余,还要注意有度,不要侵犯客人的隐私,例如,面对女士,不问年龄、婚否、体重、服饰价格等;面对男士,不问钱财、收入、履历;不随便谈论他人的宗教信仰。

四、强化防护,遵纪守法

采用计算机病毒防范措施如今已成为新媒体时代下最起码的标准要求。在酒店系统中导入防火墙与杀毒软件的必要性自不待言,同时,酒店还要引导员工学习相关法律。在员工的个人终端上安装杀毒软件,也已成为理所当然的事情。为了将病毒感染消灭在萌芽状态,我们必须大力推广"新媒体服务礼仪",不传播谣言、散布虚假消息,不制作、传播网络病毒和"流氓"软件,不将电脑中的机密材料外泄,保障新媒体服务系统的安全,维护客户的利益。

五、巧妙记忆,用心待客

卡耐基曾强调记住别人名字的重要性,记住对方的名字并把它叫出来,等于给对方一个很巧妙的赞美。酒店员工在新媒体平台上与客人交往,也要力求对客人的基本信息和资料了然于心,可以用修改昵称、增添备注等方式强化记忆,让客人感受到重视和关心。

7

【思考与练习】

1. 新媒体即时聊天礼仪的基本要求有哪些？
2. 收发电子邮件时的服务礼仪要点有哪些？
3. 网络电话客服人员应注意哪些方面的礼仪要求？

【微视频】

酒店新媒体营销
礼仪（一）

酒店新媒体营销
礼仪（二）

酒店新媒体营销
礼仪（三）

网络电话服务礼仪

酒店电子邮件礼仪

项目八 中国"金钥匙"服务

任务一 中国"金钥匙"服务认知

【学习目标】

1. 了解中国"金钥匙"服务的缘起与发展。
2. 认知中国"金钥匙"服务的理念与精神。
3. 领悟中国"金钥匙"的文化内涵。

【情景导入】

1995年,白天鹅宾馆承接了难度极高的一项服务。比尔·盖茨应邀前往广州白天鹅宾馆演讲,"金钥匙"要保证他顺利到达演讲地点,准时开讲。

为了避免交通不便,影响惜时如金的比尔·盖茨紧张的日程,微软公司向白天鹅宾馆提出,最好能调用直升机,开辟从南沙港到沙窖岛的特别航道。众所周知,开辟特别航道的难度实在很大。但他们面对困难,没有犹豫,很快与南航直升机公司联系,再根据其要求,经过与政府多部门的协助,办理了飞行图的审核手续。"金钥匙"们对此颇为用心,他们和南航的有关人员一起去南沙港及沙窖岛踩点,上午在南沙港选择停机的位置、清除地面的沙子、沙井盖,落实当地派出所负责安全保卫;下午在沙窖岛,将停机坪造在鱼塘边一块开阔地上,用红布铺成停机标志,用红地毯铺至离码头400米的路口,以便在比尔·盖茨下机后用专车将其送到码头。

体现职业素养的是,"金钥匙"没有停留在这一套方案上,而是又主动提出了第二套、第三套方案,以防万一。之后的整整一个月内,他们的神经都绷得紧紧的,用心检查各个环节是否有疏漏。终于,盖茨乘飞翔船抵达南沙港,天气不好,在南沙待命的直升机不能起飞。原计划取消,第二套方案启动:盖茨一行乘坐三辆奔驰,由警车开道,用45分钟到达沙窖岛,立即登上快艇向白天鹅宾馆驶去,15分钟后,比尔·盖茨准时出现在白天鹅会议中心的讲台上。

情景解析:对于"金钥匙"成员而言,其服务的目标不仅仅是为客人提供舒适、温馨的住宿体验,更重要的是通过用心的工作,协调好各方关系,解决碰到的困难与问题,满足客人所有的合法要求。在服务过程中绝不说"不","不是无所不能,但一定竭尽所能"。这就是"金钥匙"服务理念与服务品质的保障。

一、中国"金钥匙"服务的缘起与发展

(一)"金钥匙"的诞生与兴起

1929年,法国饭店中一群拥有丰富服务经验的世袭委托代办礼宾司们给客人提供各种专业化服务,包括从代办修鞋补裤到承办宴会、酒会,充当导游等大大小小的细致服务,目的是为客人提供一般饭店没有的,有"一定难度"的"额外服务"。他们以费迪南德·吉列特先生为代表,率先把委托代办服务上升为一种理念并把一群志同道合的饭店委托代办成员组织起来,成立了一个城市饭店业委托代办组织,给该组织起了一个很好听的名字——"金钥匙",两把金光闪闪的金钥匙成为该组织的标志,代表着这个组织的两大职能:一把金钥匙用于开启饭店综合服务的大门;另一把金钥匙用于开启该城市综合服务的大门,也就是说,这些"金钥匙"成为饭店内外综合服务的总代理。

1929年10月,11个委托代办组织建立了金钥匙协会,协会章程允许成员们通过提供服务而得到相应的小费,他们发现那样可以提高对客服务的效率,随之还建立了城市内的联系网络。二战后,欧洲经济恢复,旅游业随之发展。1970年以来,"国际金钥匙大酒店组织"的合作领域从欧洲扩展到全世界。

(二)中国"金钥匙"服务的缘起与发展

改革开放以来,在霍英东先生的提议下,中国酒店引进了"金钥匙"概念。1990年年底,广州白天鹅宾馆首开"金钥匙"(委托代办)柜台。1995年11月初,中国"金钥匙"在白天鹅宾馆召开第一届年会,标志着国际"金钥匙"正式打开中国之门。由此,中国"金钥匙"开始迅猛发展。

中国"金钥匙"是全球唯一的网络化、专业化、个性化、国际化的品牌服务体系。目前在中国已在330个城市,3 200多家酒店、物业、服务企业中吸纳了5 250多名会员,形成中国最大的品牌服务网络。中国"金钥匙"已成为旅客在商旅途中最可信赖的对象。

二、中国"金钥匙"服务的理念与精神

(一)中国"金钥匙"服务理念

中国酒店"金钥匙"服务理念的核心是,在实现社会利益和团体利益的最大化目的同时,使个人利益的最大化成为现实,追求社会、企业、个人三者利益的统一。"先利人后利己;用心极致,满意加惊喜;在客人的惊喜中找到富有的人生!"生动诠释了中国"金钥匙"的服务理念。把服务他人作为个人快乐之源,这是服务人员的职业最高境界——有快乐的酒店"金钥匙"才会有惊喜的顾客。创造快乐的过程就是将服务做到极致,带给客人一个又一个惊喜。

所谓极致的服务,就是指服务产生超乎客人想象和预期的结果,现实的服务超过了宾客的期望值,客人因感受到超值的服务而喜出望外,这是一种高附加值的劳动,其核心是"高效+优质+个性内涵"。因此,酒店"金钥匙"的服务被认为是一种"艺术"。把一件内容丰富的事情做得有声有色不足为奇,但把一件枯燥无味的工作转换为艺术的创作,就会使工作过程充满魅力,而这就是酒店"金钥匙"服务。

1. 先利人后利己

当前,所有服务业的服务精髓就是"先利人后利己"。"金钥匙"强调他人利益(社会利益和团体利益)的同时,也强调个人利益的共在性,追求他人(社会、企业)和个人利益的统一。"先利人后利己"是对他人的尊重,是真正以客户为导向,为他人谋福利谋方便。我为人人,人人为我。以这样合乎大道的精神和理念去服务客人怎能会不成功呢?酒店"金钥匙"要首先具备"先利人后利己"的价值观,这样才能在对客服务中由衷地展现出真诚的服务品质。

2. 用心极致,满意加惊喜

"金钥匙"提倡的"用心极致",就是要将全部的心思和精力放在发现、研究客户需要和如何满足客户需要之上。而"满意加惊喜"则是"金钥匙"服务标准和服务效果的指导。用心极致,是指人们在服务工作过程中用心的状态。一方面表明了"金钥匙"对待服务的工作态度;另一方面也是一种解决问题的方法。"世上无难事,只怕有心人。"面对生活和工作中的困难,用心才能够专注于事情,静下心来分析解决问题的规律和方法,从而最终找到解决问题的关键点。

"出色的工作唯有出色的人才能完成"。唯有用心才能专注,才能由技入道,才能超越自我,逐步进入服务艺术的"化境"。用心服务,将心放在对方身上,才能去理解对方,想对方所想,体贴对方的需要。"金钥匙"服务要求:在面对顾客时,要用一颗追求卓越的心,注意每个客人要求的细微差别,理解客人要求的弦外之音——真正需要帮助之所在,多问客人一句,才能发现客户真正的需要。

作为"金钥匙",在日常工作中,要通过观察、交谈和思考,尽量了解顾客心中理想的服务水平。理想的服务水平有时在顾客心理是潜在的、模糊的,甚至是觉察不到的,或者根本没有意识到的,遑论表达清楚。"金钥匙"应该学会猜测和判断,精准定位顾客需要并主动给予启发和满足,这样才能在不经意间使顾客达到"满意加惊喜"的效果。

3. 在客人的惊喜中找到富有的人生

"在客人的惊喜中找到富有的人生"这是中国"金钥匙"人生观。"金钥匙"向客户展示着"用心极致",展现着"尽管不是无所不能,但一定竭尽所能",展现着强烈的为客服务意识和奉献精神。只要享受过或者了解过"金钥匙"服务,客户的心目中就会深深地留下"金钥匙"的品牌服务印象。

从岗位职责与工作要求来看,我们还无法尽览"金钥匙"所从事的工作。这个职业还包括了许多无形的东西,例如,高度的可见性、声望、个人权力感、各种业务关系和高度的满足感。从表面上看,"金钥匙"的动机似乎是利己的,但其最基本的动机实际上是基于想要去给予他人、滋养他人、服务他人,从而获得良好的自我感觉的一种个人需求。帮助他人的激情是任何一位"金钥匙"不可或缺的必备素质。正是自我实现的愿望和需要,构建了"金钥匙"用心极致,追求卓越的理想境界,从而实现客人的"满意加惊喜"。

(二) 中国"金钥匙"服务精神

"不是无所不能,但必竭尽所能。"——这是中国"金钥匙"时刻闪耀的服务精神。服务精神的落实,不仅离不开住宿客人,还离不开每一位踏进酒店大门的人。"金钥匙"及其酒店服务伙伴的工作目标,无一不是使客人有一个舒适、温馨的住宿体验。不过"金钥匙"职责的真正制高点并不在推介酒店服务设施、办理旅行手续等业务,而是致力满足客人提出的所有合法要求,绝不会说"NO"。

（1）不说"NO"。不对客人说"NO"是服务业普遍认可的共识,不限于酒店。这个共识也不仅限于"金钥匙",而对应于所有的服务伙伴。"金钥匙"认为,这里的"YES"或"NO",意思不在"认同"或"不认同"客人所陈述的事项,而是对客人所陈述的事项表示我"知道了""我接受"。不说"NO",是不说"我没听到""我没听懂"或"我不听",以免被误解为拒绝之意。因此,"YES"或"NO"是心态,是态度。心态决定态度,态度决定一切。此时,"YES"是一扇门,意味着接受客人的请求;"NO"是一堵墙,不仅拒绝了客人的请求,也等于拒绝了客人的一切。

作为"金钥匙",无论遇到怎样的要求,都需做到侧耳聆听,充分理解客人的心情;切勿一开始就先入为主地判断"难以办到"或"不可能",而应先表示接受并竭尽全力为之。这是"不说 NO"的真正含义。

（2）竭尽所能。竭尽所能,但不是无所不能,也可能最后的努力都失败了。但是,能否做到让客人满意,必须在做了之后才能了解。在这里,千方百计寻找替代方案,是历久弥新的服务选择。这是中国"金钥匙"不断追求、不断突破、不断超越的卓越服务精神的体现。

（3）服务精神培育。中国"金钥匙"服务是全域服务的一个精神标杆,服务精神之重要,不仅限于酒店,对一切服务行业乃至所有行业都适用。培育服务精神有三宝:一是"用心照物,以心传心";二是"三人行必有我师焉";三是"永不言弃"。用心照物,意味着身边无不可用之物;以心传心,意味着身边无不可用之人。如此,我们将会发现别人的优点,承认并佩服别人比自己优秀的地方。朝着这个目标努力,哪怕暂时做不到,也会心生欢喜。进而会发现:三人行必有我师焉! 客人是我师,同事是我师,朋友亦是我师。有了这样的心境,不管面对什么问题,都会坚信自己能够解决它,由此铸就永不言弃的抉择与行动模式。

三、中国"金钥匙"的品牌文化

（一）中国"金钥匙"的教育文化

中国"金钥匙"的教育文化根植于"金钥匙"的价值观,紧紧围绕着如何有利于被教育者的发展,即促进"金钥匙"个人更好的发展这一根本出发点,以及如何保障酒店行业、保证"金钥匙"品牌的品质而发展这一根本问题。

"金钥匙"组织要求每一位会员在入会前充分了解其品牌的核心理念与组织的传统历史以及品牌对其成员的行为约定。通过参加会员资格培训班,使每一位准会员详细了解"金钥匙"的概念、作用与要求。通过培训使,每一个成员接受"金钥匙"组织文化的熏陶,把理念的种子植入心中。如此,当他在开展服务时用到的是理念服务,当他成为管理人员时用到的是理念管理,当他担任总经理时开展的就是理念经营了,这是自然而然就形成的理念教育体系。

通过系列培训,为会员(服务从业人员)基本明确了一条从服务人到品牌服务人,再到品牌职业人的发展路径。"金钥匙"在培养一批又一批优秀服务人才和经营管理人才的过程中,很好地实现将"金钥匙"品牌教育向整个服务业发展和延伸的目标,逐步构建了国际"金钥匙"学院的教学思路,例如,国际"金钥匙"学院无锡分院 2017 年 11 月 1 日在无锡城市职业技术学院成立,这是中国"金钥匙"组织的第一家国际金钥匙学院分院,促进高等职业教育领域承载国际"金钥匙"使命,充分发挥其教育优势与职能,面向高校与社会培养更多"金钥匙"品质的高端服务人才。

对于一个品牌来说,品牌的理念教育永远是核心。"金钥匙"品牌文化推行"先利人,后利己;用心极致,满意加惊喜;在客人的惊喜中找到富有的人生"的教育理念,使被教育者在具体服务经营管理中充分体现金钥匙服务理念。同时,"金钥匙"品牌文化不仅教会学员专业知识,更赋予每个学员一颗服务之心,使其工作生活更有方向感。

(二)中国"金钥匙"的管理文化

管理是要靠制度去实现的,中国"金钥匙"总部专门成立管理委员会,由中国区秘书长及各地区秘书长组成,建立一整套"会员申请—会员考核—会员批准—会员授徽"的制度和工作流程。同时,制度在制定时充分体现人情关怀,在不影响制度原则的情况下,尽量给予会员便利。例如,按中国区的制度,新会员必须在组织的年会或地区的重大活动中由总部授徽。总部也会根据会员企业的情况和要求,尽量派员到酒店去授徽,建立与酒店管理层的沟通渠道,加强与酒店和行业的交流,增进总部与成员企业的关系,既体现对会员的重视,也带动了"金钥匙"品牌在当地的宣传与推广。

每年,中国"金钥匙"总部的工作人员的一项主要工作就是安排时间到成员酒店授徽,了解企业对"金钥匙"品牌的要求和意见。此外,根据地区会员的特点和区域建立相应的小组进行管理,了解地区执委会成员的情况,及时沟通会员管理的经验;通过总部网站收集会员的服务案例,编辑"金钥匙"会刊,组织执委会成员对新"金钥匙"进行考核,每年对会员的缴费和表现进行评估,对已经不符合条件的会员进行劝退处理。在对会员的管理中,大家十分重视其素质方面的表现。

通过执委会委员每月的会员主题活动,帮助会员们建立友谊、分享经验和信息,围绕建立平等的人格、自由的思想、铁的纪律的组织文化进行管理,营造和谐的会员关系。

(三)中国"金钥匙"的服务文化

中国"金钥匙"的服务文化围绕着"不是无所不能,但一定竭尽所能"的服务精神,着力打造"服务更好、效率更高、网络更强"的品牌服务效果,开展了一系列关于服务关系、服务知识与服务技能的培训。

通过"金钥匙"服务业务的培训以及"金钥匙"服务协作训练高素质服务精英团队,定期组织学员进行相应的业务学习和服务新产品考察,让酒店"金钥匙"和物业"金钥匙"会员保持对城市服务资源的相互了解。此外,对跨地区的"金钥匙"服务协作给予帮助和指导,让新的"金钥匙"会员更快地熟悉和使用组织网络。

用一句话概括,对中国"金钥匙"服务的理解就是:"理念是灵魂,服务是生命,创新是血液,和谐是力量"。在与各国、各地区金钥匙的学习与交流中,中国"金钥匙"服务文化将进一步发挥其品牌感召力,促使大家努力实现"在客人的惊喜中找到富有的人生"之追求。

【典型应用】

不是无所不能,但一定竭尽所能

这天,"金钥匙"Ronald黄卓材像往常一样在柜台忙碌着。一个较为年长的外籍客人带着几分欢欣、几分迷茫的表情进入了他的视野。问候客人及询问有何困难后,这位来自加拿大的客人道出了他表情怪异的原委。他就要当外公了! 他女儿刚在万里之外的温哥华进入医院待产,外孙即将降临人世。客人希望能得到酒店"金钥匙"的帮助,使他尽快赶回温哥华陪伴在女儿身边,分享这个重要时刻。可是客人原来预订的是3天后从香港起飞的加拿大航空公司航班。

听完客人的讲述后,Ronald马上意识到这将会产生一连串的交通问题。最重要的是航班的更改。加拿大航空公司没有直飞广州的航班,机票的更改必须在香港进行。广州机场方面也不会有相关的信息,问题似乎不能马上解决。客人打算马上去合作的中方公司进行会谈。Ronald请客人留下电子客票的副本和他的联系方式(加拿大手机)并请客人先行前往合作公司进行商务活动,承诺会尽一切可能让客人尽早归国享受天伦一刻。送走客人后,Ronald马上致电香港万豪酒店礼宾部,向他们咨询加拿大航空香港办事处的联系方式,上网查询香港飞温哥华的航班时刻表。之后马上致电加航香港办事处查询机票更改的可能性。

幸运的是,当天傍晚还有一个航班且只有两个剩余座位。高兴之余,Ronald按捺心中的激动,让对方不要挂线,用另一个电话直拨客人的电话通知当晚可以成行并确认客人同意相关的安排。客人惊喜地大叫:"就今晚飞走!"航班改好了,接下来就是广州到香港机场的交通问题。从广州前往香港机场的方法有好几种:铁路,在香港转乘地铁;广州到香港机场大巴;香港跨境小车。客人中午才能回酒店退房离开,正佳广场旁就有永东巴士到香港机场的专线,刚好12:40有班车发出并查得尚有余票,虽然对于赶乘19:35起飞的航班来说有点紧张,但还是可行的。确定交通方式后,Ronald立刻到售票窗口,为客人垫付购票。落实好各项安排后,一切就静待客人回店退房了。不到12点,客人欢喜地回来了。Ronald促请客人马上收拾行装,准备出发。12:20左右,客人退房完毕,来到酒店大门前,Ronald立即提着客人的行李一同赶往巴士站,确保行程顺利。临别前,客人感激万分,表示下次再来广州一定再来找他。Ronald将名片留给客人,再一次提醒客人,到家之前的旅途上有任何需要,都可以随时与自己联系。"金钥匙"必定竭尽全力,为客人的需求待命。三天后,Ronald收到客人来自加拿大的电邮,说他顺利回到温哥华,及时与家人见证了这个最重要的时刻。

作为服务专家,"金钥匙"不但想客人之所想,而且想客人所未想,以服务专家的水平,给客人提供一项或多项可供选择的服务方案;不但使客人满意,而且使客人喜出望外。即使是普通人眼中的端茶倒水,放在"金钥匙"的服务模式中,也能够给客人端出满意,倒出惊喜。这就是"金钥匙"服务模式与其他服务模式的最大不同,它必将引领"中国服务"走向未来。

【知识拓展】

闪光的"金钥匙"

1. "金钥匙"服务的本质

"金钥匙"既是一种专业化的服务,又是对具有国际"金钥匙"组织会员资格的酒店礼宾部(有的酒店称为委托代办组)职员的特殊称谓。酒店"金钥匙"从本质上讲,是指酒店中通过掌握丰富信息并使用以共同的价值观和信息网络组成的服务网络,为宾客提供专业个性化服务的委托代办个人或协作群体的总称。他们所提供的服务称为"金钥匙"服务。"金钥匙"服务具有鲜明的个性化特点,其创造的附加值高出一般的酒店服务,其工作具有艺术性、创造性,因此,被认为是酒店服务的极致。

在市场竞争激烈的形势下,要留住客人,赢得客人,单靠真诚和微笑是不够的,更重要的是能够给客人以实实在在的帮助,也就是使服务具备更加丰富的内涵。具体来说,就是要把客人当成自己的朋友,提供的服务应不但能够满足客人的期望,而且能够发挥雪中送炭或锦

8

上添花的功效,给客人以意外的惊喜,这就是"金钥匙"追求的目标。也就是说,"金钥匙"不仅限于一般服务工作分内的事,而且还包括许多分外的事。"金钥匙"的特别之处就在于,他的工作不但想客人之所想,而且想客人所未想;不但使客人满意,而且使客人喜出望外。在客人的惊喜中使自己充实、满足、富有,这就是"金钥匙"的人生定位——在客人的惊喜中找到富有的人生。

2."金钥匙"的创新发展

酒店服务的发展、经济的发展与社会的兴衰休戚相关。第二次世界大战以后,欧洲经济逐渐恢复,旅游业随之复兴,酒店"金钥匙"服务才会有继续发展的土壤。总体来看,国际"金钥匙"组织的发展大体分成三步:

第一步发展在欧洲。欧洲人把"金钥匙"看作一种荣誉,是因为服务在这里被看作一种专业,饭店"金钥匙"则进一步把这种专业上升为艺术。在欧洲的饭店,"金钥匙"至今仍保持着儒雅、稳重、诚信的绅士遗风,扮演着小饭店中大管家的角色。突出的个人魅力和性格特点是欧陆饭店"金钥匙"引以为荣之处,因此欧洲的酒店"金钥匙"一般终生从事该行业,呈现传统的子承父业的情况,父亲把自己一生的经验和积累的关系网视作最大的财富。

第二步发展在美国。入住现代大型饭店的客人,不仅需要忠实的管家,而且更关心获取信息全面快捷的渠道和问题的高效处理;不仅需要服务员彬彬有礼,更需要饭店金钥匙的高效率。因而,以美国酒店为代表的"金钥匙"普遍年纪较轻,思想活跃,敢于创新,工作作风大胆,讲求效率,手段先进,操作规范。他们的工作引发了酒店"金钥匙"服务的一场革命。

第三步发展在东亚。博大精深的东方文化对外来文化有宽容的吸收能力和巨大的同化作用,在文化上注重人与人之间的交流,强调人对人的服务。因此,亚洲的酒店"金钥匙",既继承了欧洲酒店金钥匙的文化传统,又吸收了美国酒店"金钥匙"的高效率和高科技,同时融入了自身特有的人情味,形成了独特的风格。

特别是中国"金钥匙",经过多年的创新发展,已形成中国"金钥匙"服务哲学以及中国"金钥匙"服务品牌,在 2008 年奥运会、2010 年世博会、2016 年 G20 峰会等重大国际接待活动中,中国"金钥匙"以其专业化、高水平的接待与用心极致的高品质服务,受到了各国嘉宾的高度赞扬,也极大地推动"金钥匙"服务达到了更高的层次。

【思考与练习】

1. 中国"金钥匙"服务的发展历史是怎样的?
2. 中国"金钥匙"的服务理念与精神内核是什么?
3. 中国"金钥匙"服务的文化内涵包括哪些内容?

任务二　中国"金钥匙"服务礼仪

【学习目标】

1. 了解中国"金钥匙"服务的发展要求。
2. 掌握中国"金钥匙"服务的内涵与模式特征。

3.从中国"金钥匙"服务案例中领悟服务礼仪的精髓。

【情景导入】

现在,远程出行方便了许多,有飞机、动车、高铁、轻轨、铁路、长途巴士、邮轮等可供选择。这天,一位外国客人说:"明天去天津,帮我订一张北京到天津的机票吧。"

一般情况下,大家大多乘坐动车在两座城市往返。既然客人坚持,"金钥匙"成员也没多言,就帮客人准备了机票。客人说了声谢谢便离开了。看着客人的背影,"金钥匙"成员觉察出了他的不安。这源自客人的眼神。沉思几秒钟后,"金钥匙"成员追上去询问。果然,客人第一次去天津,中文并不地道,只是觉得飞机更可靠。于是,"金钥匙"成员为客人制作了写着日文和中文的双语卡片,写明酒店礼宾司电话,从酒店出发到机场、下飞机到目的地的路线以及返回路线。客人如释重负。

最让他感动的是,"金钥匙"成员还特意制作了四张双语卡:一份用于出门打车,一份用于下飞机后打车,两份用于返程,同时一再叮咛,客人若有什么不明白的,随时打礼宾司电话。

第二天傍晚,客人安全返回店内,十分愉快,昨日的不安一扫而光。

情景解析:按客人的合理吩咐行事是服务的最基本标准,是客人获得满足的起点。但显然这还不够,我们需要更进一步地把握客人的潜在需求,这是因为客人未必都能准确地传达自己的需求,有时候,客人嘴上所说与真正的需求有很大差别。当然,想在客人之前并采取行动并不是一件容易的事,但一旦做到了,客人一定会惊喜。这是很难的,非用心极致者是做不到的。"用心极致,满意加惊喜"正是"金钥匙"成员日常工作的写照,也是金钥匙高品质服务的体现。

一、新时代中国"金钥匙"服务的发展追求

"5G"技术在服务经济时代为"金钥匙"品牌的腾飞插上了翅膀,国际大变局也为中国"金钥匙"蓄势待发做好了铺垫。我们应当不忘初心,牢记中国品牌的服务使命。随着产业的转型,产业链的延伸和"一带一路"带来的机遇,中国"金钥匙"品牌将在"后疫情时代"商业模式全新变革的大潮下,迎来品牌价值提升的高潮。中国"金钥匙"需要进一步彰显"中国品质",以中国文化为核心,积极追寻"更高、更快、更强"发展目标,完善和充实中国服务的品位,让中国服务为中国梦增光添彩。所谓"更高、更快、更强",包括以下三方面的内容。

1. 理念赋能——更高

用自己的理念赋能教育将成为中国"金钥匙"的最基础任务。

让传统服务业的从业人员更新对"金钥匙"品牌在文旅产业互联互通价值的内涵和未来发展的认识,培养青年人认识品牌服务的价值与在现代服务业中创新与发展的关系及其带来的深远影响。

"金钥匙"会员应当学习并研究品牌的服务哲学、服务宣言、品牌业务概念及优秀案例,进而在各行业领域提供创新服务,延伸并创造新价值,培养越来越多的"金钥匙"服务师、"金钥匙"客户代理师、"金钥匙"产业规划师。

中国"金钥匙"组织要为金钥匙学院提供适合强化文旅产业运营品质、效率和互联互通教育培训支持和资源,不断变革进取,完成时代赋予中国金钥匙的使命和任务。

2. 管理赋能——更快

"E-CON"服务系统是中国"金钥匙"为企业提供平台服务的有效工具,每地区都有职责促使成员企业与被服务者建立"相互信任、相互支持"的新型服务关系,从而整合新的商业模式和盈利模式,为所服务的企业和客人带来最大的利益。

网络信息技术及"5G"技术日益成熟,品牌联盟企业日益增加,品牌联盟的宣传工作和品牌组织活动需要加以彻底的革新。围绕着打造"金钥匙,您生活和旅途中最可信赖的人"的品牌目标,会员在现代服务业深度整合的背景下,深入理解品牌,实现金钥匙企业、金钥匙会员、金钥匙客人的互动、互联、互通。通过中国"金钥匙"组织管理资源的有效整合,创建新的客户关系,优化服务企业,为客户赋能的管理模式。

3. 经营赋能——更强

中国的服务市场是世界上最大的市场,本身就可以培育出世界级的服务品牌,这更要求中国"金钥匙"保有开放的心态、跨界的勇气、变革的决心,将中国"金钥匙"的品牌服务经验与全世界分享合作,融合、进化、发展出新的服务生态。在未来,旅游度假、文化交流、商业服务都离不开一个让人信赖的纽带品牌,一个以友谊与协作为纽带的品牌服务产业链即将在中国诞生,走向世界。

中国"金钥匙"将不仅仅是一个服务岗位,更是一个参与客户管理、服务管理、项目管理和企业管理工作的经营者。中国"金钥匙"将帮助每一位成员提升能力,推动他们发挥个体在服务企业中的作用和地位,使中国"金钥匙"在"后疫情时代"成为文旅行业的先行者和领头羊。

二、中国"金钥匙"服务的内涵与特征

(一) 中国"金钥匙"服务的内涵

"金钥匙"服务,是指"金钥匙"成员通过掌握着丰富信息的服务网络为客户提供的,具有专业化、个性化特征的委托代办服务。"金钥匙"服务被行业专家和客户们认为是酒店服务的极致。"金钥匙"所带来的,具有高附加值的专业化服务能够为所在酒店创造更大的经营效益。

随着"金钥匙"的发展,委托代办工作(如订机票、送邮件、租车、订宴会、提供行车路线等)开始在"金钥匙"手中由枯燥无味变得充满魅力,历史上单纯的"看守"工作正逐渐转型升级,成为具有高附加值的服务艺术形式。

(二) 中国"金钥匙"服务的特征

"金钥匙"的服务理念、精神和特征共同构成"金钥匙"的服务模式。近年来,由于"金钥匙"的品牌效应,物业、银行、医疗等其他服务行业纷纷学习并引进这一服务模式。从历史经验和理念的发展来看,"金钥匙"的服务模式具有以下几点特征:

1. 卓越的服务理念

全球所有的"金钥匙"组织都有自己所追求的服务理念。中国"金钥匙"则以"先利人后利己""用心极致,满意加惊喜"和"在客人的惊喜中找到富有的人生"构建具有中国特色的金钥匙服务哲学。他们共同践行"不是无所不能,但一定竭尽所能"的服务理念。因此,"金钥匙"是一项事业、一项终身修炼的技能职业技能"心法"。核心目标只有一个,那就是打造顶

8

级的服务品牌。

2. 网络协作

网络协作是使"金钥匙"服务与其他服务有所区别的第二大特点。"金钥匙"成员拥有一张无形的、覆盖范围广泛的服务网络。"金钥匙"成员针对客人的特殊要求所开展的服务,往往是立足岗位、沟通和调动酒店各个部门协调运作的结果,如有必要,还会进一步突破自身酒店的限制,将服务延伸到所在城市的公共服务的整体中,和其他酒店及相关服务载体相配合。

特殊情况下,"金钥匙"的网络协作会进一步突破地域的限制,延伸到其他城市、地区和国家,通过金钥匙全球服务网络提供客户服务。在为国际化的客户提供服务的过程中,"金钥匙"可以突破时空的限制,调动全球的服务资源。互联网技术强化了金钥匙服务模式的全球化特征,使服务不再有疆界。

3. 创造性思维

每一位"金钥匙"成员都是创造性地解决服务问题的大师。在实际工作中,常规服务都可以按照规范的流程来解决,"金钥匙"则可以打破常规,精准定位客户的需求,然后调动自己积累的信息网络和各种资源,竭尽所能地解决客户的问题,获得超出客户需求期待的效果。

4. 追求极致

"金钥匙"的服务理念把简单的服务岗位和服务职业提升到了事业的高度,"想客户所想,急客户所急,体贴入微,追求极致,实现尽善尽美的个性化服务"是"金钥匙"的宗旨。这一宗旨使得"金钥匙"时刻把握服务行动的节奏,随缘就物,顺势而为。这就是所谓"服务的艺术"。在超越客户期待的过程中,服务者自身在服务中超越了自我,实现了自我,在客人的惊喜中实现真正富有的人生价值。这种对极致的追求,是一种颇具艺术性的追求,是一个"不断修炼、不断创造、不断超越"的过程。

【典型应用】

"金钥匙"的"疯狂"行为

同事们都说文新豪是个"疯子",不知疲倦,什么样的服务都敢应承!

5月份,酒店接待一个外宾团,其中有一位阿根廷的老太太腿脚不便却很想跟着去旅游,又怕走不动没人照顾。文新豪得知,旅行团次日要进行上海市内一日游,而明天他正好休息,他悄悄向领导请示,希望由他推着轮椅,陪着老太太去观光。前厅部经理担心他体力吃不消,也担心语言不通,他无法照顾好这位女士,引起客人投诉,但看见他渴望又坚定的眼神后,经理最终放弃了劝说,只说:"你要随时和酒店保持联系,有任何问题赶紧向组织汇报,不能自作主张,让客人受委屈!"

文新豪得到命令就像打了强心剂一样兴奋,他跑去向客人请愿,老太太欣喜若狂。第二天一大早,文新豪就准备好轮椅,备好湿巾和水,在大堂等待出发。整整一天,从玉佛寺到丝绸馆,从东方明珠到福州路,从城隍庙到科技馆,文新豪不说累,不叫苦,送食递水,无微不至,老太太不免自豪地对别人介绍:"This is my Son! This is my Son!"回到酒店,他还觉得不过瘾,便买了夜宵,送到老太太的房间,还帮忙把相机里面的照片传到老太太的网盘中,这才心满意足地离开。

文新豪说:"晚上睡得好不好,要看白天做没做让客人高兴的事情。"

8

　　"金钥匙"追求极致的服务,是激情的爆发、爱心的爆发,是"金钥匙"的本质活动,也是"金钥匙"成员的信仰所在。

三、中国"金钥匙"服务经典案例赏析

　　每一位"金钥匙"都要求自己业务精湛、目标明确、注重形象、热忱待客,用心去开展服务,用情去感动每一位客人。他们从肩负金钥匙徽章的那一刻起,就秉承"先利人,后利己"的价值观;用心极致,每时每刻留意服务细节,创造"满意加惊喜";一直走在以"在客人的满意加惊喜中找到自己的富有人生"为目标的道路上,一往无前,坚持到底!

　　在这里,我们通过三则"金钥匙"服务案例,带领大家更直观地感受"金钥匙"的服务之道,从中汲取经验与养分,同学们应当勤加努力,推进自身服务意识、服务水平与服务能力的提升。

【案例分析】

收获服务于客人的乐趣与幸福
——杭州"金钥匙"董伟

　　在 2014 年 11 月加入"金钥匙"后,就感到要做的工作更多了,肩负的担子更重了,服务质量更需要提升了。在多少个迎来送往的亲切笑容中,在多少声"您还需要什么帮助?"的真诚问候中,在多少位客人的感谢声中,我反复体味着酒店服务的意义,一次又一次检验着自己,一次又一次地收获着服务客人的快乐与幸福。最令我难忘的是对比利时詹森夫妇的接待服务工作。

　　今年 7 月 9 日下午 1 点左右,我像往常一样在大厅迎送宾客,看到远处驶来的出租车,我习惯性地大步上前开门迎接,在向下车的两位外宾问好的同时,我敏锐地感受到他们脸上的几丝困惑。他们在从北京首都机场来的路上遗失了行李,里面除了简单的衣物外,还有准备送给家人、朋友的纪念品和一只数码相机。我在安抚的同时,详细记录下了遗失行李的尺寸、颜色。

　　回到岗位后,我立即向相关部门询问了有关信息,几经周折,最后在杭州萧山机场和首都国际机场问询处得到证实,他们的行李被遗落在首都机场,下一班航班会将行李带到杭州。我一边高兴地把这一好消息告诉客人,一边安排酒店车队去机场等待并将行李箱带回。晚上 6 点多,当我将失而复得的行李送到客人的手中时,看着他们那惊喜而满意的笑容,我又一次享受到了为客人尽心服务而收获的愉悦。离开时,我们还交换了电话号码。

　　正所谓"一把钥匙开启一把锁"。有人说,"金钥匙"是万能的钥匙,能开启我们在酒店服务中遇到的各种各样的锁。这似乎也是对"金钥匙"这一国际品牌所具有的先进服务理念和标准的形象化表述。我没料到的是,第二天,一把不太容易开启的"锁"就从天而降,给了我这把"小金钥匙"一次难忘的考验。

　　7 月 10 日,大雨瓢泼,雨水让人身感一丝凉意。16:30 左右,我的手机响了,电话那边是詹森夫妇。我想他们一定是遇到了什么困难。果然,他们被大雨困在杭州市中心,一直叫不到出租车,大雨将他们的衣服鞋子都淋湿了,"能不能想办法带我们回去酒店"。我冷静地意识到,现在要接他们回酒店真还不容易啊!我知道,酒店车队无车辆可派。我一边思索着解决方案,一边在万能箱里面装了矿泉水、热毛巾、拖鞋等物品,时刻准备出发。

真是天无绝人之路！就在此时，大厅门口出现了一辆出租车，还没等司机表态，我就利索地坐在了副驾驶位置上，"请务必帮忙，钱不是问题。"师傅勉强答应了，路上我向司机解释了事情的缘由。"我从来没遇到这样负责任的酒店。"一听司机师傅这席话，我的心中荡起一阵暖流。他说的是"这样负责任的酒店！"我的工作代表的可是有着"西湖第一名园"美誉的西湖国宾馆啊！我的工作代表着的可是国宾式"金钥匙服务"的水准啊！

路上，我询问了他们的具体地址，再次安慰他们不要着急。半个小时后，当我出现在他们面前时，他们惊呆了。回程路上，我向他们解释了打不到车的原因，还兴致勃勃地向他们介绍了西湖周边的著名景点。

回到酒店已是六点多了，我送客人回房间，安排楼层服务员给客人送两杯热姜茶。离开时，他们执意给予小费和礼品，我婉言拒绝了，面对他们的真诚与热情，我只收下了一块巧克力。直到这时，我才觉得肚子饿了。晚饭时间已过，我大口享受着那块浓浓的巧克力，这似乎是自己品尝过的最香甜、最浓郁的巧克力了。

这次接待服务工作不仅让我又一次深切体会到了"用心极致，满意加惊喜，从客人的满意中实现自己富有的人生"的真谛，还使我坚定了一种信念：作为新一代的"金钥匙"成员，我肩负着在国际酒店服务业中高高举起"国宾式金钥匙服务"这块金字招牌的重任，义不容辞。在今后的工作中，我一定要不断地提升自己的服务水准，努力开创优质服务的新境界，让领口那两把"金钥匙"放射出更耀眼的光芒。

点评：本案例中，董伟先生热情细致，考虑问题细致周到，在遇到困难时，首先想到的不是退缩，而是第一时间了解事情的原委，思考解决问题的办法，竭尽全力地帮助客人解决一个又一个看似难办或不可能的难题，最终帮助客人圆满解决，在此过程中，他充分展现了"金钥匙"成员"用心极致，满意加惊喜"的服务品质，使自己实现了"在客人的惊喜中找到富有的人生"的价值，收获了快乐。

【案例分析】

我的贴心只为有你
——郑州"金钥匙"钟宝玲

这就是我的服务态度：当客人来退房时，看见手中的空水杯，上前主动询问："帮您接杯水，您路上用，好吗？"当客人要求帮忙代订火车票，把订好票的订单号拿给客人的同时，帮忙订好早上的叫醒服务及出租车。

春节前，因为种种原因，一位异地的客人衣衫褴褛地入住我店，次日一早，他就来到前台，想让我帮忙到商场购买衣物，经过多方协调，这位客人身着焕然一新的衣服踏上了回家的路途……这样的事情在工作中时有发生，虽然我不是无所不能的，但一定竭尽所能。

一个夏天的清晨，客人找到我，告知需要一些在路上使用的冰块。经询问，客人要用大量冰块覆盖在所带的肉类食物上以防变质。我第一时间与餐厅取得联系，却没有足够多的冰块，然后又与练歌房联系，当时不是营业时间，储藏的冰块一时拿不出来，我需联系他们的领导。客人在旁边，很焦急："拜托，帮帮忙。"我又一次拨通了电话，得知他们的领导正在休息室休息，电话接通，一个睡意深重的声音传来："喂，哪位？""您好，石总，我是钟宝玲，打扰您了……"听到"求助"电话，石总请我到吧台等候。拿着满满一袋冰块的客人格外激动："谢谢！解决我的大问题了，下次我一定还会住你们这里的！"

4月份,牡丹花开,总台接到一个电话:"你好,我想找一下你们的'金钥匙'钟宝玲。"原来,北京一家酒店的"金钥匙"成员刘主任,将要陪同两位外宾来河南旅游参观,希望我能提供帮助,提前帮忙预订房间和用于接送的车辆。我在了解清楚情况后,询问了客人可以接受的价位及到达时间,留下联系方式,开始了我的筹备工作。

客人到达郑州,预订好的车辆接到客人一路参观、旅游,游览后,我们来到嵩山饭店,我帮他们办理完入住手续后将其带入房间。次日一早,我送客人乘上订好的车辆出发,他们回到北京后,还向我发送短信,再次表示感谢。

正是因为用心工作,我先后获得"郑州市青年岗位能手",在"绿城公仆杯"公务员素能竞赛中获"业务能手"称号,在河南省酒店业服务案例演讲比赛中斩获二等奖,荣获中国金钥匙优秀服务"嘉奖令"以及中国金钥匙"用心为您"奖。2012年8月,经层层选拔,我和另外20名"金钥匙"成员进驻到南阳莲花温泉全国农运会驻地,负责河南代表团的各项接待服务工作,优质的服务得到了代表们的赞扬。

点评:作为"金钥匙"的一员,我们应当能够为客人带来实实在在的帮助,这就是"服务"的内涵。我们从上述案例中可以看到,钟宝玲很好地诠释了"不是无所不能,但一定竭尽所能"的服务理念,把客人当作自己的朋友,提供的服务不仅应当"雪中送炭",更要"锦上添花",给客人以意外的惊喜,这就是"金钥匙"追求的目标。

【典型应用】

奥运"金钥匙"的服务之道

在北京奥运会上,共有36名"金钥匙"成员参与了服务工作,他们以高度的责任心与精湛的业务能力,赢得了与会者的高度赞扬以及奥组委的高度肯定,彰显了酒店服务的中国风采与国际化水平。

通过服务奥运,36名"金钥匙"成员积累了丰富的经验,他们不仅提供了高水平的服务,还创造了服务特色,主要包括以下几个方面:

(1)提供标准化基础设施。

标准化基础设施体现在奥运村以及为各类人员服务的住宿设施上,这是"金钥匙"开展服务的前提与基础。

(2)实现网络化运作。

网络化运作是"金钥匙"组织的优势,通过此次奥运服务,36名"金钥匙"成员总结了若干经典案例。这些经典案例可以载入世界"金钥匙"的历史。

(3)展现专业化服务。

专业化服务是每一位"金钥匙"成员专业素质与技能水平的体现,本次奥运会,36名"金钥匙"成员业务精湛、外语纯熟、遵守纪律、不计得失,充分展现了提供高水平服务的能力与高尚的敬业精神。

(4)满足个性化需求。

上述三方面的内容,最终凝结为个性化的满足。每个运动员都是非常有个性的,这与我们平常在酒店里接待的商务客人、会议客人以及旅游客人是不同的。个性化的要求会不断地提出,"金钥匙"成员们在合法的基础上均努力予以满足。"金钥匙"成员具备丰富的服务经验、精湛的服务技能、热情的服务态度与高超的服务技巧,为运动员的个性化需求保驾护航。

（5）解决随机性问题。

在奥运服务中，随机发生的状况会非常多，如：辛辛苦苦上场比赛，但得了倒数第一。运动员一肚子气没处撒，可能会故意激化一些矛盾，通过撒气来缓解情绪。事实上，这是人的一种本能。此时，我们就需要通过细致周到的服务来化解矛盾，排解运动员的压力。

综上所述，在奥运会的接待服务中，高难度的事情比较多，不过，就如同参与服务的"金钥匙"成员所说的："还没有难到天上去"。因此，借助金钥匙组织的网络化运作，一切问题都会迎刃而解。

当然，有些问题和状况不是随随便便就可以预见或想象的。但正因为有难度，事情才更有挑战性，正因为有挑战性，我们才需要"金钥匙"。这正是"金钥匙"的价值所在！由36名"金钥匙"成员组成的服务团队进入奥运村，他们的服务引发了业内的广泛关注，激发了全民服务意识的强化。我们相信，中国必将成为一个服务业强国，创造世界服务业的"中国标准"。

【知识拓展】

"金钥匙"精神

1. 引入国际理念，推广国际模式

"金钥匙"服务是一种具有国际视野的理念，对于我们而言，是一种新的理念，引入这种理念，依托我国国情，使之发扬光大是中国"金钥匙"组织的光荣任务，也是全行业的共同任务。2000年1月，在广州召开的第47届国际金钥匙组织会议的宣传口号是"给世界一个惊喜"，具体来说，就要求"金钥匙"给住店的客人带来更多的惊喜，让"金钥匙"的服务理念成为酒店特色化、个性化服务的代表。"金钥匙"将给社会大众带来惊喜，成为21世纪饭店对外综合服务的龙头；"金钥匙"将成为信息网络时代的宠儿，成为旅游综合服务的代理终端。

这种理念的基础是中国酒店业已开展多年的规范化和标准化服务，这种理念的发展前景是不断地提供特色化和个性化的服务，同时推广国际模式。"金钥匙"从组织机构、服务理念到操作方式，都已经形成了一套比较完整的模式。

2. 树立市场形象，开拓市场空间

"金钥匙"已经成为世界性的知名品牌，其无形资产所带来的效益是长远的。在酒店市场的竞争日趋激烈的今天，"金钥匙"对于酒店树立市场形象起到了不可替代的作用。它不但体现了酒店的服务形象，而且提升了酒店的档次。推进酒店在市场上形成更强的竞争能力。越来越多的客人因为"金钥匙"服务而选择一家酒店；很多回头客都曾为"金钥匙"所提供的服务保有着良好的印象，从而再次甚至多次入住同一家酒店。

3. 提高服务质量，推动行业发展

"金钥匙"不是孤立的，一家酒店，如果没有好的服务基础，就不可能受到"金钥匙"的垂青。另一方面，"金钥匙"的到来可以进一步地带动饭店总体服务质量的提高，在两者之间形成"相辅相成、互相促进、共同提高服务质量"的良性机制。进一步说，在一个城市中，如果有几家酒店加入了"金钥匙"，整个城市的形象也会大有提升。

4. 形成广泛影响，推动社会进步

"金钥匙"在发展过程中，能够在酒店行业产生积极的作用，进一步形成广泛的社会影响,推动社会总体服务质量的提高。从国际角度来看,中国"金钥匙"组织的发展,提高了中国在世界旅游业中的地位,彰显了中国旅游业的发展水平,这同时也可以壮大世界"金钥匙"组织的队伍,进一步推进中国特色服务走向世界。

5."金钥匙"的四个层次

(1)一个岗位。

从酒店的组织结构和管理体制来说,"金钥匙"只是一个岗位,属于饭店前厅部礼宾司。从管理层次上来说,"金钥匙"充其量只能算作酒店的中层管理人员。但是,"金钥匙"与其他管理人员的最大区别在于不仅是其管理特征,更在于自身对一线工作的贴近。

(2)一种标志。

"金钥匙"是饭店服务水平的标志,也是饭店形象的标志。中国"金钥匙"组织的成立,就是中国饭店服务走向世界的标志。"金钥匙"组织的成立和发展,标志着中国的酒店业正在积极地创设具有国际水平的"中国标准"。随着中国"金钥匙"的跳跃式发展,树立国际标准是指日可待的。

(3)一个网络。

网络性是中国"金钥匙"最大的特点。中国"金钥匙"的发展,呈现点阵扩张的态势,通过在中心城市的中心饭店,向其他地区辐射,以中国饭店金钥匙总部为中心,逐步形成服务网络。

网络使一般的委托代办服务发生革命性的变化。如何利用高科技手段为客人服务,是世界"金钥匙"组织近年来一直在研究的课题,但网络服务的概念,是由中国"金钥匙"率先提出的,足以见得,在积极学习世界先进管理理念的同时,我国正逐渐发出酒店管理的"中国声音"。

(4)一种事业。

"金钥匙"把简单的服务岗位和服务职业提升到了事业的高度,具体体现在该组织的每一个成员都要追求极致、尽善尽美上。在客人的惊喜中找到富有的人生,就是中国"金钥匙"的宗旨。这种富有,首先是精神的富有;其次是知识和技能的富有;再次是朋友的富有;最后才是物质的富有。在"金钥匙"的理念中,自身对于财富的追求,不仅体现在物质上,还更多地体现在人生追求中。"金钥匙"不是简单的工作技能的标志,而是一项永无止境的事业。

【思考与练习】

1.结合新时代的重要背景,阐述中国"金钥匙"的发展追求。

2.简述中国"金钥匙"服务的内涵与模式特征。

3.结合实务工作,论述中国"金钥匙"服务礼仪的精髓。

【微视频】

中国金钥匙品牌
教育(一)

中国金钥匙品牌
教育(二)

实训篇

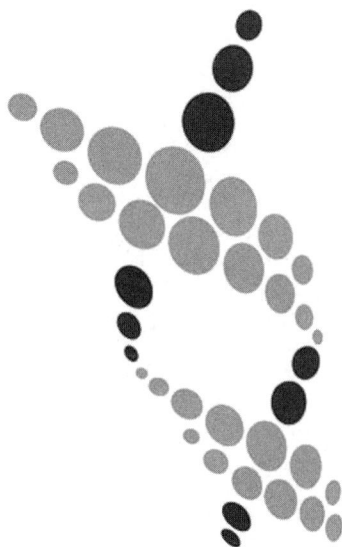

实训一　酒店基础礼仪实训

任务一　酒店仪容仪表仪态实训

一、情境导入

　　小曼是一位品学兼优的酒店管理专业应届毕业生,在酒店实习期间的工作表现得到了主管和同事的一致肯定,她也立志要在毕业后继续留在这个酒店,发挥自己的专业能力,将酒店行业作为自己的职业起点!明天对小曼来说是一个非常重要的日子,她将正式成为酒店的一名工作人员。如果你是小曼,为了在岗位上体现自己的职业素养,你将会从哪些方面来打造良好的个人形象呢?

二、实训内容与实训要领(表 T-1)

表 T-1　实训内容与实训要领

序号	实训内容	实训要领
1	保持自然、端庄的仪容	(1) 化淡妆,自然美化,不带倦容,不当众化妆。 (2) 发型得体,整洁、无异味,发色自然,不染黑色以外的颜色。 (3) 口气清新,鼻腔清洁,不食用气味刺鼻的食物
2	关注仪表美的基本要求	(1) 手部干净柔润,指甲不超过指尖,没污垢。 (2) 体味清爽,香水使用要适量,喷洒于不易出汗的部位。 (3) 工作时穿工作服,佩戴好工牌,着装考究规范。 (4) 一般情况下不佩戴饰物,需要时也不得超过三件,以不妨碍工作为最基本原则,所戴饰物应当质地合宜
3	展现正确、恰当的举止仪态	(1) 站姿挺拔,典雅大方,头正肩平,腰身挺直,切忌弓背哈腰以及抖动双腿双脚。 (2) 坐姿从容,动作轻稳,端正文雅,自然亲切;切忌含胸塌背,抖腿抖脚。 (3) 走姿稳重干练,步态轻盈敏捷,上身保持正直,双肩平稳,双目平视,步速平稳,切忌八字步,不可低头驼背。 (4) 蹲姿自然得体,蹲时将腿靠紧,臀部向下,切忌突然下蹲、离人太近或方位失当。 (5) 手势要与眼神、表情和其他姿态配合,协调大方,不得用单指,禁用错误手势,以微笑注视客人。 (6) 把握好交往距离,符合宾客的心理需求

三、实训评价 (表 T-2)

表 T-2　实训评价表

评价主体	评 价 描 述
学生自评	
学生互评	
教师点评	

四、礼仪养成自我提升计划

任务二　酒店服饰礼仪实训

一、情境导入

　　周军是国内一家大型企业的总经理,他率领团队经过多轮努力已与德国一家著名的机械加工企业达成合作。为了促进洽谈成功结束,给对方企业董事长留下专业高效、彬彬有礼的深刻印象,展现礼仪之邦的国际礼仪风范,你认为他与团队成员应该如何选择、搭配洽谈时的着装?

二、实训内容与实训要领 (表 T-3)

表 T-3　实训内容与实训要领

男士着装规范		
序号	实训内容	实 训 要 领
1	男士商务洽谈着装搭配	(1)"三色原则":身上的服饰不能超过三种颜色或三种色系,西裤、衬衫、领带、袜子的颜色不要完全一样。 (2)"三一定律":有三个部位的搭配色彩要一致,鞋、腰带、公文包应该为同一颜色,以黑色为佳,较为庄重。 (3)三大禁忌:忌穿白袜和尼龙袜,忌在正式场合穿夹克并打领带,忌保留西装袖子上的标签

男士着装规范

序号	实训内容	实 训 要 领
2	男士西服纽扣扣法	(1) 在正式场合,单排单粒扣可系可不系,系上比较端庄,不系则显潇洒,站立时需要系上,坐下时解开。 (2) 单排两粒扣上衣,只系上边一粒,也可不扣。 (3) 单排三粒扣上衣,只系中间一粒,或上面两粒,或全不系,坐下后可以解开。 (4) 双排扣上衣在任何场合都要把组扣全都系好,坐下后也不能解开。 (5) 如果穿三件套的西装,只需把马甲的所有扣子系好,外套的扣子不扣
3	领带打法以及如何搭配西服	(1) 总体要求端正、挺括,大小与衬衫领子成正比。 (2) 四种常见的领带打法:平结打法、双环节打法、温莎结打法、半温莎结打法。 (3) 领带必须打在硬领衬衫上,且与衬衫、西服相配;若内穿毛衣或毛背心,领带须置于毛衣或背心内;领带打完后,其下端应触及腰带扣的上端,西服下端不能露出领带头;若没有把握,宁肯不用佩饰也不要乱用;常用的佩饰为领带夹,用来固定领带,一般选择金属质地的素色领带夹,其佩戴位置以与衬衫的第4粒纽扣相平为宜

女士着装规范

序号	实训内容	实 训 要 领
1	女士职业装搭配原则	(1) "三色原则":服饰颜色不超过三种或三种色系; (2) 职业套裙中的裙子长度适宜,裙短不雅(不短于膝盖以上3厘米),裙长无神(不长于膝盖以下5厘米); (3) 穿套裙时,要把裙子里的衬裙拉平,不要让衬裙皱成一团; (4) 着装颜色不能太花哨;年轻女性可以选择色彩合宜的衣服,图案力求简单
2	鞋袜搭配	(1) 与套裙配套的鞋子宜为皮鞋,以棕色或黑色牛皮鞋为上品。 (2) 鞋子最好是高跟或者中高跟的皮鞋,鞋跟高度以2~4厘米为宜。 (3) 夏天一般不要穿露趾的凉鞋,不可在办公室内穿凉拖鞋,秋冬靴子不能太长。 (4) 在正式工作场合不能光腿,必须穿与套裙相配的丝袜;不可以把健美裤、九分裤当成袜子来穿;搭配套裙时,应选择弹力好的长筒丝袜;袜子脏、残、破、皱或是袜口露出,都会破坏套裙的整体美
3	配饰搭配	(1) 头饰:风格总体应当简洁、实用,色彩不宜过于鲜艳花哨,材质不宜过于贵重。 (2) 耳饰:不适宜佩戴大的耳环或长的耳坠,只适宜佩戴小巧含蓄的耳钉,且每只耳朵上只能佩戴一只耳钉;耳钉上若有宝石类镶嵌物,其直径不宜超过5毫米;耳钉色彩应与制服色彩相协调。 (3) 戒指:商务场合,戒指以少为佳,应当同质同色,不选花哨的戒指,起点睛作用即可

三、实训评价(表 T-4)

表 T-4 实训评价表

评价主体	评 价 描 述
学生自评	
学生互评	
教师点评	

四、礼仪养成自我提升计划

_____

_____

_____

_____

_____

任务三   酒店交际礼仪实训

一、情境导入

小曼是一家酒店的部门主管,昨天好友告诉她,明天将和自己的上司来当地出差,入住小曼所在的酒店,希望小曼能引荐酒店的会务部负责人,共同洽谈会务合作。小曼为好友的到来非常开心,同时也意识到自己是酒店的代表,要注重自身的交际形象。请你模拟小曼的角色,在相应场合,得体地开展与宾客的交往。

二、实训内容与实训要领(表 T-5)

表 T-5   实训内容与实训要领

序号	实训内容	实 训 要 领
1	称呼正确、得体	(1) 常用性别称呼,以客人姓氏加上先生、女士等尊称,或用客人姓氏加上职务,采用职务称呼。 (2) 在对客人熟悉或了解的基础上,可采用职称称呼或职业称呼。 (3) 正确运用国际通用称呼,切忌不使用称呼或使用不当的称呼
2	应答语、问候语温馨亲切	(1) 站立应答,全神贯注,边听边记录,回复时从容不迫,语言简洁、准确,音量适中,礼貌而有风度地回应客人的要求或指责,及时地帮助客人解决问题,禁说否定语。 (2) 问候真心实意,体现对客人的尊重及关心,问候遵循"由尊而卑、由近及远"的次序;多次遇见同一位客人,尽量不使用重复的问候语
3	介绍谦和、友善	(1) 自我介绍时,热情、自然、随和,向客人点头致意,得到回应后再介绍自己,时长以半分钟为宜,语音清晰、语速正常、语气温和、语调自然。 (2) 主动向客人介绍在场人员,面带微笑,举止大方,手指伸直,掌心向上,示意所介绍的人,优先介绍职务最高者、年龄最长者和女士
4	握手热情、友好	(1) 与客人握手时,神态专注、热情,面带微笑,行至 1 米处,双腿立正,上身略向前倾,伸出右手,四指并拢,拇指上仰,手掌与地面垂直;男士与男士虎口相对握手掌,男士与女士只握四指;可适当用力,上下抖动(非左右摆动),握手时间一般掌握在 3 秒钟以内。 (2) 握手时向对方问候,不宜长篇大论、过分客套,不可敷衍、东张西望,不要戴墨镜、握手,不可将左手插在口袋里

续　表

序号	实训内容	实 训 要 领
5	递接名片规范、敬客	(1) 递送名片,面带微笑,注视对方,用双手的拇指和食指分别持握名片上端的两角,正面朝上,文字内容正对对方,同时使用礼貌用语; (2) 接收名片,应立即放下手中之事,起身或欠身,面带微笑,双手接住名片的下方两角,致谢;可将对方的姓名、职衔念出声,以示尊重
6	迎送礼遇、尊重	(1) 迎客时,注意使用欢迎语与问候语,给予客人宾至如归之感,适时为客人提供拉车门、提行李、报电梯楼层、主动开门等服务。 (2) 送客人乘电梯时,为客人按下按钮,侧身手挡电梯门,在客人关门后微微鞠躬致意,电梯门完全闭合才能转身离开;若与客人同乘电梯,应先入后出,予客人方便。 (3) 若随客人同车离开,应注意座位顺序由尊而卑依次为:后排右座、后排左座、后排中座、副驾驶座

三、实训评价(表 T-6)

表 T-6　实训评价表

评价主体	评 价 描 述
学生自评	
学生互评	
教师点评	

四、礼仪养成自我提升计划

实训二　酒店岗位礼仪实训

任务一　前厅岗位服务礼仪实训

一、情境导入

小曼的母校今天要组织一批"酒店管理与数字化运营"专业的学生进行认知教育。作为该校的优秀毕业生,酒店特意安排小曼在现场为自己的学弟、学妹示范前厅部服务工作程序。前厅是客人对酒店形成第一印象和最后印象之处,小曼将以前厅服务礼仪为示范操作要点,帮助学弟学妹树立正确的对客服务理念,养成敬业、专业的职业精神。请以小曼的角色,向身边的老师和同学模拟展示前厅部各岗位的服务礼仪规范。

二、实训内容与实训要领(表 T-7)

表 T-7　实训内容与实训要领

序号	实训内容	实　训　要　领
1	门童和行李员迎送客人	(1) 门童为客人开车门时,用左手拉开车门,呈 70 度角,车门打开时面带微笑,主动热情地问候客人,行 15 度鞠躬礼;若客人乘坐小轿车,应用右手挡住车门框的上沿;主动协助客人取拿行李,通知行李员接应行李;客人离店时,为客人拉车门,请客上车,待客人坐好后,轻关车门,微笑道别,等客人所乘车辆驶离视线后再转身离开。 (2) 行李员主动帮客人提携行李,但也要注意尊重客人的意愿;引领客人时,要走在客人左前方两三步远处;陪同客人办理住宿手续时,应站在客人身后约 1 米处等候,看管行李,随时接受客人的吩咐;进入客房后,先打开过道灯,扫视房间,确定无问题后,再请客人进房;行李物品轻放在行李架上,箱子正面朝上,便于客人取用;与客人核对行李,确认客人无需求后,礼貌告别
2	前台人员服务宾客	(1) 在客人离总台 3 米远时,予以注视,面带微笑迎接客人,热情问候,主动询问客人;客人较多时,注意"接一顾二招呼三",验看、核对客人的证件与登记单时要注意礼貌用语,递送时,上身应前倾,文字正对客人,给客人递笔时,应把笔套打开,笔尖对着自己,右手递单,左手送笔;客人到总台反映意见时,要微笑接待,凝神倾听,不与客人争辩,要以谦卑的态度妥善处理。

续　表

序号	实训内容	实 训 要 领
2	前台人员服务宾客	（2）受理客人预订时，要热情主动地询问需求及细节，及时答复并落实，做到报价准确、记录清楚、手续完善、处理迅速、资料齐全，订房内容应向客人复述一遍，以免有错。 （3）客人问讯时，应认真倾听，耐心回答；客人较多时，要先问先答、急问快答，保证井然有序；遇到自己不清楚的问题，应请客人稍候，待向相关部门或人员确认后再回答，忌用模糊语言应付客人，对于不便回答的问题，要表示歉意。 （4）客人付款结账时，应微笑专注地为客人提供高效、快捷、准确的服务，当场与客人核对相关信息；结账客人较多时，要礼貌示意客人排队等候
3	总机接听电话	（1）接听要迅速，不超过三声铃响，主动问候，语言热忱亲切、柔和悦耳，发音准确清晰，用词简练得当，使用礼貌用语。 （2）嘴唇与话筒保持约3厘米左右的距离，左手接听，右手加以必要的记录，对于客人的留言，要保证热心、耐心、细心跟进。 （3）牢记酒店常用信息资料、各部门及当地有关机构的电话，为客人转接电话或查找资料，需要客人等候时，要礼貌致歉，不让对方等候超过15秒。若转接电话无人接听，要主动问询客人是否需要留言。 （4）接到打错的电话时，要及时、礼貌地告知对方。 （5）接到电话投诉时，要仔细聆听，真诚致歉，安抚客人。 （6）通话结束，热情告别，等待对方先挂电话。 （7）叫醒服务要及时，每五分钟提供一次，不能叫个不停

三、实训评价（表 T-8）

表 T-8　实训评价表

评价主体	评 价 描 述
学生自评	
学生互评	
教师点评	

四、礼仪养成自我提升计划

_____

_____

_____

_____

_____

_____

任务二　中餐厅服务礼仪实训

一、情境导入

小林是某职业院校"酒店管理与数字化运营"专业的学生,暑假赴当地某五星级酒店进行为期 6 个月的实习,实习岗位分配在酒店中餐厅。正值国庆黄金假期,中餐厅生意兴隆、高朋满座,小林被分配到了中餐厅进行包厢服务。

二、实训内容与实训要领(表 T-9)

表 T-9　实训内容与实训要领

序号	实训内容	实 训 要 领
1	餐前服务礼仪	(1) 正式开餐前,将餐厅卫生打扫干净。 (2) 迎宾领位人员将客人带到桌位后,看台服务人员要主动与客人打招呼,按"先主宾,后主人,先女宾,后男宾"的顺序拉椅让座,待客人屈膝入座时将椅子向前轻推,使客人坐好、坐稳。 (3) 客人就座后,及时递上香巾、茶巾。 (4) 从客人的右边斟倒第一杯礼貌茶,先给女主人或女宾斟倒;斟茶水量以六分满为宜;开启、盖合杯盖的动作要缓而轻,避免发出杯盖的碰撞声,以免引起客人的不安
2	点菜服务礼仪	(1) 递菜单时,一般应站立在客人座位的左侧,面带微笑、双手递上。 (2) 客人点菜时,应当好参谋,根据客人的情况主动向客人推荐本餐厅的菜品,充分尊重客人的意愿。 (3) 如客人点的菜肴已售完,应礼貌地致歉解释。 (4) 如客人点的菜肴在菜单上没有列出来,应尽量设法满足。 (5) 当客人点菜完毕,还应主动征询客人需要什么酒水饮料
3	上菜服务礼仪	(1) 上菜的位置要在陪同人员之间,不要在主宾和主人之间,保证菜肴应有的温度。 (2) 正确使用服务敬语,注意上菜顺序,密切关注安全问题;把握上菜的节奏,在客人点菜完毕后,凉菜应在 10 分钟内上齐,凉菜吃到 1/2 时上热菜,热菜应逐道并且在 30 分钟内上完,依客人的需求,可灵活掌握。 (3) 菜盘在征得客人的同意后才能收撤,空盘除外,撤盘时,小盘应从客人的右侧收撤,大盘应从上菜口收撤,切忌当着客人的面刮盘子
4	席间服务礼仪	(1) 在客人进餐过程中,积极地为客人添加饮料、酒水,积极地回答和处理客人提出的有关问题。 (2) 在客人交谈时,服务员应做到不旁听、不窥视,更不能随便插嘴。 (3) 如果客人不慎将餐具掉落在地上,应迅速上前取走并马上为其更换干净的餐具。 (4) 服务人员在餐厅服务时,应保证"三轻",即走路轻,说话轻,操作轻。 (5) 服务人员彼此说话要自然、大方,要使用客人能听懂的语言,切忌当着客人的面咬耳朵、说悄悄话

续　表

序号	实训内容	实　训　要　领
5	结账服务礼仪	(1) 若客人要去收款台结账,应客气地告诉客人收款台的具体位置或引领客人前去。 (2) 客人用餐完毕,示意结账时,盯台服务人员应将放在垫有小方巾的托盘里的账单送到客人面前,请客人过目;账单要正面朝下,反面朝上;在客人确定无误后,请客人签字付款,若客人要挂账,签字手续一定要规范;客人付完账后,对客人表示感谢
6	送客服务礼仪	(1) 客人用餐完毕,应主动征求客人对菜肴和服务的意见。 (2) 客人起身离开时,应主动为客人拉开座椅,提醒客人不要将随身物品遗忘,帮客人留意座位附近是否有遗留物,若有,则及时送给客人。 (3) 将客人送至门口并对客人说:"再见,欢迎您再次光临"。 (4) 发现遗留物,应立即追上客人,将东西交还客人;若客人已走远,则应交总服务台处理

三、实训评价(表 T-10)

表 T-10　实训评价表

评价主体	评　价　描　述
学生自评	
学生互评	
教师点评	

四、礼仪养成自我提升计划

任务三　西餐厅服务礼仪实训

一、情境导入

　　来自欧洲的迈克先生一家来到某市观光游览,今日下午下榻在阳光假日酒店。晚餐时分,他们来到该酒店的西餐厅用餐,餐厅服务员热情地迎接他们并向他们推荐了最新的菜品和酒水。

二、实训内容与实训要领(表 T-11)

表 T-11　实训内容与实训要领

序号	实训内容	实 训 要 领
1	西餐餐前准备与迎接客人	(1) 正式开餐前,将餐厅打扫干净。 (2) 按本餐厅正餐的要求摆台,将餐具布置完好,营造舒适的就餐环境。 (3) 熟知餐厅座位安排、风味、食品种类、服务程序和操作方法。 (4) 微笑相迎,主动问好。 (5) 引导入座时,遵守礼仪顺序。 (6) 客人入座时,主动拉椅,交桌面服务员照顾
2	餐前服务礼仪	(1) 客人入座后,应主动问好,及时递送餐巾、香巾。 (2) 询问客人餐前所点的酒水,复述一遍,为未点餐前酒的客人倒上冰水。 (3) 主动热情,斟酒、送饮料服务保证规范,不发生滴酒
3	点菜服务礼仪	(1) 递送酒店菜单,遵循"先宾后主,女士优先"的原则。 (2) 适度推销,根据菜单组合、酒水搭配、菜品烹调品的搭配提供建议,尊重宾客的饮食习惯。 (3) 为宾客提供信息和建议,询问特殊要求。 (4) 收回菜单,祝宾客用餐愉快
4	西餐餐间服务礼仪	在菜品服务过程中,服务员应当是优雅有序的,保障技能熟练正确,随时巡台,按照以下顺序提供服务: (1) 上黄油、面包。 (2) 上餐酒。 (3) 上头菜。 (4) 撤走头盘。 (5) 上汤。 (6) 上主菜。 (7) 上甜品和水果。 (8) 上咖啡或茶; (9) 推销餐后酒
5	送宾服务礼仪	(1) 客人用餐结束,示意结账时,应将账单准备妥当,将账单夹呈放于客人面前,确保账款准确无误。 (2) 在客人结账后表示感谢。 (3) 客人离座时,主动拉座椅,微笑送客,征求意见,欢迎下次光临。 (4) 客人离座后,快速清理台面,重新铺台并摆放餐具

三、实训评价(表 T-12)

表 T-12　实训评价表

评价主体	评 价 描 述
学生自评	
学生互评	
教师点评	

四、礼仪养成自我提升计划

_____

_____

_____

_____

_____

_____

任务四　康乐部服务礼仪实训

一、情境导入

随着社会经济的发展和人们生活水平的提高,人们对于康乐活动的需求也不断增加。人们在外出旅游时,不再仅仅满足于纯粹的观光游览,许多游客还会对酒店内的康乐项目产生浓厚的兴趣,如健身房、游泳池、保龄球等康体类项目,桑拿浴、美容等保健类项目,"卡拉OK"等娱乐类项目和游艇等休闲类项目。

正值春节假期,三亚市某五星级酒店为了丰富客人的度假生活,推出了"桑拿洗浴"和"健身房"假日优惠活动。作为康乐部的服务人员,你被派到相关部门提供康乐服务,请按照要求完成以下实训任务。

二、实训内容与实训要领(表 T-13)

表 T-13　实训内容与实训要领

序号	实训内容	实 训 要 领
1	桑拿洗浴服务礼仪	(1) 客人到达时,主动问好,热情迎接客人,询问有无预订。 (2) 准确记录客人姓名、到达时间和消费的服务项目,说明费用标准,按标准收费。 (3) 细致地提供更衣柜号码、钥匙,主动及时地提供毛巾、服务用品。 (4) 在客人进入桑拿浴室前做好准备工作,及时劝阻心脏病、高血压患者和醉酒者进入桑拿浴室和服务区域,以防发生意外事故。 (5) 客人享用桑拿浴期间,随时服务,保证安全。 (6) 同前台人员保持联系,有情况及时同前台人员沟通。 (7) 客人离开时,鞠躬相送
2	健身房服务礼仪	(1) 客人到达时,主动热情地向客人问好。 (2) 准确、及时地做好服务。 (3) 细心观察场内情况,及时提醒客人应注意的事项,确保安全。 (4) 保持场内清洁卫生,随时巡视客人,及时补充毛巾和水杯,提供饮料。 (5) 在客人健身活动结束后,热情礼貌送客,欢迎客人再次光临。 (6) 及时清扫场地并整理物品

三、实训评价（表 T-14）

表 T-14　实训评价表

评价主体	评　价　描　述
学生自评	
学生互评	
教师点评	

四、礼仪养成自我提升计划

实训三　酒店新媒体服务礼仪实训

任务一　酒店在线营销服务礼仪实训

一、情境导入

在"就地过年"的倡议下,"宅酒店过大年"成为旅游新趋势、市民新时尚,人们纷纷选择"酒店度假"来犒劳家人。辞旧迎新之际,高星级酒店相继推出面向本地市民的营销宣传。丽娜是无锡某知名品牌酒店的营销总监,春节就要到了,酒店策划并推出了"留锡过大年"主题促销活动。为了加大活动的曝光量,提升浏览量、转化率,营销部计划通过微博、微信公众号等平台开展在线营销工作,更好地增强活动的效果,宣传酒店品牌,实现酒店营收提升的目的。

二、实训内容与实训要领(表 T-15)

表 T-15　实训内容与实训要领

序号	实训内容	实　训　要　领
1	撰写一则"留锡过大年"活动宣传文案,发布在酒店官网、微博、微信公众号上	(1) 规范用语,以礼会客,提升在线服务质量,文案用语确保遵守规则、尊重客人、以诚待人、用语礼貌、注重礼节,不弄虚作假、夸大其词。 (2) 确保内容吸引目标客户群体、投放定位精准,带动特定目标人群。 (3) 亲切谦逊,明朗严谨,完善酒店品牌形象,行文体现良好的职业素养和积极、阳光的心态,给公众留下优良的整体印象,传递正能量
2	微博营销礼仪	(1) 树立亲和、干练的职业化形象,以真诚、友好的态度耐心回答留言,一视同仁;具备服务意识、大局观念、责任感、使命感和荣誉感。 (2) 提高沟通的有效性,确保语言礼貌、生动、风趣;注重微博内容的价值传递,注重原创,通过互相转发有效提高账号的知名度和影响力;发布他人的原创内容时注明出处或带有明显的转载标识。 (3) 注重公益属性,坚持"少关注产品本身,多关注用户"的原则,积极参与公益活动的转发,树立公司的品牌形象,增加粉丝数量;善于从客户角度出发,统合社区活动开展运营推广。 (4) 遵循媒介公民的身份要求,不发布垃圾广告;不发布不实信息;尊重他人名誉;尊重他人隐私;尊重他人肖像权;保障他人安宁权

续　表

序号	实训内容	实　训　要　领
3	微信营销礼仪	(1) 尊重客户,在沟通前了解场合和用意,尊重客户的语言习惯,有问必答,诚实以答,语言严谨,文字正确,语气得体。 (2) 态度诚恳,问候用心,避免只发一个表情符号;注意敬称的使用,在末尾写下自己的工作单位和名字,以便让他人记住你。 (3) 及时回复客人:如果有特殊情况要说明并约好回复时间;考虑对方的立场,不要催促对方,尊重对方的意愿。 (4) 鼓励员工开展微信朋友圈营销,注意尊重他人的时间和心情,不传递负面情绪;不发"如果不转发就……"等强制性或诅咒性内容;不在微信群里单独与某人聊天,以免干扰别的好友;不随便发语音。 (5) 遵守微信公众号行为规范,避免"外挂""刷粉""诱导分享"等行为

三、实训评价(表 T-16)

表 T-16　实训评价表

评价主体	评　价　描　述
学生自评	
学生互评	
教师点评	

四、礼仪养成自我提升计划

_____

_____

_____

_____

_____

任务二　酒店在线对客服务礼仪实训

一、情境导入

2020 年春节,疫情笼罩下,大批计划返乡或外出旅行的人纷纷取消出行订单。酒店的退订政策也在不停更新,例如,1 月 24 日凌晨,"携程"宣布启动 1 亿元重大灾害保障金,免费取消全国范围内的旅行产品订单。"飞猪"等也将退订范围拓展到全境。但在微博等社交平台上,仍有许多网友反映退订不顺利,客服电话打不通。在线客服是一个特殊的岗位,需要在 365 天以 24 小时的工作强度不停歇地为用户提供服务。酒店在线对客服务涵盖了在线咨询、预订、投诉处理、点评回复等内容。

二、实训内容与实训要领(表 T-17)

表 T-17　实训内容与实训要领

序号	实训内容	实　训　要　领
1	对客即时聊天礼仪	(1) 真诚待人,有礼有节。 (2) 聊天内容,文明健康。 (3) 宽以待人,涵养风度。 (4) 表意符号,恰当运用。 (5) 热情周到,有问必答
2	对客服务邮件礼仪	(1) 客人邮件,及时回复,注意优化更新。 (2) 邮件主题,切忌留白;得当问候,注意礼貌;简明扼要,行文通顺;标明身份,署名规范。 (3) 群发邮件,尊重他人隐私。 (4) 电子邮件,注意编码。 (5) 广告邮件,推送适度
3	对客服务短信礼仪	(1) 短信内容精炼,用语谦恭礼貌、规范准确、简洁凝练,表意清晰,不编发违法违规或不健康的短信,不随意转发不确定的消息,养成"浏览一遍再发送"的习惯。 (2) 重视短信开头和结尾,以姓氏称呼对方,适当使用祝福语,若需要对方回复,则要标明"望尽快回复"字样,提醒到位;若发给不太熟的客人,还应该在自己姓名前面加上单位的简称。 (3) 发短信的时间不能太晚,最好不在客人的上班时间发送;在重要时刻和纪念性日子发送贴心短信和温馨提醒时要注意时效性。 (4) 及时回复短信,对于收到的短信,应认真查看,遵循"今日事今日毕"的原则,细心斟酌回复内容,及时予以回复
4	网络电话对客服务礼仪	(1) 态度礼貌周全、诚恳沉着。 (2) 训练有素、精神饱满,保证咬字清晰、音量恰当、音色悦耳、语调柔和、语速适中、用语规范、感情亲切、心境平和。 (3) 应答语恰当规范,使用服务规范用语,不使用禁用语
5	网络点评回复礼仪	(1) 语气应当礼貌、真诚、专业。 (2) 内容严谨简洁、表达清楚、有亲切感,避免错别字。 (3) 大力利用好评内容。 (4) 正确回复差评,放平心态,先认同客人的心情;针对客人提出的问题,给出解决方案,再在结尾处道出邀请客人再次入住酒店的意愿

三、实训评价(表 T-18)

表 T-18　实训评价表

评价主体	评　价　描　述
学生自评	
学生互评	
教师点评	

四、礼仪养成自我提升计划

实训四 服务扩展实训

任务一 重大赛事接待服务礼仪实训

一、情境导入

中国男子篮球职业联赛(Chinese Basketball Association)(以下简称"CBA 联赛"),是由中国篮球协会主办的篮球联赛,是中国最高等级的篮球联赛。2021—2022 赛季"CBA 联赛"于 2021 年 10 月 16 日正式开赛,卫冕冠军广东宏远俱乐部将在揭幕战上对阵深圳新世纪俱乐部。第一阶段于 10 月 16 日至 11 月 14 日在浙江诸暨以赛会制方式进行,共安排 13 轮比赛。广东宏远俱乐部球员将入住你工作的酒店,提出比赛期间需要酒店安排车辆接送的要求。你将主要负责此次的接待服务工作。

二、实训内容与实训要领(表 T-19)

表 T-19　实训内容与实训要领

序号	实训内容	实　训　要　领
1	接待前准备工作	(1) 根据团单信息,事先与领队确认抵店时间、房间数量及要求,提前了解队员的饮食、生活习惯;根据入住率安排适当的楼层,指定专人提前准备好房卡。 (2) 亲自检查房间,与客房部一同做好房间内创意布草的装饰,提前备好水果、欢迎信、服务指南和鲜花,将室内空调调到适宜的温度,必要时根据身材特点,增加床尾脚踏,为他们提供更舒适的就寝空间。 (3) 制作欢迎横幅、背景板、宣传品,在相应的位置做好布置,准备好电子屏播放的宣传画面,营造热烈的氛围。 (4) 提前填写好"VIP"行李牌,检查行李车是否完好
2	欢迎球员入住	(1) 在团队抵达前 20 分钟通知参与接待的人员(如总经理、副总经理、部门经理等)前来大堂等候,告知具体抵达时间。 (2) 保证车道畅通无阻,保证门童、行李员根据接待规格的要求待命。 (3) 所有参与接待人员在团队抵达前 10 分钟到达大堂外准备欢迎。 (4) 团队抵达时,列队欢迎,上前热情问候,自我介绍,把客人介绍给主要负责接待的总经理或副总经理。

续 表

序号	实训内容	实 训 要 领
2	欢迎球员入住	(5) 指引客人在大堂休息,向领队收取证件,快速办理入住登记手续,与领队确认是否需要团队叫早服务,确认完毕后,请领队签字,通知宾客服务中心,同时安排行李员立即集中团队行李,清点件数,由专人将行李运送至客人房间。 (6) 引领客人进房,在征得客人同意后为客人介绍服务设施和客房设施、用餐位置及用餐时间、健身房位置和设施等,告知酒店提供洗衣服务,结束后礼貌地祝客人入住愉快
3	委托代办事项——接送服务	可设计包括但不限于以下细节的服务内容: (1) 了解客人所需要车辆的款式,提前安排好接送客人的车辆。 (2) 准确记录联系人的姓名及联系方式,告知司机接送客人的准确时间、地点以及姓名和联系方式。 (3) 在车上备好所需物品(如酒店介绍及宣传资料、保温桶、纸巾、湿巾、矿泉水、手机充电线),在阴雨天备好雨具。 (4) 保证标牌上俱乐部名称的准确、字迹清晰。 (5) 主动为客人提供行李服务。 (6) 记录车牌号码、抵离时间。 (7) 根据客人的要求帮助客人安排行程
4	欢送球员离店	(1) 确认团队离店时间,及时通知各部门做好离店准备,准备具有当地特色的纪念品。 (2) 派行李员提前等候。 (3) 通知欢送人员提前抵达大厅。 (4) 与欢送人员一道向客人道别,欢迎再次光临。 (5) 在客人离店后,以电子邮件或者信件的形式向客人发送致谢信,感谢客人入住,请客人提出宝贵的建议,欢迎客人再次入住
5	结合实际再提供一项可以提升球员入住体验的服务	体现中国"金钥匙"服务哲学"先利人后利己,用心极致,满意加惊喜,在客人的惊喜中找到富有的人生"

三、实训评价(表 T-20)

表 T-20 实训评价表

评价主体	评 价 描 述
学生自评	
学生互评	
教师点评	

四、礼仪养成自我提升计划

_____

_____

_____

任务二 大型会务接待服务礼仪实训

一、情境导入

由联合国教科文组织、中国联合国教科文组织全国委员会、长沙市政府和南京市政府共同主办的"一带一路"青年创意与遗产论坛将在南京举办,来自 85 个国家和地区的 100 余名青年代表将参加论坛。部分代表将入住你工作的酒店,其中,一名外宾是视障人士,会议结束后,约有 10 名的代表希望继续留下来参观游览。你将如何带领你的团队提供高品质的接待服务?

二、实训内容与实训要领(表 T-21)

表 T-21 实训内容与实训要领

序号	实训内容	实 训 要 领
1	会议引导	(1) 微笑亲切自然,不做作,在遇到客人 3 秒内微笑,与客人目光相遇,应微笑致意,回答客人问题时也要面带微笑。 (2) 服务用语得体。 (3) 遵守陪同引导举止规范
2	为视障人士外宾提供管家式服务	可设计包括但不限于以下细节的服务内容: (1) 办理入住手续时,安排该名客人入住无障碍房间。 (2) 办理入住手续后,经客人同意,将客人搀扶至房间,帮助客人熟悉房内设施设备。 (3) 检查酒店无障碍通道、设施,确保能够正常使用。 (4) 用餐期间,根据客人的饮食喜好,为客人准备餐食。 (5) 会议前后,提前等候客人,做好引导工作。 (6) 让监控室多关注该房间和客人,如发现客人对酒店路线或设施不熟,行动不便或需要服务,第一时间通知自己
3	安排参观游览	(1) 专心听取客人的要求,确认人员名单。 (2) 精心选择参观点,合理安排游览线路。 (3) 安排合适的接送车辆。 (4) 选择合适的用餐地点。 (5) 预先告知客人在票务或其他事项上的额外收费政策。 (6) 确定好联系人、联系方式
4	请结合实际再提供一项提升与会人员入住体验的服务	体现"不是无所不能,但一定竭尽所能"的服务精神

三、实训评价(表 T-22)

表 T-22   实训评价表

评价主体	评 价 描 述
学生自评	
学生互评	
教师点评	

四、礼仪养成自我提升计划

主要参考文献

[1] 魏凤云.酒店服务礼仪[M].上海:华东师范大学出版社,2017.

[2] 李成.酒店职业礼仪[M].北京:清华大学出版社,2017.

[3] 张斌,王伟.中国金钥匙服务哲学[M].北京:五洲传播出版社,2020.

[4] 人力资源与社会保障部教材办公室.礼仪训练与旅游行业职业修养[M].北京:中国劳动社会保障出版社,2016.

[5] 史鸿滨.快捷酒店礼仪管理[M].北京:企业管理出版社,2016.

[6] 魏凯,李爱军.旅游服务礼仪与实训[M].2版.北京:中国旅游出版社,2021.

[7] 贺政林.酒店服务人员礼仪培训大全[M].北京:中国纺织出版社,2014.

[8] 王小静.酒店服务礼仪[M].北京:清华大学出版社,2014.

[9] 易钟.酒店服务员应该这样做[M].北京:北京大学出版社,2014.

[10] 徐速.酒店职业素质与礼仪[M].北京:经济科学出版社,2013.

[11] 何丽芳,隋海燕.酒店实用礼仪[M].3版.广州:广东经济出版社,2013.

[12] 匡仲潇.星级酒店管理的100个工作细节[M].北京:化学工业出版社,2013.

[13] 王赫男,陈南苏.饭店服务心理学[M].3版.北京:电子工业出版社,2019.

[14] 王冬琨.酒店服务礼仪[M].2版.北京:清华大学出版社,2019.

[15] 程春旺.酒店服务心理学[M].3版.北京:西安交通大学出版社,2018.

[16] 斯蒂尔,艾文斯.金钥匙服务学:卓越服务,非凡体验[M].北京:旅游教育出版社,2012.

[17] 龚敏.近代旅馆业发展研究(1912—1937)[D].长沙:湖南师范大学,2011.

[18] 熊锦.酒店礼仪文化体系构建及应用研究[D].长沙:湖南师范大学,2009.

[19] 中国旅游饭店业协会.中国饭店行业服务礼仪规范(试行)[M].北京:旅游教育出版社,2010.

[20] 汪艳丽,孙惠君.餐饮服务心理学[M].北京:经济管理出版社,2015.

郑重声明

高等教育出版社依法对本书享有专有出版权。任何未经许可的复制、销售行为均违反《中华人民共和国著作权法》，其行为人将承担相应的民事责任和行政责任；构成犯罪的，将被依法追究刑事责任。为了维护市场秩序，保护读者的合法权益，避免读者误用盗版书造成不良后果，我社将配合行政执法部门和司法机关对违法犯罪的单位和个人进行严厉打击。社会各界人士如发现上述侵权行为，希望及时举报，本社将奖励举报有功人员。

反盗版举报电话 （010）58581999　58582371　58582488

反盗版举报传真 （010）82086060

反盗版举报邮箱 dd@hep.com.cn

通信地址 北京市西城区德外大街 4 号　高等教育出版社法律事务与版权管理部

邮政编码 100120

高等教育出版社

教学资源索取单

仅限教师索取

尊敬的老师：

　　您好！感谢您使用**瞿立新**等编写的《**酒店职业礼仪**》(第二版)。

　　为便于教学，我社教材多配有课程相关教学资源，如贵校已选用了本书，您只要加入以下教师论坛 QQ 群，或者关注微信公众号"高职财经教学研究"，或者把下表中的相关信息以电子邮件方式发至我社即可免费获得。

我们的联系方式：

旅游大类 QQ 群：142032733

微信公众号：高职财经教学研究

联系电话：(021)56961310/56718921　　　电子邮箱：800078148@b.qq.com

服务 QQ：800078148(教学资源)

姓　　名		性别		出生年月		专　　业	
学　　校			学院、系			教研室	
学校地址						邮　　编	
职　　务			职　　称			办公电话	
E-mail						手　　机	
通信地址						邮　　编	
本书使用情况	用于_____学时教学，每学年使用_____册。						

您还希望从我社获得哪些服务？

☐ 教师培训　　　　　☐ 教学研讨活动

☐ 寄送样书　　　　　☐ 相关图书出版信息

☐ 其他_____